HACKERS TOEFL WRITING Intermediate 200% 활용법

토플 스피킹/라이팅 첨삭 게시판

이용방법 고우해커스(goHackers.com) 접속 ▶
상단 메뉴 [TOEFL → 스피킹게시판/라이팅게시판] 클릭하여 이용하기

토플 공부전략 강의

이용방법 고우해커스(goHackers.com) 접속 ▶
상단 메뉴 [TOEFL → 토플공부전략] 클릭하여 이용하기

토플 자료 및 유학 정보

이용방법 유학 커뮤니티 고우해커스(goHackers.com)에 접속하여
다양한 토플 자료 및 유학 정보 이용하기

고우해커스 바로 가기 ▶

통합형 문제학습 MP3

이용방법 해커스인강(HackersIngang.com) 접속 ▶
상단 메뉴 [토플 → MP3/자료 → 무료 MP3/자료] 클릭하여 이용하기

MP3/자료 바로 가기 ▶

iBT 라이팅 실전모의고사

이용방법 해커스인강(HackersIngang.com) 접속 ▶
상단 메뉴 [토플 → MP3/자료 → 무료 MP3/자료] 클릭 ▶ 본 교재의 실전모의고사 프로그램 이용하기

HACKERS

TOEFL
WRITING
Intermediate

해커스 어학연구소

무료 토플자료 · 유학정보 제공
goHackers.com

최신 토플 경향을 반영한
Hackers TOEFL Writing Intermediate (iBT)
을 내면서

◇

해커스 토플은 토플 시험 준비와 함께 여러분의 영어 실력 향상에 도움이 되고자 하는 마음에서 시작되었습니다. 해커스 토플을 처음 출간하던 때와 달리 이제는 많은 토플 책들을 서점에서 볼 수 있지만, 그럼에도 해커스 토플이 여전히 **독보적인 베스트셀러**의 자리를 지킬 수 있는 것은 늘 **처음과 같은 마음**으로 더 좋은 책을 만들기 위해 고민하고, 최신 경향을 반영하기 위해 끊임없이 노력하기 때문입니다.

이러한 노력의 결실로 최신 토플 경향을 반영한 『Hackers TOEFL Writing Intermediate (iBT)』을 출간하게 되었습니다.

토플 라이팅 고득점의 발판을 확실히 마련하기 위한 중급 교재!
『Hackers TOEFL Writing Intermediate (iBT)』은 학습자들이 중급 실력을 완성하고, 나아가 상급 영작문 실력으로 발돋움하기 위한 중급용 학습서입니다.

단계별 학습을 통한 완벽한 실전 대비!
학습자들이 문제 유형별 전략과 글쓰기 단계에 따라 체계적으로 학습함으로써, 보다 수준 높은 영작문 실력을 쌓을 수 있도록 구성하였습니다. 또한, 고득점에 필수적인 핵심 문법 및 글쓰기에 유용한 표현을 제공하여 학습자들이 실제 시험에 철저히 대비할 수 있도록 하였습니다.

『Hackers TOEFL Writing Intermediate (iBT)』이 여러분의 토플 목표 점수 달성에 확실한 해결책이 되고 영어 실력 향상, 나아가 **여러분의 꿈을 향한 길**에 믿음직한 동반자가 되기를 소망합니다.

David Cho

Hackers TOEFL
Writing
Intermediate

◇

CONTENTS

◇

온라인 실전모의고사 (HackersIngang.com)

* 실제 시험과 동일한 환경에서도 Actual Test 1, 2를 풀어볼 수 있습니다.

TOPIC LIST

다음의 TOPIC LIST는 교재에 수록된 모든 문제를 주제별로 구분하여 목록으로 구성한 것이다.

교재에 수록된 모든 문제는 실제 iBT TOEFL Writing 시험의 주제별 출제 경향을 충실하게 반영하여 구성되었다. 따라서, 교재를 처음부터 끝까지 학습하면서 많이 출제되는 주제와 자신이 취약한 주제를 파악한 뒤, 집중 학습이 필요하다고 생각되는 주제를 골라 다시 한번 답안을 작성해보는 연습을 통해 취약점을 보완한다.

Academic Discussion Task (토론형)

Integrated Task (통합형)

* **EX:** Example   **HP:** Hackers Practice   **HT:** Hackers Test   **AT:** Actual Test

iBT TOEFL Writing 고득점의 발판,
해커스 토플 라이팅 인터미디엇!

01. 전략적인 학습으로 토플 라이팅 정복!

최신 출제 경향 완벽 반영 및 TOPIC LIST

이 책은 iBT 토플 라이팅의 **최신 출제 경향을 철저히 분석하여 모든 문제에 반영**하였다. 또한, 교재에 수록된 **모든 문제의 TOPIC을 목록으로 제공**하여, 학습자가 특히 취약한 주제의 문제를 골라 공부하는 등 다양하게 활용할 수 있도록 하였다.

4주/6주 학습플랜

이미지

자신의 **학습계획에 맞는 4주/6주 학습플랜**을 활용하여 고득점을 위한 라이팅 실력을 완성할 수 있도록 하였다.

토플 라이팅 핵심 문법

중급 학습자가 iBT 토플 라이팅 고득점을 위해 꼭 알아야 하는 **10가지 핵심 문법을 제시**하여, 답안 작성 시 더욱 다채롭고 정확한 문장을 구사할 수 있도록 하였다.

토플 라이팅 핵심 Editing 포인트

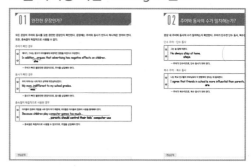

답안 작성 후 **효율적으로 답안을 검토할 수 있는 8가지 핵심 Editing 포인트를 제공**하여, 답안을 빠르게 검토 및 수정함으로써 답안 완성도를 한층 더 높일 수 있도록 하였다.

02. 체계적인 학습으로 실력 다지기!

단계별 글쓰기 전략

답안 작성 시 꼭 필요한 **상황별·주제별 표현**과 **단계별 글쓰기 전략 및 예시**를 학습하여, 더욱 효율적이고 논리적인 답안을 작성할 수 있다.

Hackers Practice & Hackers Test

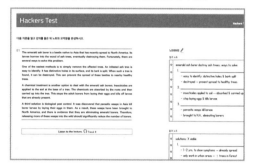

앞서 배운 글쓰기 전략을 실제 시험과 유사한 연습 문제에 적용하여 풀어봄으로써 단계별 답안 작성 기술을 익힐 수 있으며, 실제 시험에 대한 적응력 또한 키울 수 있다.

Actual Test

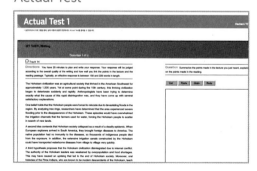

실제 시험과 유사한 구성 및 난이도로 제작된 문제를 풀어보며 iBT 토플 라이팅 학습을 효과적으로 마무리할 수 있다.

토론형 출제 예상 토픽 및 아웃라인

토론형 출제 예상 토픽과 각 토픽에 대한 다른 의견의 아웃라인을 학습함으로써 다양한 분야의 토픽에 익숙해지고, 관련 표현 사용 및 답안 전개 방식을 연습해볼 수 있다.

03. 논리적인 모범 답안과 정확한 해석으로 실력 UP!

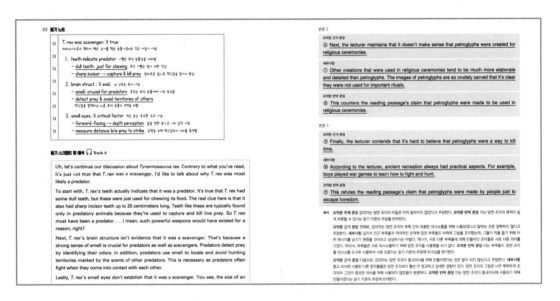

아웃라인/노트

토론형 문제에 대한 아웃라인 예시를 수록하여, 논리적인 답안 작성을 위한 아웃라인 작성 방법을 익힐 수 있도록 하였다. 또한, **통합형 문제의 읽기 지문과 강의의 핵심 내용을 정리한 읽기/듣기 노트**를 제공하여, 효율적인 노트테이킹 방법을 익힐 수 있도록 하였다.

모범 답안

교재에 수록된 **모든 문제에 대한 모범 답안**을 제공하여, 학습자들이 자신의 답안을 보완 및 개선할 수 있도록 하였다.

스크립트, 해석 및 어휘

통합형 문제의 듣기 스크립트와 읽기 지문을 매끄러운 해석 및 중요 어휘와 함께 제공하여, 학습자가 지문을 더욱 정확히 이해하고 어휘 실력까지 향상할 수 있도록 하였다.

04. 해커스만의 다양한 학습자료 제공!

해커스인강(HackersIngang.com)

해커스인강 사이트에서는 해커스 어학연구소에서 자체 제작한 **실전모의고사 프로그램**을 무료로 제공한다. 교재에 수록된 2회분의 Actual Test를 실제 iBT TOEFL Writing 시험과 동일한 환경에서 풀어볼 수 있으며, 이 프로그램에 포함된 **답안 작성 프로그램**을 사용하여 교재에 수록된 모든 문제의 답안을 실제 시험과 같은 컴퓨터 환경에서 작성해볼 수 있다. 또한, **교재에 수록된 통합형 문제학습 MP3**를 무료로 이용할 수 있으며, 본 교재에 대한 유료 **동영상강의**를 통해 선생님의 상세한 설명을 들으며 토플 라이팅 문제 유형을 체계적으로 학습할 수 있다.

고우해커스(goHackers.com)

온라인 토론과 정보 공유의 장인 **고우해커스 사이트**에서 다른 학습자들과 함께 교재 내용에 대해 서로 의견을 교류하고 학습 내용을 토론할 수 있으며, **다양한 무료 학습자료와 TOEFL 시험 및 유학에 대한 풍부한 정보**도 얻을 수 있다.

iBT TOEFL 소개

■ iBT TOEFL이란?

iBT(Internet-based test) TOEFL(Test of English as a Foreign Language)은 종합적인 영어 실력을 평가하는 시험으로 읽기, 듣기, 말하기, 쓰기 능력을 평가하는 문제 외에도, 듣기-말하기, 읽기-듣기-말하기, 읽기-듣기-쓰기 능력을 평가하는 통합형 문제 또한 출제된다. iBT TOEFL은 Reading, Listening, Speaking, Writing 영역 순으로 진행되며, 4개의 시험 영역 모두 노트테이킹을 허용하므로 문제를 풀 때 노트테이킹한 내용을 참고할 수 있다.

■ iBT TOEFL 구성

시험 영역	출제 지문 및 문항 수	시험 시간	점수 범위	특징
Reading	· 2개 지문 출제 지문당 길이: 약 700단어 지문당 10문항 출제	36분	0~30점	· 길고 다양한 구조의 지문이 출제됨 · 사지선다, 지문 클릭(지문에 문장 삽입하기), 또는 정보를 분류하여 요약표나 정보 분류표에 넣는 형태 등이 출제됨
Listening	· 2개 대화 출제 대화당 길이: 약 3분 대화당 5문항 출제 · 3개 강의 출제 강의당 길이: 3~5분 강의당 6문항 출제	41분	0~30점	· 대화 및 강의의 길이가 길고, 실제 상황에 가까움 · 사지선다, 다시 듣고 풀기, 표 안에 정보를 분류하거나 순서대로 배열하는 형태 등이 출제됨
Speaking	· 독립형 1문항 출제 · 통합형 3문항 출제	17분 준비: 15~30초 답변: 45~60초	0~30점	· 독립형 문제(1번) 특정 주제에 대한 의견 말하기 · 통합형 문제(2~4번) 읽고 들은 내용에 기초하여 말하기
Writing	· 통합형 1문항 출제 · 토론형 1문항 출제	약 35분	0~30점	· 통합형 문제 읽고 들은 내용에 기초하여 글쓰기 · 토론형 문제 토론 주제에 대하여 글쓰기
		약 2시간	총점 120점	

■ iBT TOEFL 접수 및 성적 확인

실시일	ETS Test Center 시험은 1년에 60회 정도 실시되며, 홈에디션 시험은 일주일에 3~5일 정도 실시됨
시험 장소	ETS Test Center에서 치르거나, 집에서 홈에디션 시험으로 응시 가능 (홈에디션 시험 응시 가능한 장비 및 환경 요건은 ETS 토플 웹사이트에서 확인 가능)
접수 방법	· ETS 토플 웹사이트 또는 전화상으로 접수 · ETS Test Center 시험은 응시일로부터 최소 7일 전, 홈에디션 시험은 응시일로부터 최소 4일 전 접수
시험 비용	· 시험 접수 비용 US $220 · 시험일 변경 비용 US $60 · 추가 접수 비용 US $40 (응시일로부터 2~7일 전에 등록할 경우) · 추가 리포팅 비용 US $20 (대학당) · 취소한 성적 복원 비용 US $20 · Speaking/Writing 재채점 비용 US $80 (영역당)
등록 취소	ETS 토플 웹사이트 및 전화상으로 취소 가능 (응시료 환불 기준 및 방법은 ETS 토플 웹사이트에서 확인 가능)
시험 당일 주의사항	· 공인된 신분증(여권, 운전면허증, 주민등록증, 군인신분증) 원본 반드시 지참 · 홈에디션 시험에 응시할 경우, 사전에 ProctorU 프로그램 설치하여 정상 작동 여부 확인 · 홈에디션 시험에 응시할 경우, 휴대폰 또는 손거울, 화이트보드 또는 투명 시트와 지워지는 마카 지참 (일반 종이와 필기구, 헤드폰 및 이어폰은 사용 불가)
성적 및 리포팅	· 시험 응시 후 바로 Reading/Listening 영역 비공식 점수 확인 가능 · 시험 응시일로부터 대략 6~10일 후에 온라인으로 성적 확인 가능 · 시험 접수 시, 자동으로 성적 리포팅 받을 기관 4개까지 선택 가능 · MyBest Scores 제도 시행 (최근 2년간의 시험 성적 중 영역별 최고 점수 합산하여 유효 성적으로 인정)

iBT TOEFL Writing 소개 및 학습전략

iBT TOEFL Writing 영역에서는 영어를 사용하는 국가에서 공부할 때 필요한 영작문 능력을 평가한다. 따라서, 학습자들은 라이팅 영역 준비 과정을 통해 iBT 토플 고득점 달성뿐만 아니라 실제 해외 대학 진학 후의 교육환경에도 효과적으로 대비할 수 있다.

■ iBT TOEFL Writing 구성

라이팅 영역은 약 35분간 진행되며, Integrated Task(통합형 문제)와 Academic Discussion Task(토론형 문제)가 각각 한 문제씩 출제된다.

· Integrated Task(통합형 문제)
통합적 언어 구사 능력을 평가하는 유형으로, 한 가지 주제에 대한 읽기 지문과 강의가 주어지며, 응시자는 읽고 들은 정보를 연계하여 답안을 작성해야 한다.

· Academic Discussion Task(토론형 문제)
토론 상황에서의 언어 구사 능력을 평가하는 유형으로, 주어진 질문에 대한 자신의 의견을 밝히고 이를 뒷받침할 수 있는 적절한 근거를 제시하여 답안을 작성해야 한다.

■ iBT TOEFL Writing 문제 유형 소개

문제 유형		유형 소개	소요 시간
Integrated Task (통합형 문제)	읽기 → 듣기 → 쓰기 지문을 읽고 강의를 들은 후 내용을 연계하여 요약문 작성하기	**지문 읽기** 학술적 토픽에 대한 지문(230~300단어) 읽기 **강의 듣기** 지문에서 다룬 토픽에 대해 지문과 다른 관점으로 접근한 강의(230~300단어) 듣기 **요약문 쓰기** 지문 내용에 대해 강의에서 어떻게 접근하고 있는지 요약문(150~225단어) 작성하기	읽기 시간: 3분 듣기 시간: 약 2분 작성 시간: 20분
Academic Discussion Task (토론형 문제)	쓰기 자신의 의견을 바탕으로 답안 작성하기	**답안 쓰기** 토론 주제에 대한 자신의 의견을 밝히고 그 근거를 제시하는 답안(100단어 이상) 작성하기	작성 시간: 10분
			총 35분

■ iBT TOEFL Writing 화면 구성

1. Writing 영역 Direction 화면

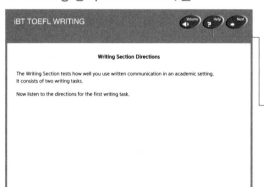

Writing 영역의 전반적인 진행 방식에 대한 설명이 제시된다. 이 설명을 듣는 동안 ● Volume **버튼**을 눌러서 음량을 조절할 수 있다.

■ 시험 도중에 ● Help **버튼**을 누르면 시험 진행 과정과 관련된 정보를 볼 수 있다. 이때, 시험 시간은 계속해서 카운트된다.

2. Integrated Task(통합형 문제)

Direction 화면

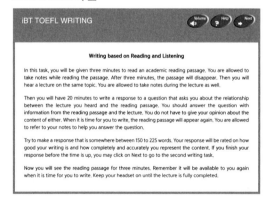

통합형 문제의 진행 방식에 대한 설명이 제시된다. 지문을 읽고 같은 주제의 강의를 들은 후, 그 내용을 연계하여 150~225단어 정도의 요약문을 작성하라는 내용을 담고 있다.

읽기 지문이 제시되는 화면

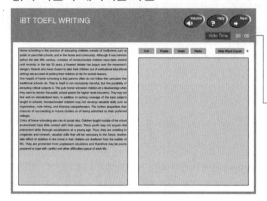

화면에 읽기 지문이 제시되면, 화면 상단의 시간이 3분부터 카운트 된다. 우측에 답안을 작성하는 곳은 비활성화되어 있기 때문에 읽기 지문을 읽는 동안 답안 작성을 시작할 수 없다. 3분이 지나면 자동으로 다음 단계로 넘어간다.

■ Hide Time 버튼을 누르면 시간 카운트가 창에서 사라지고 Show Time 버튼이 나타나며, Show Time 버튼을 누르면 시간 카운트가 Hide Time 버튼과 함께 다시 창에 나타난다.

강의를 들을 때 제시되는 화면

강의를 듣는 동안 화면 중앙에 강의 관련 사진이 제시된다. 강의가 끝나면 자동으로 다음 단계로 넘어간다.

답안 작성 화면

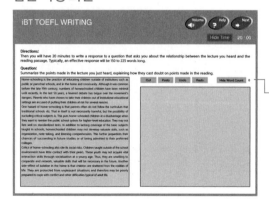

화면 상단에 디렉션과 문제가 주어지고, 좌측에는 읽기 지문이 다시 제시된다. 우측에 답안을 작성할 수 있으며, 20분의 시간이 주어진다. 답안 작성을 마칠 경우 Next 버튼을 눌러 다음 단계로 넘어갈 수 있다.

■ 답안 작성 시 각 버튼은 다음과 같은 기능을 지원한다.
· Cut Cut 버튼: 잘라내기
· Paste Paste 버튼: 붙여넣기
· Undo Undo 버튼: 마지막으로 작성한 부분 삭제하기
· Redo Redo 버튼: 마지막으로 삭제한 부분 되돌리기
· Hide Word Count Hide Word Count 버튼을 누르면 작성 중인 답안의 단어 수가 사라지고 Show Word Count Show Word Count 버튼이 나타난다.

3. Academic Discussion Task(토론형 문제)

Direction 화면

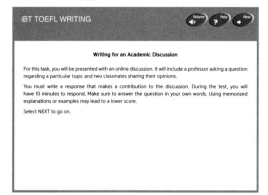

토론형 문제의 진행 방식에 대한 설명이 제시된다. 주어진 질문에 대한 자신의 의견을 10분 동안 작성하라는 내용을 담고 있다.

답안 작성 화면

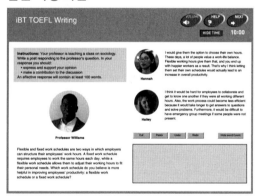

화면 좌측에 디렉션과 문제가 주어지고, 우측에 답안을 작성할 수 있다. 시간은 10분부터 카운트되며, 답안 작성을 마칠 경우 Next 버튼을 눌러 다음 단계로 넘어갈 수 있다.

iBT TOEFL Writing 시험과 동일한 환경에서도 교재에 수록된 Actual Test 2회분을 풀어볼 수 있습니다.

＊ 온라인 실전모의고사 프로그램 이용 경로
해커스인강(HackersIngang.com) 접속 ▶ 상단 메뉴 [토플 → MP3/자료 → 무료 MP3/자료] 클릭 ▶ [실전모의고사 프로그램] 클릭

■ iBT TOEFL Writing 점수 평가 요소

Integrated Task (통합형 문제)

통합형 문제는 요약문의 전개 방식과 구성뿐만 아니라 적절한 어휘 및 문법의 사용 여부, 내용의 정확성 등의 요소를 평가하여 채점한다. 각 점수대별 채점 기준은 다음과 같다.

	통합형 문제 채점 기준표
5점	강의의 중요한 정보를 매우 잘 선별하고, 읽기 지문에 제시된 정보와 관련지어 조리 있고 정확하게 제시한다. 간혹 사소한 언어적 실수를 보일 수 있지만, 글의 내용이나 맥락을 모호하게 하거나 거스르지 않는다.
4점	강의의 중요한 정보를 대체로 잘 선별하고, 읽기 지문에 제시된 정보와 관련지어 조리 있고 정확하게 제시한다. 간혹 사소한 일부 정보가 누락되거나 부정확한 경우가 있지만, 심각한 수준은 아니다. 또한 이 점수를 받은 요약문에는 사소한 언어적 실수가 좀 더 자주 나타나긴 하지만, 글의 맥락을 이해하는 데 큰 방해가 되지는 않는다.
3점	강의의 중요한 정보를 일부 포함하여 읽기 지문에 제시된 정보와 어느 정도 관련지어 전달하지만, 다음 중 하나 이상의 문제를 지니고 있다. · 전체 요약문이 강의의 요지를 벗어나지는 않으나, 읽기 지문과의 관계가 모호하거나 너무 광범위하며 다소 부정확하다. · 강의에서 언급된 핵심 논점 중 하나가 빠져 있는 경우가 있다. · 강의와 읽기 지문의 요점 중 일부의 연결 관계가 불완전하거나 부정확하다. · 언어적 실수가 잦거나 눈에 띄게 불명료하여 주요 정보 및 지문 간의 관련성을 전달하는 데 방해가 된다.
2점	강의의 정보를 일부 포함하고 있지만, 상당한 언어적 실수를 보이거나 강의와 읽기 지문을 연관 짓는 데 있어 중요한 정보가 누락되고 명료하지 않다. 이 점수를 받은 요약문은 다음 중 하나 이상의 문제를 지니고 있다. · 강의와 읽기 지문의 관계가 상당히 부정확하거나 누락되어 있다. · 강의 핵심 논점의 상당 부분이 부정확하거나 누락되어 있다. · 요점을 이해하는 데 방해가 되는 언어적 오류나 표현을 포함하고 있으며, 내용이 명확하지 않아 핵심 내용을 이해할 수 없다.
1점	다음 중 하나 이상의 문제를 지니고 있다. · 강의 내용 중 의미 있는 부분을 포함하고 있지 않거나 강의와 거의 관련이 없다. · 글의 언어적 수준이 매우 낮아 의미를 파악하기가 어렵다.
0점	읽기 지문의 문장을 그대로 사용하거나 주어진 주제와 관련 없는 내용인 경우, 또는 글을 전혀 쓰지 않은 경우이다.

Academic Discussion Task(토론형 문제)

토론형 문제는 온라인 토론 주제와 답안의 연관성, 적절한 어휘의 선택과 명확한 문법 사용 여부가 채점의 기준이 된다. 각 점수대별 채점 기준은 다음과 같다.

	토론형 문제 채점 기준표
5점	답안이 온라인 토론 주제와 관련이 있고, 토론에 매우 명확하게 기여한다. 일관적인 언어 능력을 보여준다. · 설명과 예시, 세부사항 등이 서로 관련성이 있고 명료하게 제시된다. · 다양한 문장 구조와 정확한 단어, 관용어구를 유능하게 사용한다. · 사소한 오타 또는 철자 오류를 제외하고는 어휘 또는 문법적 오류가 거의 없다.
4점	답안이 온라인 토론 주제와 관련이 있고, 토론에 기여한다. 언어 능력은 답안의 아이디어를 쉽게 이해할 수 있게 한다. · 설명과 예시, 세부사항 등이 서로 관련성이 있고 적절하게 제시된다. · 다양한 문장 구조와 적절한 단어를 사용한다. · 어휘 또는 문법적 오류가 많지 않다.
3점	답안이 온라인 토론 주제와 대부분 관련이 있고 이해할 수 있는 수준에서 기여한다. · 설명과 예시, 세부사항의 일부가 누락되거나 불분명하거나 서로 연관성이 없다. · 문장 구조와 단어를 다양하게 사용하는 편이다. · 눈에 띄는 어휘 또는 문법적 오류가 몇몇 있다.
2점	답안이 온라인 토론에 기여하려는 시도를 보이지만, 언어 능력의 한계로 답안의 아이디어를 이해하기 어렵다. · 설명이 부족하거나 부분적으로만 관련이 있다. · 문장 구조와 어휘 사용이 제한적이다. · 어휘 또는 문법적 오류가 자주 보인다.
1점	답안이 온라인 토론에 기여하지 못하며, 언어 능력의 한계로 아이디어를 표현하지 못한다. · 아이디어가 일관되지 않는다. · 문장 구조 및 어휘 사용의 범위가 매우 제한적이다. · 심각한 어휘 또는 문법적 오류가 자주 보인다.
0점	답안을 작성하지 않은 경우, 주제에 반하거나 영어로 되어 있지 않은 경우, 또는 문제를 그대로 복사하거나 문제와 전혀 연관성이 없는 경우이다.

■ iBT TOEFL Writing 점수 환산표

작성한 답안은 인공지능(AI)과 ETS의 시험관이 직접 채점하며, 통합형 문제(Integrated Task)와 토론형 문제 (Academic Discussion Task)를 각각 0점에서 5점 사이의 점수로 매긴 후 두 문제의 평균 점수를 0점에서 30점 사이의 점수로 환산한다.

Writing 평균 점수	환산된 점수
5.00	30
4.75	29
4.50	28
4.25	27
4.00	25
3.75	24
3.50	22
3.25	21
3.00	20
2.75	18
2.50	17
2.25	15
2.00	14
1.75	12
1.50	11
1.25	10
1.00	8
0.75	7
0.50	5
0.25	4
0	0

자료 출처: www.ets.org

※ 점수 환산의 예
통합형 영역에서 3점을 받고 토론형 영역에서 4점을 받은 경우
(3+4)/2=3.5 → 평균 점수
3.5점을 환산표를 이용하여 변환하면 22점이 된다.

■ iBT TOEFL Writing 학습전략

1. 문장 표현력을 기른다.

자신의 의견을 효과적으로 전달하기 위해서는 문장 표현력이 뒷받침되어야 한다. 이때, 무조건 어려운 어휘와 표현을 외우는 것보다는 실제 답안에서 사용할 수 있는 주요 표현들을 학습하는 것이 중요하다. 교재에 수록된 유형별·주제별 필수 표현을 통해 유용한 표현들을 다양하게 익혀 문장 표현력을 기르도록 한다.

2. 듣기 능력을 기른다.

iBT TOEFL Writing의 통합형 문제에서는 강의를 듣고 요약할 수 있는 능력을 필요로 하므로, 작문 능력만큼이나 듣기 능력이 중요하다. 따라서, 교재에 수록된 통합형 강의의 듣기 MP3 및 기타 영어 듣기 자료를 활용하여 영어 강의를 정확하게 듣고 이해하는 능력을 기르도록 한다.

3. 노트테이킹을 이용해 요약 능력을 기른다.

250~300단어 정도의 글을 읽거나 듣고 자기 말로 요약하는 연습을 한다. 또한, 평소에 영어로 된 글을 읽거나 들은 후 이해한 내용을 노트테이킹해보는 연습을 하는 것이 좋다. 교재에 수록된 문제에 대해 시간 제한을 두고 노트테이킹해보며 효율적인 요약 능력을 기르도록 한다.

4. 다양한 토픽에 대한 배경지식을 쌓는다.

전혀 들어본 적이 없는 생소한 분야에 대한 글을 읽고 들은 뒤 그 내용을 연계해서 요약문을 작성하는 것은 쉬운 일이 아니다. 따라서, 평소에 다양한 분야의 학술 및 시사적인 내용의 영어 지문들을 읽고 주요 아이디어를 머릿속으로 정리해보는 연습을 하는 것이 좋다.

5. 여러 가지 토론 토픽에 대한 자신의 의견을 정리한다.

토론형 문제에서는 토픽 자체가 어렵지 않더라도, 해당 문제에 대해 별로 생각해본 적이 없다면 자신의 의견을 정하는 데 곤란을 겪을 수 있다. 따라서, 교재에 수록된 20일 완성 토론형 출제 예상 토픽 및 아웃라인을 활용하여 다양한 토론 토픽들에 대한 자신의 의견을 간단하게 정리하는 능력을 기르도록 한다.

6. 영문 타자 연습을 한다.

iBT TOEFL Writing에서는 타자로 답안을 작성해야 한다. 영문 타자에 익숙하지 않은 경우 시간을 낭비할 수 있으므로, 온라인 실전모의고사 프로그램과 답안 작성 프로그램을 이용해 답안을 타자로 작성해보며 영문 타자를 연습하도록 한다.

해커스 학습플랜

자신에게 맞는 학습플랜을 선택한 뒤 스스로 계획을 세워 학습하면 효과적입니다.

4주 학습플랜

	Day 1	Day 2	Day 3	Day 4	Day 5
Week 1	문법 01~05 아웃라인 Day 01	문법 06~10 아웃라인 Day 02	[토] Course 01~03 아웃라인 Day 03	[토] Course 04 아웃라인 Day 04	[토] Course 05 아웃라인 Day 05
Week 2	[토] HT 01~02 아웃라인 Day 06	[토] HT 03~04 아웃라인 Day 07	[토] HT 05~06 아웃라인 Day 08	[토] HT 07~08 아웃라인 Day 09	[토] HT 09~10 아웃라인 Day 10
Week 3	[통] Course 01 아웃라인 Day 11	[통] Course 02~03 아웃라인 Day 12	[통] Course 04 아웃라인 Day 13	[통] Course 05 아웃라인 Day 14	[통] HT 01~02 아웃라인 Day 15
Week 4	[통] HT 03~04 아웃라인 Day 16	[통] HT 05~06 아웃라인 Day 17	[통] HT 07~08 아웃라인 Day 18	AT 1 아웃라인 Day 19	AT 2 아웃라인 Day 20

* 8주 학습플랜을 진행하고 싶은 학습자는 4주 학습플랜의 하루 학습 분량을 이틀에 걸쳐 공부합니다.

6주 학습플랜

	Day 1	Day 2	Day 3	Day 4	Day 5
Week 1	[토] Course 01 문법 01	[토] Course 02 문법 02	[토] Course 03 문법 03	[토] Course 04 문법 04	[토] Course 05 문법 05
Week 2	[토] HT 01 문법 06	[토] HT 02 문법 07	[토] HT 03 문법 08	[토] HT 04 문법 09	[토] HT 05 문법 10
Week 3	[토] HT 06 아웃라인 Day 01	[토] HT 07 아웃라인 Day 02	[토] HT 08 아웃라인 Day 03	[토] HT 09 아웃라인 Day 04	[토] HT 10 아웃라인 Day 05
Week 4	[통] Course 01 아웃라인 Day 06	[통] Course 02 아웃라인 Day 07	[통] Course 03 아웃라인 Day 08	[통] Course 04 아웃라인 Day 09	[통] Course 05 아웃라인 Day 10
Week 5	[통] HT 01 아웃라인 Day 11	[통] HT 02 아웃라인 Day 12	[통] HT 03 아웃라인 Day 13	[통] HT 04 아웃라인 Day 14	[통] HT 05 아웃라인 Day 15
Week 6	[통] HT 06 아웃라인 Day 16	[통] HT 07 아웃라인 Day 17	[통] HT 08 아웃라인 Day 18	AT 1 아웃라인 Day 19	AT 2 아웃라인 Day 20

문법 = 토플 라이팅 핵심 문법   **아웃라인** = 20일 완성 토론형 출제 예상 토픽 및 아웃라인   **[토]** = Academic Discussion Task   **[통]** = Integrated Task
HT = Hackers Test   AT = Actual Test

학습플랜 활용법

1. 매일매일 정해진 학습 분량을 공부합니다.

2. Course가 배정된 날에는 제시된 전략을 충분히 익히고, Hackers Practice를 통해 해당 전략을 집중적으로 연습합니다.

3. Hackers Test가 배정된 날에는 앞서 배운 전략을 잘 떠올리며 답안을 작성하고, 모범 답안과 비교하여 다양한 표현 및 문장 구조를 익힙니다.

4. 아웃라인이 배정된 날에는 20일 완성 토론형 출제 예상 토픽 및 아웃라인에서 제공하는 아웃라인을 토대로 답안을 작성해봅니다.

5. 실전에 임하는 자세로 문제를 풀고, 문제를 다 푼 후에는 해석과 모범 답안을 참고하여 지문을 분석하고 자신의 답안을 보완합니다.

6. 교재에서 이해가 되지 않는 부분은 고우해커스(goHackers.com)의 [해커스 Books > 토플 라이팅 Q&A]를 통해 확인합니다.

7. 당일의 정해진 학습 분량을 마치지 못했을 경우에는, 계속 진도를 나가되 일주일이 지나기 전에 해당 주의 학습 분량을 모두 끝냅니다.

토플 라이팅 핵심 문법

◇

학습 방법 토플 라이팅 영역에서 좋은 점수를 받기 위해서는 다양한 구문을 정확하게 쓸 수 있는 능력이 필수적이다. 다음 소개된 10가지 핵심 문법을 충분히 익혀, 실제 답안 작성 시 더욱 정확하고 다채로운 문장을 구사하도록 한다.

01 [as ~ as] 구문에서 동사 반복 피하기

다음은 '나는 보통 사람들이 대중교통을 이용하는 것만큼 자주 대중교통을 이용한다'라는 내용을 자연스럽지 않게 쓴 영어 문장이다.

I use public transportation as often as average people use public transportation. (X)

위와 같은 내용을 자연스러운 영어 문장으로 쓰는 방법을 살펴보자.

위 문장이 자연스럽지 않은 이유는 동사구인 use public transportation을 반복해서 사용했기 때문이다. 이와 같이 [as ~ as] 구문 뒤에 나오는 동사구가 앞에 쓰인 동사구와 중복될 경우에는, 반복해서 쓰기보다는 대동사(do/does/did)를 사용한다.

I use public transportation as often as average people ~~use public transportation~~.
                                                                                    do

📝 문장 써보기

나는 다른 사람이 도서관에 가는 것만큼 자주 도서관에 간다.

I visit the library as often as anyone else **does**.

아버지께서는 내가 컴퓨터 게임을 좋아했던 것만큼 컴퓨터 게임을 좋아하셨다.

My father loved computer games as much as I **did**.

TIP do/does/did는 대신하려는 동사의 형태에 따라 각각 다르게 쓴다. 대신하려는 동사가 기본형일 경우 do, 3인칭 단수형일 경우 does, 그리고 과거형일 경우 did를 쓴다.

☑ CHECK-UP 다음 문장을 영어로 쓰시오.

○	1. 내 사촌은 내가 골프를 치는 것만큼 골프를 잘 친다.
○	2. 나는 나의 아내가 즐겼던 것만큼 그 영화를 즐겼다.
○	3. 나는 내 여동생이 방문하는 것만큼 자주 할머니를 방문한다.

모범 답안 p.36

다음은 '프리미엄 생수의 가격이 휘발유의 가격보다 더 높다'라는 내용을 잘못 쓴 영어 문장이다.

The price of premium bottled water is higher than gasoline. (X)

위와 같은 내용을 올바른 영어 문장으로 쓰는 방법을 살펴보자.

위 문장이 잘못된 이유는 '프리미엄 생수의 가격(The price of premium bottled water)'이 '휘발유(gasoline)'와 비교되어, 비교 대상이 일치하지 않기 때문이다. 이와 같은 비교 구문에서는, 비교 대상을 일치시키기 위해 that of 또는 those of를 사용해야 한다.

The price of premium bottled water is higher than ___ gasoline.

that of

📝 문장 써보기

사이버대학 졸업생들의 역량은 일반 대학 졸업생들의 역량만큼 훌륭하다.

The capacity of cyber university graduates is as great as that of conventional university graduates.

개혁에도 불구하고, 남성의 평균 보수는 여전히 여성의 평균 보수보다 더 높다.

Despite reforms, average male salaries are still higher than those of females.

TIP 비교 대상이 단수일 때에는 that of를, 복수일 때에는 those of를 쓴다.

✔ CHECK-UP   다음 문장을 영어로 쓰시오.

1. 중국의 인구는 러시아의 인구보다 더 많다.
2. 한국의 기후는 영국의 기후보다 더 온화하다.
3. 독일의 이민법은 캐나다의 이민법보다 더 엄격하다.

모범 답안 p.36

03 [the + 비교급 ~, the + 비교급 ~] 구문 바르게 쓰기

다음은 '더 많은 노력을 할수록, 더 많은 이익을 얻을 것이다'라는 내용을 잘못 쓴 영어 문장이다.

The more you give effort, the more you will receive benefits. (X)

위와 같은 내용을 올바른 영어 문장으로 쓰는 방법을 살펴보자.

위 문장이 잘못된 이유는 effort와 benefits가 각각 그것들을 수식해 주는 the more와 떨어져 있기 때문이다. 이와 같이 [the + 비교급 ~, the + 비교급 ~] 구문에서 'the + 비교급'의 수식을 받는 명사는, 반드시 'the + 비교급' 바로 뒤에 위치해야 한다.

The more you give (effort), **the more** you will receive (benefits).

📝 문장 써보기

더 좋은 교육을 받을수록, 더 많은 직업 기회를 얻을 것이다.

The better education you have, **the more job opportunities** you will get.

더 많은 돈을 벌수록, 더 많은 세금을 내야 할 것이다.

The more money you earn, **the more taxes** you will have to pay.

✅ CHECK-UP   다음 문장을 영어로 쓰시오.

○	1. 더 많은 일을 할수록, 더 많은 성과를 달성할 것이다.
○	2. 더 많은 운동을 할수록, 더 많은 건강상의 이익을 얻을 것이다.
○	
	3. 더 많은 책을 읽을수록, 더 많은 지식을 얻을 것이다.
○	

모범 답안 p.36

04 [having + 과거분사(p.p.) ~] 구문 바르게 쓰기

다음은 '숙제를 마친 후, 우리는 영화를 보러 갔다'라는 내용을 잘못 쓴 영어 문장이다.

Finishing our homework, we went to a movie. (X)

위와 같은 내용을 올바른 영어 문장으로 쓰는 방법을 살펴보자.

위 문장이 잘못된 이유는 Finishing our homework만으로는 '영화를 보러 간' 시점보다 '숙제를 마친' 시점이 앞선다는 것이 드러나지 않기 때문이다. 이와 같이 **분사구문의 시점이 주절의 시점보다 앞서는 경우**에는, [having + 과거분사(p.p.) ~] 구문을 사용해야 한다.

~~Finishing~~ our homework, we went to a movie.
Having finished

☑ 문장 써보기

프로젝트를 마친 후, 그 팀은 2주간의 휴식을 가졌다.

Having completed the project, the team took a break for two weeks.

직장에서 은퇴한 후, 아버지는 공부와 여행에 시간을 쏟으셨다.

Having retired from his job, my father devoted his time to study and travel.

☑ CHECK-UP 다음 문장을 영어로 쓰시오.

○	1. 집안일을 한 후, 우리는 그 날의 나머지 시간 동안 쉬었다.
○	2. 저녁을 먹은 후, 우리는 상쾌한 공기를 쐬기 위해 테라스로 이동했다.
○	3. 대학을 졸업한 후, 나는 무역 회사의 일자리에 지원했다.
○	

모범 답안 p.36

다음은 '그녀가 카드를 보낸 건 생각이 깊은 것이었다'라는 내용을 잘못 쓴 영어 문장이다.

It was thoughtful for her to send a card. (X)

위와 같은 내용을 올바른 영어 문장으로 쓰는 방법을 살펴보자.

위 문장이 잘못된 이유는 to부정사의 의미상 주어로 'for + 목적격'을 사용했기 때문이다. 일반적으로 to부정사의 의미상 주어로는 'for + 목적격'을 사용하지만, thoughtful과 같이 사람의 성질을 나타내는 형용사가 쓰인 경우에는 'of + 목적격'을 사용해야 한다.

It was thoughtful ~~for~~ **her** to send a card.
         of

📝 문장 써보기

교수님께서 우리에게 기한을 연장해주신 건 자상한 것이었다.

It was kind of the professor to give us an extension.

그가 우리의 발표를 도와준 건 친절한 것이었다.

It was nice of him to help us with the presentation.

TIP 사람의 성질을 나타내는 형용사

kind 자상한	clever 영리한	nice 친절한	thoughtful 생각이 깊은	cruel 잔인한
foolish 어리석은	honest 정직한	careless 부주의한	considerate 사려 깊은	rude 버릇없는

☑ CHECK-UP   다음 문장을 영어로 쓰시오.

1. 그가 거기에 가는 건 어리석은 것이다.
   _____

2. 그가 그것을 내게 말해준 건 매우 정직한 것이었다.
   _____

3. 그녀가 나를 생각해준 건 매우 사려 깊은 것이었다.
   _____

모범 답안 p.36

06 [how + 형용사 + 주어 + 동사] 구문 바르게 쓰기

다음은 '나는 일기 예보자들이 얼마나 정확한지에 놀랐다'라는 내용을 잘못 쓴 영어 문장이다.

I am surprised by how weather forecasters are accurate. (X)

위와 같은 내용을 올바른 영어 문장으로 쓰는 방법을 살펴보자.

위 문장이 잘못된 이유는 how와 그것의 수식을 받는 accurate가 따로 떨어져 있기 때문이다. 이와 같이 how의 수식을 받는 형용사는 반드시 how 바로 뒤에 위치해야 한다.

I am surprised by **how** weather forecasters are (accurate).

📝 문장 써보기

우리는 그 지역 사람들이 얼마나 예의 바른지에 감명받았다.

We were impressed by **how polite** the local people were.

아버지의 사무실을 방문하기 전에, 나는 아버지께서 얼마나 열심히 일하시는지 전혀 알지 못했다.

Prior to visiting his office, I had never realized **how hard** my father works.

✅ CHECK-UP 다음 문장을 영어로 쓰시오.

○	1. 교수님께서는 그 시험이 얼마나 쉬울지 우리에게 말씀해주셨다.
○	2. 어머니께서는 내 성적이 얼마나 좋은지 종종 물어보셨다.
○	
○	3. 학생들은 모두 그 시험이 그들의 최종 성적에 얼마나 중요한지 알고 있었다.
○	

모범 답안 p.36

07 '~만큼 -하다' 표현하기

'나는 그만큼 책을 많이(= 많은 책을) 가지고 있다'라는 내용을 영어로 어떻게 표현할 수 있을까?

① I have books as many as he does. (O)
② I have as many books as he does. (O)

'~만큼 -하다'라는 내용은 위 예문 ①과 같이 as와 as 사이에 **형용사/부사**를 쓰거나, 예문 ②와 같이 as와 as 사이에 '**형용사 + 명사**'를 넣어 [as + 형용사 + 명사 + as] 구문으로 표현할 수 있다.

✍ 문장 써보기

한국은 다른 OECD 국가들만큼 특허를 많이(= 많은 특허를) 만들어 낸다.

① Korea produces patents **as many as** other OECD countries do.
② Korea produces **as many patents as** other OECD countries do.

누구도 나만큼 물을 많이(= 많은 물을) 마실 수는 없었다.

① No one could drink water **as much as** I did.
② No one could drink **as much water as** I did.

TIP 보통 예문 ①과 같은 문장을 더 많이 쓰지만, 토플 라이팅 영역에서는 다양한 구문을 사용해야 좋은 점수를 받을 수 있으므로 예문 ②와 같은 구문도 자유롭게 쓸 수 있도록 연습해두어야 한다.

☑ CHECK-UP   다음 문장을 영어로 쓰시오.

1. 나는 내가 원하는 만큼 커피를 많이(= 많은 커피를) 마실 수 있었다.	
①	
②	
2. Lisa는 나만큼 꽃을 많이(= 많은 꽃을) 기른다.	
①	
②	
3. 정부는 우주를 탐험하는 데 가능한 한 돈을 많이(= 많은 돈을) 써야 한다.	
①	
②	

모범 답안 p.37

08 '~할 뿐만 아니라, -하다' 표현하기

'내 친구는 스키를 좋아할 뿐만 아니라, 스노보드도 즐긴다'라는 내용을 영어로 어떻게 표현할 수 있을까?

① My friend not only likes skiing, but he also enjoys snowboarding. (O)
② Not only does my friend like skiing, but he also enjoys snowboarding. (O)

'~할 뿐만 아니라, -하다'라는 내용은 'not only ~, but also -'로 표현한다. 이때, not only를 위 예문 ①과 같이 **동사 앞**에 두거나, 예문 ②처럼 문장 맨 앞에 두고 **주어와 동사를 도치**시켜 '~할 뿐만 아니라'라는 의미를 강조할 수 있다.

✎ 문장 써보기

직원들은 연간 상여금을 받았을 뿐만 아니라, 연봉도 올랐다.

① The employees **not only** received yearly bonuses, **but** they **also** got annual raises.
② **Not only** did the employees receive yearly bonuses, **but** they **also** got annual raises.

날씨가 더웠을 뿐만 아니라, 습기도 많았다.

① The weather **not only** was hot, **but** it was **also** humid.
② **Not only** was the weather hot, **but** it was **also** humid.

TIP 주어와 동사를 도치시키는 방법
- 일반 동사의 경우, not only 바로 뒤에 do/does/did를 추가하고 동사를 원형으로 바꾼다.
- be동사의 경우, be동사와 주어의 위치를 바꾼다.

☑ CHECK-UP   다음 문장을 영어로 쓰시오.

○	1. 우리는 이탈리아를 여행했을 뿐만 아니라, 스페인도 방문했다.
	①
○	②
○	2. 내 컴퓨터는 낡았을 뿐만 아니라, 크기도 했다.
	①
○	②
○	3. Tim은 그의 아내를 실망시켰을 뿐만 아니라, 그의 부모님도 화나게 했다.
	①
○	②

모범 답안 p.37

09 '~하는/한 (명사)' 표현하기

'교회로 이어지는 길은 매우 좁다'라는 내용을 영어로 어떻게 표현할 수 있을까?

① The street which leads to the church is very narrow. (O)
② The street leading to the church is very narrow. (O)

'~하는/한 (명사)'은 위 예문 ①처럼 **형용사절을 활용**하여 [명사 + who/which/that + 동사(구)]와 같이 표현하거나, 예문 ②처럼 **동사를 분사로 바꿔** [명사 + 동사원형ing]와 같이 표현할 수 있다.

📝 문장 써보기

토너먼트에서 선두를 달리는 그 골퍼는 동양인이다.

① **The golfer that leads** the tournament is from Asia.
② **The golfer leading** the tournament is from Asia.

대학을 졸업하는 학생들은 많은 취업 기회를 가진다.

① **Students who graduate** from college have many employment options.
② **Students graduating** from college have many employment options.

TIP 보통 예문 ①과 같은 문장을 더 많이 쓰지만, 토플 라이팅 영역에서는 다양한 구문을 사용해야 좋은 점수를 받을 수 있으므로 예문 ②와 같은 구문도 자유롭게 쓸 수 있도록 연습해두어야 한다.

☑ CHECK-UP 다음 문장을 영어로 쓰시오.

○	1. 옆집에 사는 나의 선생님은 매우 자상하시다.
	①
○	②
○	2. 너에게 흥미를 주는 직업을 선택하는 것이 중요하다.
	①
○	②
○	3. 그는 신나는 모험 이야기를 쓰는 인기 있는 소설가이다.
	①
○	②

모범 답안 p.37

'~이 -이라는 것을 깨달았다' 표현하기

'사람들은 그 정보가 도움이 된다는 것을 깨달았다'라는 내용을 영어로 어떻게 표현할 수 있을까?

① People found that the information was helpful. (O)
② People found the information helpful. (O)

'~이 -이라는 것을 깨달았다'는 위 예문 ①처럼 **동사 find 뒤에 that절을 활용**하거나, 예문 ②처럼 **동사 find 뒤에 [목적어 + 목적격 보어]를 활용**하여 표현할 수 있다.

📝 문장 써보기

나는 내 지갑을 도둑맞았다는 것을 깨달았다.

① I **found that my wallet was stolen**.

② I **found my wallet stolen**.

나는 그 책이 매우 재미있다는 것을 깨달았다.

① I **found that the book was very interesting**.

② I **found the book very interesting**.

TIP 보통 예문 ①과 같은 문장을 더 많이 쓰지만, 토플 라이팅 영역에서는 다양한 구문을 사용해야 좋은 점수를 받을 수 있으므로 예문 ②와 같은 구문도 자유롭게 쓸 수 있도록 연습해두어야 한다.

☑ CHECK-UP 다음 문장을 영어로 쓰시오.

○	1. 나는 그의 조언이 도움이 된다는 것을 깨달았다.
	①
○	②
○	2. 나는 그가 유죄라는 것을 깨달았다.
	①
○	②
○	3. 나는 내가 다쳤다는 것을 깨달았다.
	①
○	②

모범 답안 p.37

☑ CHECK-UP 모범 답안

01 [as ~ as] 구문에서 동사 반복 피하기

1. My cousin plays golf as well as I **do**.
2. I enjoyed the movie as much as my wife **did**.
3. I visit my grandmother as frequently as my sister **does**.

02 비교 대상 일치시키기

1. The population of China is bigger than **that of** Russia.
2. The climate of Korea is milder than **that of** England.
3. The immigration laws of Germany are stricter than **those of** Canada.

03 [the + 비교급 ~, the + 비교급 ~] 구문 바르게 쓰기

1. **The more work** you do, **the more accomplishments** you will attain.
2. **The more exercise** you do, **the more health benefits** you will receive.
3. **The more books** you read, **the more knowledge** you will gain.

04 [having + 과거분사(p.p.) ~] 구문 바르게 쓰기

1. **Having done** our household chores, we relaxed for the rest of the day.
2. **Having eaten** dinner, we moved to the terrace to get some fresh air.
3. **Having graduated** from college, I applied for a position at a trading company.

05 to부정사의 의미상 주어 바르게 쓰기

1. It is foolish **of him** to go there.
2. It was so honest **of him** to tell me that.
3. It was so considerate **of her** to think of me.

06 [how + 형용사 + 주어 + 동사] 구문 바르게 쓰기

1. The professor told us **how easy** the exam would be.
2. Mother often asked me **how good** my grades were.
3. The students were all aware of **how important** the test was for their final grade.

07 '~만큼 -하다' 표현하기

1. ① I could drink coffee **as much as** I wanted.

   ② I could drink **as much coffee as** I wanted.

2. ① Lisa grows flowers **as many as** I do.

   ② Lisa grows **as many flowers as** I do.

3. ① Governments should spend money **as much as** possible exploring outer space.

   ② Governments should spend **as much money as** possible exploring outer space.

08 '~할 뿐만 아니라, -하다' 표현하기

1. ① We **not only** traveled to Italy, **but** we **also** visited Spain.

   ② **Not only** did we travel to Italy, **but** we **also** visited Spain.

2. ① My computer **not only** was old, **but** it was **also** big.

   ② **Not only** was my computer old, **but** it was **also** big.

3. ① Tim **not only** disappointed his wife, **but** he **also** angered his parents.

   ② **Not only** did Tim disappoint his wife, **but** he **also** angered his parents.

09 '~하는/한 (명사)' 표현하기

1. ① **My teacher who lives** next door is very kind.

   ② **My teacher living** next door is very kind.

2. ① It is important to choose **the job that interests** you.

   ② It is important to choose **the job interesting** you.

3. ① He is **a popular novelist who writes** exciting adventure stories.

   ② He is **a popular novelist writing** exciting adventure stories.

10 '~이 -이라는 것을 깨달았다' 표현하기

1. ① **I found that his advice was helpful.**

   ② **I found his advice helpful.**

2. ① **I found that he was guilty.**

   ② **I found him guilty.**

3. ① **I found that I was injured.**

   ② **I found myself injured.**

Hackers TOEFL

Writing

Intermediate

Academic Discussion Task

INTRODUCTION ◇

█ Overview

토론형 문제(Academic Discussion Task)는 학술적인 토론 주제에 대한 자신의 의견을 글로 표현하는 유형으로, 한 문제가 출제된다. 응시자는 교수가 제시하는 질문과 두 학생의 의견을 토대로, 자신의 의견과 그것을 뒷받침하는 이유를 설득력 있게 제시하는 답안을 작성해야 한다.

시험 진행 방식

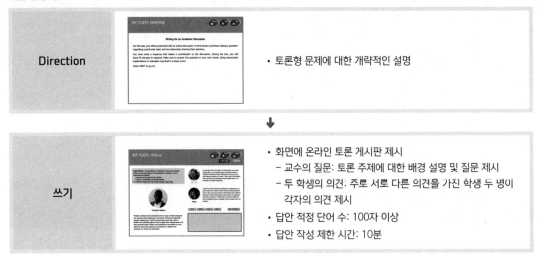

Direction		• 토론형 문제에 대한 개략적인 설명

쓰기		• 화면에 온라인 토론 게시판 제시
		  – 교수의 질문: 토론 주제에 대한 배경 설명 및 질문 제시
		  – 두 학생의 의견: 주로 서로 다른 의견을 가진 학생 두 명이
		    각자의 의견 제시
		• 답안 적정 단어 수: 100자 이상
		• 답안 작성 제한 시간: 10분

█ 문제의 핵심 포인트

교수가 토론 주제에 대해 간략히 설명한 후 마지막에 토론할 질문을 제시한다. 질문은 주제에 대한 여러 의견을 제시하고 하나를 선택하라고 하거나 동의하는지 아닌지 묻는 유형 혹은 주제에 대한 응시자의 자유로운 의견을 묻는 유형으로 제시될 수 있다. 토론형 문제에서는 응시자가 토론에 참여하고 있다는 점을 드러내면서 자신의 의견을 분명히 밝히고, 그러한 의견을 갖게 된 이유와 예시를 구체적으로 제시해야 한다.

문제의 예 1 – 질문에 제시된 여러 의견 중 하나를 선택하도록 요구하는 유형

Directions Your professor is teaching a class on economics. You must post a written response to your instructor's question. In your response, make sure to:

· state your opinion and support it
· contribute meaningfully to the discussion

A minimum of 100 words is required for a response to be effective. The time allotted for your response is 10 minutes.

Dr. Lee

As I stated during the class, balancing economic growth and environmental protection has been a persistent issue for governments. Should governments set aside environmental concerns to promote economic growth, or should priority be given to environmental protection? ──■ 의견 선택 요구

Samantha ──■ environmental protection 선택

I strongly believe environmental protection should be given priority. The long-term benefits of protecting the environment far outweigh any short-term gains from promoting economic growth. Preserving the environment is crucial for the well-being of future generations.

John O. ──■ economic growth 선택

I don't think governments should neglect economic growth. Economic growth is crucial for creating jobs, generating income, and improving people's lives. By prioritizing economic growth, governments can have a positive impact on society.

문제의 예 2 – 토론 주제에 대한 자유로운 의견을 묻는 유형

Directions Your professor is teaching a class on sociology. You must post a written response to your instructor's question. In your response, make sure to:

· state your opinion and support it
· contribute meaningfully to the discussion

A minimum of 100 words is required for a response to be effective. The time allotted for your response is 10 minutes.

Professor Rodriguez

Social media has become a ubiquitous presence in our daily lives, affecting how we interact with others and how we perceive ourselves. What do you think is the most significant effect of social media on interpersonal communication? Why? ──■ 응시자의 자유로운 의견 요구

Emily ──■ 각자의 자유로운 의견 제시

I believe that social media has made communication more convenient and accessible. It is now possible to engage in real-time communication online, thanks to messaging apps with live video features.

Michael ──■ 각자의 자유로운 의견 제시

I think the major effect of social media on interpersonal communication is connecting with people from diverse backgrounds and cultures. Social media allows us to expand our social circles and learn about different perspectives.

해석 p.222

INTRODUCTION ◇───

▌문제풀이 전략

Step 1 **문제 파악 및 아웃라인 잡기**

토론 주제 및 교수의 질문을 정확히 파악한 뒤, 두 학생의 의견을 참고해 자신의 의견을 정한다. 자신의 의견을 뒷받침하는 구체적인 이유와 예시를 떠올려 아웃라인을 잡는다. 이때 질문의 의도를 잘못 파악하면 답안이 오프토픽 될 수 있으므로 주의한다.

Step 2 **아웃라인에 따라 답안 작성하기**

아웃라인에 정리한 내용을 바탕으로 나의 의견과 뒷받침하는 이유를 논리적으로 작성한다. 토론에 참여하고 있다는 점을 드러내기 위해 문제 화면에 제시된 학생의 이름과 의견을 간략히 언급하면서 나의 답안에 활용해도 된다.

▌답안의 기본 구조

답안은 크게 나의 의견과 그것을 뒷받침하는 이유와 근거로 구성한다.

도입 문장을 통해 토론 내용을 이해하면서 참여하고 있음을 드러내고, 교수의 질문에 대한 자신이 의견을 먼저 밝히며 시작한다. 이어서 그렇게 생각하는 이유를 제시하고, 이유에 대한 부가적 설명과 구체적 예시 등을 덧붙여 뒷받침한다.

시간이 남는 경우에는 맺음말을 한 문장 덧붙임으로써 자신의 의견을 강조하며 답안을 마무리 지을 수 있다.

다음은 답안의 기본 구조이다. 답안 작성 시 이를 활용하면, 더욱 쉽게 논리적인 답안을 완성할 수 있다.

도입	**I understand why A**[나와 의견이 반대인 학생] **thinks that** + A의 의견 *
나의 의견	**However, in my opinion,** + 나의 의견

이유	**This is mainly because** + 이유
구체적 근거 1: 일반적 진술	이유에 대한 부가적 설명
구체적 근거 2: 예시	이유에 대한 구체적 예시

맺음말	**Overall, I believe that** + 나의 의견 재진술

※ 자유로운 의견을 묻는 질문이 출제되는 경우, 도입에서 'I understand why A and B think that ~'을 이용해 두 학생의 의견을 모두 간략히 언급하며 시작할 수도 있다.

▌출제 예상 토픽

토론형 문제로는 학술적인 토픽이 주로 출제된다. 아래와 같은 토픽에 대해 응시자의 의견을 묻는다.

◈ 경영/경제

In today's business world, is it more important to create innovative products or to improve existing ones?
오늘날의 비즈니스 세계에서, 혁신적인 제품을 만드는 것이 더 중요합니까, 아니면 기존 제품을 개선하는 것이 더 중요합니까?

What do you think is the most effective way for businesses to manage and motivate their employees?
기업이 직원들을 관리하고 동기를 부여하는 가장 효과적인 방법은 무엇이라고 생각합니까?

◈ 사회/교육

What do you think is the most significant impact of media on the rise of celebrity culture?
미디어가 연예인 문화의 부상에 미친 가장 큰 영향이 무엇이라고 생각합니까?

Which should schools prioritize spending on, improving student meals or expanding extracurricular activities for students?
학교는 학생들의 식사를 개선하는 것 또는 학생들을 위한 과외 활동을 확대하는 것 중 어느 것에 지출의 우선순위를 두어야 합니까?

If you were a public administrator, which do you think would better serve the community: creating a park that all residents can enjoy or building a sports field for students?
만약 여러분이 행정가라면, 모든 주민들이 즐길 수 있는 공원을 만드는 것과 학생들을 위한 운동장을 짓는 것 중 어떤 것이 지역 사회에 더 도움이 될 것이라고 생각합니까?

◈ 기술

Does technology bring people closer together, or does it actually make them more distant from each other?
기술은 사람들을 더 가깝게 만들까요, 아니면 사실은 그들을 서로 더 멀어지게 만들까요?

Do you agree that technology is responsible for the spread of misinformation?
기술이 잘못된 정보의 확산에 책임이 있다는 것에 동의합니까?

◈ 문화

What impact do cultural institutions such as museums and galleries have on their communities?
박물관이나 미술관과 같은 문화 기관은 지역사회에 어떤 영향을 미칩니까?

◈ 환경

Do you agree that the government should impose stricter regulations on industries to reduce their environmental impact?
정부가 환경에 미치는 영향을 줄이기 위해 산업에 더 엄격한 규제를 부과해야 한다는 데 동의합니까?

문장 익히기 - 상황별 표현

토론형 답안을 작성하기 위해서는 의견을 주장하거나 근거를 제시할 때 쓰는 표현을 알아두어야 한다. 이러한 상황별 표현들을 익혀놓으면 자신의 의견을 더욱 효과적으로 전달할 수 있다.

1. 주장할 때 쓰는 표현

1 내 생각에는
In my opinion

내 생각에는, 고객 서비스가 기업의 평판에 가장 큰 영향을 미친다.
In my opinion, customer service has the most influence on a business's reputation.

2 나는 ~이라고 생각한다
I think that ~

나는 대학생들이 어린 학생들을 가르치는 데 시간을 보내는 것이 더 유익하다고 생각한다.
I think that it is more beneficial for university students to spend their time educating young students.

3 ~은 명백하다
It is evident that ~

사람들이 그들 삶의 문제를 해결하도록 돕는 데 정부의 조치가 필요하다는 것은 명백하다.
It is evident that government action is needed to assist people in dealing with problems in their lives.

4 나는 ~에 동의한다 [동의하지 않는다]
I agree [disagree] that ~

나는 모든 형태의 자동화가 광범위한 일자리 감소로 이어질 것이라는 것에 동의하지 않는다.
I disagree that all forms of automation will lead to widespread job loss.

2. 원인과 결과를 나타낼 때 쓰는 표현

5 이는 ~이기 때문이다
This is because ~

이는 학생들이 급우들과의 경쟁에 의해 동기가 부여되기 때문이다.
This is because students are motivated by competition with their classmates.

6 결과적으로
Consequently / As a result

결과적으로, 인터넷의 이용 가능성은 사람들이 이전에는 상상할 수 없었던 방식들로 교류하게 해주었다.
Consequently, the availability of the Internet has enabled people to connect with each other in ways that were previously unimaginable.

7 따라서
Thus / Therefore

따라서, 점점 더 많은 가정이 보육 서비스를 필요로 한다.
Thus, more and more families are in need of child care services.

8 ~ 때문에
Due to ~

남획과 지속 불가능한 어업 관행들 때문에, 많은 물고기 개체 수가 감소했다.
Due to overfishing and unsustainable fishing practices, many fish populations have declined.

3. 예를 들 때 쓰는 표현

9 예를 들어
For example / For instance

예를 들어, 인도는 최근 수십 년간 급속한 산업 성장을 경험했으며, 이 성장은 많은 오염을 발생시켰다.
For example, India has experienced rapid industrial growth in recent decades, and this growth has generated a lot of pollution.

10 연구들은 ~이라는 것을 보여주었다 [~이라고 밝혔다]
Studies have shown [found] that ~

연구들은 대다수의 젊은 사람들이 일상생활에서 충분한 양의 신체 활동에 참여한다는 것을 보여주었다.
Studies have shown that a majority of young people engage in a sufficient amount of physical activity in their daily lives.

11 A의 예를 보라
Take the example of A

그녀의 버스 좌석을 양보하기를 거부하며 인종 차별에 용기 있게 맞섰던 로자 파크스의 예를 보라.
Take the example of Rosa Parks, who courageously stood up against racial segregation by refusing to give up her bus seat.

4. 비교할 때 쓰는 표현

12 반면에
On the other hand

반면에, TV는 아이의 머릿속을 너무 많은 영상으로 채워서 아이는 능동적으로 사고할 필요가 없다.
On the other hand, TV fills a child's mind with so many images that the child does not have to actively think.

13 대조적으로
On the contrary / In contrast

대조적으로, 다수의 나이가 많은 사람들은 다양한 정신적이고 신체적인 요인 때문에 덜 활동적이다.
On the contrary, many older people are less active due to a variety of mental and physical factors.

14 ~과 달리
Unlike ~

전통적인 사회에서와 달리, 많은 현대 사회는 개인주의와 개인의 자율성을 우선시한다.
Unlike in traditional societies, many modern societies prioritize individualism and personal autonomy.

5. 부연 설명할 때 쓰는 표현

15 게다가
In addition / Moreover

게다가, 학생들은 그들의 흥미를 끄는 수업을 들을 수 있어야 한다.
In addition, students should be able to take courses that interest them.

16 게다가
On top of that

게다가, 어린 학생들이 공부하는 것을 돕는 것은 그들에게 장기적 이익을 제공한다.
On top of that, helping young students study provides them with long-term benefits.

17 다시 말해서
In other words

다시 말해서, 많은 성공한 사업주들은 이윤보다는 그들의 명성과 대중의 인식에 더 신경 쓴다.
In other words, many successful business owners are more concerned with their reputation and public perception than with profits.

18 그뿐만 아니라, ~이다
Not only that, but ~

그뿐만 아니라, 하나의 과제에 집중하는 것은 일을 더 빨리 끝내는 데 도움이 될 수 있다.
Not only that, but focusing on one task can help you complete your work faster.

6. 요약할 때 쓰는 표현

19 요약하자면
To sum up / In summary / In short

요약하자면, 평가는 단순히 성과를 측정하는 것이 아니라, 학생들의 학습을 지원하는 데 사용되어야 한다.
To sum up, assessment should be used to support student learning, rather than simply measure their performance.

20 결론적으로
To conclude / In conclusion

결론적으로, 시간과 돈의 제약은 일반적인 사람이 방문할 수 있는 나라를 제한한다.
To conclude, time and money constraints limit the countries a typical person can visit.

21 전반적으로
On the whole

전반적으로, 외국에 대해 배울 수 있는 가장 좋은 방법은 신문과 잡지 읽기를 통해서이다.
On the whole, the best way to learn about foreign countries is by reading newspapers and magazines.

Hackers Practice

파란색으로 주어진 표현에 유의하여, 다음의 우리말 문장을 영어로 바꾸어 쓰시오.

01 결과적으로, / 잘못된 시간 관리는 / 이어질 수 있다 / 감소된 생산성으로 / 직장에서의

    * 시간 관리 time management   * 생산성 productivity   * 직장 workplace

_____ .

02 내 생각에는, / 인쇄 매체를 읽는 것이 / 더 좋은 방법이다 / 외국에 대한 정보를 얻는

    * 인쇄 매체 printed media

_____ .

03 이는 ~이기 때문이다 / 과거에 일어난 일이 / 늘 현재에 적용될 수 있는 것은 아니다

    * ~에 적용될 수 있는 applicable to

_____ .

04 나는 ~이라고 생각한다 / 중요하다 / 우리가 사건들에 관심을 갖는 것이 / 다른 나라들에서 일어나는

    * 사건 event   * ~에 관심을 가지다 have an interest in

_____ .

05 ~은 명백하다 / 기후 변화가 / 시급한 세계적인 문제이다

    * 시급한 pressing

_____ .

06 과거와 달리, / 여성들은 / 가진다 / 더 많은 기회를 / 교육과 취업에 대한

    * 기회 opportunity   * 취업 employment

_____ .

07 예를 들어, / 나는 자원봉사를 한다 / 동물 보호소에서 / 유기 동물들을 돌보고 집을 찾아주는

    * 자원봉사를 하다 volunteer   * 동물 보호소 animal shelter   * 유기된 abandoned

_____ .

08 유기 농법의 예를 보라 , / 지속 가능한 농업 관행을 촉진하는

    * 유기 농법 organic farming   * 지속 가능한 sustainable

_____ .

09 대조적으로, 다른 사람들은 복잡한 문제를 해결하는 것을 선호한다.

   ∗ 복잡한 complex   ∗ 선호하다 prefer

_____ .

10 요약하자면, 노인들은 젊은 사람들보다 신체적으로 더 약하고 덜 활동적이다.

   ∗ 신체적으로 physically   ∗ 활동적인 active

_____ .

11 게다가, 응답자들은 경쟁이 그들의 동기 부여에 주요한 역할을 했다고 언급했다.

   ∗ 응답자 respondent   ∗ 경쟁 competition   ∗ 주요한 역할을 하다 play a key role

_____ .

12 게다가, 학생들을 학문적으로 돕는 것은 장기적 이점이 있다.

   ∗ 학문적으로 academically

_____ .

13 그뿐만 아니라, 나는 또한 다양한 지역 사회 봉사 활동 프로젝트들에 참여했다.

   ∗ 지역 사회 봉사 활동 community service   ∗ 참여하다 participate

_____ .

14 요약하자면, 교육은 사회의 변화하는 요구를 충족시키기 위해 끊임없이 진화하고 있다.

   ∗ 사회의 요구 needs of society   ∗ 끊임없이 constantly   ∗ 진화하다 evolve

_____ .

15 연구들은 현재 근로자들의 거의 절반이 퇴직할 때 충분한 돈이 없을 것이라고 밝혔다.

   ∗ 퇴직하다 retire

_____ .

16 따라서, 학생들은 그들의 공유된 경험 때문에 서로를 쉽게 이해할 수 있다.

_____ .

모범 답안 p.223

COURSE 02 문장 익히기 – 주제별 표현

토론형 답안에 자주 쓰이는 주제별 표현을 익혀 놓으면, 답안을 작성할 때 여러 가지 주제에 대한 자신의 의견을 더욱 풍부하게 나타낼 수 있다. 빈출 주제인 사회, 교육, 환경, 경영/경제 관련 표현들을 살펴보도록 하자.

1. 사회 관련 표현

1 자원봉사
volunteer work

자원봉사에 참여하는 것은 새로운 사람들을 만나는 좋은 방법이 될 수 있다.
Participating in **volunteer work** can be a great way to meet new people.

2 관계를 형성하다
build relationships

빈번한 의사소통 없이, 견고한 관계를 형성하는 것은 극히 어렵다.
Without frequent communication, it is extremely difficult to **build** solid **relationships**.

3 개발도상국
the developing world

그 문제는 개발도상국에서 특히 골칫거리다.
The problem is particularly troublesome in **the developing world**.

4 사회 구성원
a member of society

사회 구성원으로서, 우리는 사회 정의와 평등을 촉진하는 방식으로 행동할 책임이 있다.
As **members of society**, we have a responsibility to act in a way that promotes social justice and equality.

5 국제화된 세계
a globalized world

국제화된 세계에서, 생각과 가치의 확산은 사회에 심오한 영향을 미칠 수 있다.
In **a globalized world**, the spread of ideas and values can have a profound impact on societies.

6 국제 공동체

the international community

국제 공동체의 신속한 대응은 중국이 그 재난의 피해자들을 구조하는 것을 도왔다.

The quick reaction by **the international community** helped China rescue victims of the disaster.

7 문제에 대처하다

deal with a problem

국제 원조는 지역 사람들이 그 문제에 대처하는 것을 더 쉽게 만들었다.

International aid made it easier for local people to **deal with the problem**.

8 문제에 직면하다

face a problem

문제에 홀로 직면하지 않아도 된다면 인생은 훨씬 수월하다.

Life is much easier when you don't have to **face problems** alone.

9 과학 기술 장치

a technological device

오늘날 이용 가능한 모든 과학 기술 장치를 통해, 아이들은 엄청난 양의 시각 정보를 받아들인다.

With all the **technological devices** available today, kids receive a tremendous amount of visual information.

10 인공 지능

artificial intelligence

인공 지능은 의료와 금융을 포함한 많은 산업에 혁명을 일으켰다.

Artificial intelligence has revolutionized many industries, including healthcare and finance.

11 가상현실

virtual reality

가상현실은 역사적 사건과 문화적 경험에 대한 독특한 관점을 제공할 수 있다.

Virtual reality can provide a unique perspective on historical events and cultural experiences.

12 해외에 나가다

go abroad

공부를 하러 해외에 나가는 것은 나의 조부모 세대에게는 선택 사항이 아니었다.

Going abroad to study was not an option for my grandparents' generation.

13 ~에 영향을 미치다

have an effect on ~

과학 기술은 아이들의 상상력에 부정적인 영향을 미쳐왔다.

Technology **has had an** adverse **effect on** children's imaginations.

14 시간을 관리하다

manage one's time

나는 그녀에게 조언을 구했고, 그녀는 나에게 시간을 관리하는 방법에 대해 몇 가지 조언을 해주었다.

I asked her for advice, and she gave me some tips on how to **manage my time**.

15 장애물을 극복하다

overcome an obstacle

외국인으로서, 우리 모두는 해외에 사는 동안 같은 장애물을 극복해야 했다.

As foreigners, we all had to **overcome** the same **obstacles** while living overseas.

16 노력하다

make an effort

효과적인 의사소통은 양측이 서로의 관점을 이해하기 위해 노력하는 것을 필요로 한다.

Effective communication requires both parties to **make an effort** to understand each other's viewpoints.

17 ~을 잘 알다

keep up with ~

우리는 다른 나라에서 일어나고 있는 사건들을 잘 알아야 한다.

We should **keep up with** events that are occurring in other countries.

18 조언을 하다

offer advice

학생들은 그들의 공유된 경험을 바탕으로 도움이 되는 조언을 해줄 수 있다.

Students can **offer** helpful **advice** based on their shared experiences.

19 최우선 사항

the highest priority

정부의 최우선 사항은 국민의 요구와 이익을 위해 봉사하는 것이다.

The highest priority for the government is to serve the needs and interests of the people.

20 공공 정책
public policy

사회 복지와 교육과 같은 공공 정책 문제들에 대한 논쟁은 종종 상충되는 가치를 가지고 있다.
The debate over **public policy** issues such as social welfare and education often have competing values.

2. 교육 관련 표현

21 학업 프로그램
an academic program

요즘, 대부분의 학업 프로그램들은 모든 학생에게 역사 수업을 들을 것을 요구한다.
These days, most **academic programs** require all students to take history courses.

22 수업을 듣다
take a course

대학에서, 학생들은 다양한 지식 분야의 수업을 들을 수 있다.
In college, students are able to **take courses** in a variety of disciplines.

23 필수 수업
a required course

수학은 거의 모든 학제에서 필수 수업이다.
Mathematics is **a required course** in virtually all school systems.

24 좋은 성적을 받다
earn a good grade

좋은 성적을 받기 위해서, 학생들은 자료에 대한 완전한 이해를 보여주어야 한다.
To **earn a good grade**, students should demonstrate true mastery of the material.

25 급우
a fellow classmate

급우들의 인정은 학생의 자존감에 중요하다.
Acceptance by **fellow classmates** is important for a student's self-esteem.

26 조언을 공유하다
share advice

학생들은 그들의 목표와 학업에 관련된 조언을 공유할 수 있다.
Students can **share advice** that is relevant to their goals and studies.

27 경쟁적인 분위기

a competitive environment

학급 내 경쟁적인 분위기는 좋은 점보다 나쁜 점이 더 많다.
A competitive environment in class does more harm than good.

28 온라인 학습

online learning

온라인 학습은 그것의 유연성과 접근성으로 인해 점점 인기를 끌고 있다.
Online learning has become increasingly popular due to its flexibility and accessibility.

29 자제력

self-control

선생님이 엄격하면, 학생들은 자제력의 중요성을 배울 것이다.
If a teacher is strict, students will learn the importance of **self-control**.

30 학업적 성취

academic achievement

부모들은 그들 자녀의 학업적 성취에 대해 염려한다.
Parents are concerned about their children's **academic achievement**.

31 규율을 가르치다

teach discipline

어린 나이에 규율을 가르치는 것은 아이들이 책임감을 기르는 데 도움이 될 수 있다.
Teaching discipline at a young age can help children develop a sense of responsibility.

32 기한

a due date

나는 기한 전에 프로젝트를 마쳐야 했지만, 동기 부족으로 인해 어려움을 겪고 있었다.
I had to finish the project before the **due date**, but I was struggling with a lack of motivation.

33 연구 보고서

a research paper

나는 소셜 미디어가 정신 건강에 미치는 영향에 관한 연구 보고서를 쓴 적이 있다.
I once wrote **a research paper** on the effects of social media on mental health.

3. 환경 관련 표현

34 환경 오염

environmental pollution

가장 심각한 형태의 환경 오염은 아마도 핵폐기물일 것이다.

Perhaps the most serious form of **environmental pollution** is nuclear waste.

35 기후 변화

climate change

화석 연료의 연소는 기후 변화의 주요 원인이다.

The burning of fossil fuels is a major contributor to **climate change**.

36 온실가스 배출

greenhouse gas emission

자전거를 타고 출근하는 것은 교통수단에서 나오는 온실가스 배출을 줄일 수 있다.

Riding a bike to work can reduce **greenhouse gas emissions** from transportation.

37 재생에너지

renewable energy

재생에너지는 종종 화석 연료보다 더 신뢰할 수 있는 에너지원으로 여겨진다.

Renewable energy is often seen as a more reliable energy source than fossil fuels.

38 지속 가능한 개발

sustainable development

기업들은 환경을 보호하고 장기적인 성장을 추진하기 위해 지속 가능한 개발을 수용하고 있다.

Companies are embracing **sustainable development** to protect the environment and drive long-term growth.

39 산림훼손

forest degradation

산림훼손은 우리 지구의 건강을 위협하는 중대한 환경 문제이다.

Forest degradation is a significant environmental problem that is threatening the health of our planet.

40 천연자원
natural resources

천연자원의 보존은 생물 다양성을 보호하는 데 필수적이다.
The conservation of **natural resources** is essential for preserving biodiversity.

41 폐기물 감소
waste reduction

폐기물 감소는 기업들이 폐기물 처리 비용을 최소화함으로써 비용을 절감하고 효율성을 높이게 한다.
Waste reduction lets businesses save money and increase efficiency by minimizing waste disposal costs.

42 친환경 제품
an eco-friendly product

재사용 가능한 물병과 같은 친환경 제품들을 사용하는 것은 발생되는 플라스틱 쓰레기의 양을 줄일 수 있다.
Using **eco-friendly products** like reusable water bottles can reduce the amount of plastic waste generated.

4. 경영/경제 관련 표현

43 경력을 쌓다
build a career

대학을 졸업한 후 가능한 한 일찍 경력을 쌓는 것이 중요하다.
It is important to **build a career** as soon as possible after graduating college.

44 회사에서 승진하다
move up in the company

나의 오빠는 그의 타고난 리더십 기술 때문에 회사에서 빠르게 승진할 수 있었다.
My brother could rapidly **move up in the company** because of his natural leadership skills.

45 연봉
annual salary

직원 한 명을 교육하는 것은 기업에 그 직원 연봉의 3분의 1만큼의 비용이 든다.
Training a single employee costs a company one-third of that employee's **annual salary**.

46 직장 내

in the workplace

우리 현대 사회에서, 직장 내 여성의 수는 계속해서 증가한다.

In our modern society, the number of women **in the workplace** continues to grow.

47 고객 서비스

customer service

형편없는 고객 서비스는 부정적인 후기와 고객 손실로 이어질 수 있다.

Poor **customer service** can lead to negative reviews and loss of customers.

48 기업 윤리

business ethics

경영진은 단기 이익보다 기업 윤리를 우선시해야 한다.

The management must prioritize **business ethics** over short-term profits.

49 소비자 결정

consumer decision

소비자 결정을 내릴 때, 나는 가격과 품질이 고려해야 할 가장 중요한 두 가지 요소라고 생각한다.

When making a **consumer decision**, I believe price and quality are two most important factors to consider.

50 브랜드 평판

brand reputation

소셜 미디어와 온라인 후기는 기업의 브랜드 평판을 좌우할 수 있다.

Social media and online reviews can make or break a company's **brand reputation**.

51 이익을 내다

make a profit

모든 기업의 첫 번째 목표는 이익을 내는 것이다.

The number-one objective of any business is to **make a profit**.

52 근무 환경

work environment

지원을 아끼지 않는 근무 환경은 향상된 직원 만족도와 전반적인 성과를 촉진한다.

A supportive **work environment** facilitates increased employee satisfaction and overall performance.

Hackers Practice

파란색으로 주어진 표현에 유의하여, 다음의 우리말 문장을 영어로 바꾸어 쓰시오.

01 학생들은 / 수업을 들을 수 있어야 한다 / 그들에게 흥미를 주는

    * 흥미를 주다 interest

_____ .

02 통계는 / 보여준다 / 많은 기업들이 이익을 내지 못한다 / 첫해에는

    * 통계 statistics

_____ .

03 학생들은 / 쉽게 동기를 부여받는다 / 그들의 급우들로부터

    * 쉽게 easily　　* 동기를 부여받다 be motivated by

_____ .

04 직업을 바꾸는 것은 / 종종 / 귀중한 시간을 낭비하고 / 경력을 쌓는 것을 힘들게 한다

    * 직업을 바꾸다 change jobs　　* 귀중한 valuable　　* 낭비하다 waste

_____ .

05 나는 / 실제로 / 어려움이 없었다 / 모든 과제를 끝내는 데 / 기한 전에

    * 어려움이 없다 have no trouble -ing

_____ .

06 많은 대학들은 / 제공한다 / 기회들을 / 학생들이 자원봉사에 참여할

    * 제공하다 offer　　* 기회 opportunities　　* ~에 참여하다 engage in

_____ .

07 인공 지능의 사용이 / 보건 의료에서 / 빠르게 진보하고 있다

    * 보건 의료 healthcare　　* 진보하다 advance

_____ .

08 연구들은 보여주었다 / 아이들이 더 많은 노력을 한다 / 경쟁적인 분위기 속에 있을 때

    * 노력을 하다 give effort

_____ .

09 연구들은 그 문제가 개발도상국에서 특히 골칫거리라는 것을 보여주었다.

    ∗ 특히 particularly   ∗ 골칫거리인 troublesome

    _____ .

10 유능한 사회 구성원이 되기 위해, 사람들은 그들의 행동을 제어하는 방법을 배워야 한다.

    ∗ 유능한 effective   ∗ 행동 behavior   ∗ 제어하다 control

    _____ .

11 우리는 이 국제화된 세계의 다른 시민들을 돕기 위해 세계의 사건들에 주의를 기울여야 한다.

    ∗ 시민 citizen   ∗ 세계의 사건 world event   ∗ ~에 주의를 기울이다 pay attention to

    _____ .

12 기업가들은 종종 자금 제공 및 마케팅과 관련된 문제에 직면한다.

    ∗ 기업가 entrepreneur   ∗ 자금 제공 funding

    _____ .

13 환경 오염은 상당수의 질병의 원인이 된다.

    ∗ 상당한 substantial   ∗ 질병 ailment   ∗ ~의 원인이 되다 be responsible for

    _____ .

14 사이버 보안에 있어서, 민감한 정보를 보호하는 것이 최우선 사항이다.

    ∗ 사이버 보안 cybersecurity   ∗ 민감한 sensitive

    _____ .

15 국제적인 협력은 전 세계의 온실가스 배출을 해결하는 데 매우 중요하다.

    ∗ 협력 collaboration   ∗ 해결하다 address

    _____ .

16 그녀는 내가 직면하고 있었던 같은 장애물을 극복했다.

    _____ .

모범 답안 p.224

COURSE

03 아웃라인 잡기

아웃라인은 답안의 구조를 간략하게 정리한 것이다. 교수의 질문에 대해 두 학생의 의견을 토대로 나의 의견과 그 이유 및 구체적인 근거를 정리해야 한다. 한국어나 영어 중 자신에게 더 편한 언어로 작성하면 된다. 아웃라인의 기본 구조는 다음과 같다.

아웃라인의 구조

> **나의 의견**
>   **이유**
>   구체적인 근거 1: 일반적 진술
>   구체적인 근거 2: 예시

▶ 아웃라인 잡기 전략

Step 1 문제 파악하기

교수의 설명을 먼저 확인한다. 교수는 토론 주제에 대한 배경 설명을 먼저 하고 마지막에 질문을 하는데, 이 질문을 정확히 파악해야 한다. 주로 두 개 또는 세 개의 의견 중 하나를 선택하라고 하거나 동의하는지 아닌지 묻는 양자택일형 또는 응시자가 자유롭게 의견을 제시해야 하는 열린 질문(open-ended question)이 제시된다. 화면 오른쪽에 나오는 두 학생이 질문에 대해 각자 어떤 의견을 제시하는지도 파악한다.

Step 2 브레인스토밍을 통해 나의 의견 정하기

브레인스토밍을 통해 얻은 아이디어에 근거하여 자신의 의견을 결정한다. 답안에 쓸 수 있는 아이디어가 더 많거나 설득력이 높은 것을 선택하면 더욱 쉽게 글을 전개해 나갈 수 있다.

Step 3 아웃라인 잡기

자신이 정한 의견과 그것을 뒷받침하는 이유 및 이유에 대한 구체적인 근거를 간략하게 정리하여 아웃라인을 잡는다. 근거는 이유를 뒷받침하는 일반적 진술과 예시로 정리한다.

아웃라인 잡기의 예

Professor Garcia

A company is a business organization that offers goods or services to make a profit. But nowadays, both consumers and investors are becoming more socially conscious, and they want to support companies that are socially responsible. So more companies are under pressure to adopt socially responsible practices. What should companies primarily focus on, maximizing profits or fulfilling social responsibilities? Why?

기업은 이익을 내기 위해 상품이나 서비스를 제공하는 사업 조직입니다. 하지만 요즘, 소비자와 투자자 모두 사회적으로 의식이 높아지고 있으며, 그들은 사회적으로 책임을 다하는 기업을 지원하고 싶어 합니다. 그래서, 더 많은 기업들이 사회적으로 책임을 다하는 관행을 채택해야 한다는 압박을 받고 있습니다. 기업은 이익을 극대화하는 것 또는 사회적 책임을 이행하는 것 중 주로 무엇에 중점을 두어야 합니까? 그 이유는 무엇인가요?

Jackson

I think companies have to put profits first. It's important to recognize that companies operate as businesses and not charities, and an excessive focus on social responsibility can be detrimental to profit. And if the company's profits are not satisfactory, the interests of its stakeholders are negatively affected.

저는 기업들이 이익을 가장 중시해야 한다고 생각합니다. 기업이 자선 단체가 아닌 사업체로 운영된다는 점을 인식하는 것이 중요하고, 사회적 책임에 대한 지나친 집중은 수익에 악영향을 미칠 수 있습니다. 그리고 기업의 수익이 만족스럽지 못하면, 이해관계자들의 이익이 부정적인 영향을 받을 것입니다.

Kate

I would support a company that is environmentally and socially responsible. It's possible to be profitable while being socially responsible. That's why many investors are now considering ESG (environmental, social, and governance) factors when making investment decisions.

저는 환경적으로 그리고 사회적으로 책임을 다하는 기업을 지원할 것입니다. 사회적으로 책임을 다하면서 수익을 내는 것이 가능합니다. 그것이 많은 투자자들이 이제 투자 결정을 내릴 때 ESG(환경, 사회 그리고 경영) 요소를 고려하는 이유입니다.

Academic Discussion Task

Integrated Task

Hackers TOEFL Writing Intermediate

브레인스토밍

사회적 책임을 이행하는 것
- 20대-30대: 주요 소비자층
- 사회에 기여하는 기업을 지지함
- 긍정적인 명성을 쌓을 수 있음
- 기업의 장기적 번영에 기여함

이익을 극대화하는 것
- 경쟁력을 갖추고 일자리를 창출할 수 있음

아웃라인

나의 의견	be socially responsible 사회적 책임을 다하는 것
이유	• people in 20s and 30s: the largest consumer group 20대-30대가 가장 큰 소비자층이 되고 있음
구체적 근거 1: 일반적 진술	- support socially responsible companies 사회적 책임을 이행하는 기업들을 지지함
구체적 근거 2: 예시	- ex) using sustainable materials, paying fair wage, etc 예) 지속 가능한 재료를 사용하는 것, 공정한 임금을 지급하는 것 등

Step 1 교수가 '기업이 이익을 극대화하는 것과 사회적 책임을 이행하는 것 중 무엇에 중점을 두어야 하는지'를 물었고, Jackson은 이익을 극대화해야 한다는 입장, Kate는 사회적 책임을 이행해야 한다는 입장임을 파악한다.

Step 2 브레인스토밍을 통해 더 많은 아이디어가 떠오른 '사회적 책임을 이행하는 것'으로 자신의 의견을 정한다.

Step 3 사회적 책임을 이행하는 것이 더 중요하다고 생각하는 이유 한 가지와 구체적인 근거를 정해 정리한다.

Hackers Practice

주어진 질문에 대한 아웃라인을 완성하시오.

01

Professor McPhee

As I mentioned in class yesterday morning, there have been many advances in transportation over the last few decades. Urbanization and the rising demand for more efficient transit methods are causing a shift toward the development of electric vehicles and high-speed trains. Please share your thoughts on the following question: Which is the most important innovation in transportation of the last few decades? Why?

Jasmine

I immediately thought of passenger drones. I read an article the other day about a company that designed a two-passenger drone. This technology will revolutionize how we get around in cities. In the near future, we might be able to call up a drone with our smartphone and then fly to our destination!

Ken

I think scooter rental services have made it much more convenient to travel short distances. I used to take the bus to get to the subway station, but sometimes it didn't arrive on time. Now, I can just rent an electric scooter in front of my house and drop it off outside the subway station.

해석 p.225

아웃라인

○ 나의 의견 ride-sharing services like Uber

○ 이유 highly convenient

　　　구체적 근거 1: 일반적 진술 _____

　　　구체적 근거 2: 예시 _____

○ _____

모범 답안 p.225

02

Doctor Wang

In the next few weeks, we will be discussing the effects of automation. Automation is the use of technology to produce goods and services with little human involvement. But as with every revolutionary development throughout history, people argue over the merits and drawbacks of automation. In your opinion, will the automation of jobs ultimately result in a positive change for society, or will it be a negative development?

Brian

I don't think automation will be good for society. A lot of people are going to lose their jobs, especially those who do manual labor. I mean, we already see robots serving people at restaurants, and I think that trend is only going to continue.

Amelia

There will definitely be an adjustment period, but I think automation is a positive thing. For example, robots can be used to do dangerous jobs. That way, workers will no longer have to be exposed to hazardous substances or work with heavy machinery. I can totally see a future where automation improves our quality of life.

해석 p.225

아웃라인

나의 의견 will ultimately benefit us

이유 allows humans to pursue more meaningful occupations

구체적 근거 1: 일반적 진술 _____

구체적 근거 2: 예시 _____

_____

모범 답안 p.226

03

Dr. Torres

Governments have the authority to determine how public funds should be allocated. Improving infrastructure—things like roads, electricity and water supplies—is essential because it connects people and resources. But funding is always limited, so policymakers must decide which areas will be the focus of their spending. My question to you is this: Which should governments prioritize when funding infrastructure projects, rural areas or urban areas? Why?

Hailey S.

Governments should prioritize urban areas when it comes to infrastructure spending. Urban areas are the engines of economic growth, with higher concentrations of businesses, educational institutions, and research facilities. As a result, they have a much greater impact on the economy. Improving urban infrastructure can help to promote further economic growth and create jobs.

Kevin B.

While I get what Hailey is saying, I have a different opinion. Rural areas should be the focus of government infrastructure spending because of their environmental importance. They include a variety of ecosystems, such as forests and wetlands. Neglecting rural infrastructure can result in the loss of these habitats, which will have serious consequences for biodiversity.

해석 p.226

아웃라인

나의 의견 more urgently needed in rural areas

이유 large gap in the living standards of urban & rural populations

구체적 근거 1: 일반적 진술 _____

구체적 근거 2: 예시 _____

_____

모범 답안 p.227

04

Professor Kwon

Education is key for personal development and social progress. Knowledgeable, skilled teachers are essential for a quality education, so governments must invest in teacher training. But there are many other factors that are important for a quality education. I want to hear what you think. Apart from training educators, what other approaches do you believe governments can take to enhance the quality of education?

Audrey

For me, supporting research and development in the field of education is the best way to use government resources. It will result in new educational technologies and teaching methods. Having access to these will make teachers much more effective, which will lead to greater academic progress by students.

Noah

I was thinking more along the lines of maintaining and improving schools. The government should focus on infrastructure, ensuring that students have access to up-to-date science labs and sports facilities. It is also important to make sure that classrooms are comfortable and modern.

해석 p.227

아웃라인

○	나의 의견 providing financial aid to students from low-income households
○	이유 cost of higher education: barrier to accessing a quality education
	구체적 근거 1: 일반적 진술 _____
○	구체적 근거 2: 예시 _____
○	_____

모범 답안 p.227

COURSE 04 나의 의견 쓰기

문제에 제시된 다른 학생의 의견을 언급하며 토픽에 대해 소개한 후, 나의 의견을 한 문장으로 제시한다. 나의 의견은 다음과 같은 표현을 사용하여 구성하며, 이 구조를 활용하면 쉽게 작성할 수 있다.

도입	I understand why A[나와 의견이 반대인 학생] **thinks that** + A의 의견
나의 의견	**However, in my opinion,** + 나의 의견

나의 의견 쓰기 전략

Step 1 도입 쓰기

답안에서 다루게 될 내용이 무엇인지를 소개하는 '도입'을 쓴다. 자신의 의견과 반대되는 학생의 의견을 언급하거나 두 학생의 의견을 모두 요약하며 토픽에 대해 소개한다. 학생의 의견을 언급하는 것이 필수는 아니지만, 토론 내용을 이해하고 참여하고 있다는 것을 보여주기 위해 활용할 수 있다.

도입 문장에 쓸 수 있는 유용한 표현

> - I understand why A[나와 의견이 반대인 학생] **thinks that** ~ 나는 왜 A가 ~라고 생각하는지 이해한다
> - I see why A and B think that ~ 나는 왜 A와 B가 ~라고 생각하는지 이해한다
> - I understand why [A와 B의 의견] **are important to A and B when it comes to** [토픽].
>   나는 [토픽]에 있어서 왜 ~가 A와 B에게 중요한지 이해한다

Step 2 나의 의견 쓰기

질문에 대한 '나의 의견'을 밝힌다. 질문에서 제시된 표현을 그대로 이용하지 않고 일부 표현을 약간 다르게 이용하여 재진술(paraphrase)한다.

나의 의견을 나타낼 때 쓸 수 있는 유용한 표현

> - However, in my opinion, ~ 하지만, 내 생각에는, ~이다
> - However, from my personal point of view, 하지만, 나의 개인적인 견해로는, ~이다
> - However, for me personally, ~ 하지만, 개인적으로는, ~이다

(TIP) 재진술(paraphrase) 예시

문제에 주어진 교수의 질문

What do you think is the most significant effect of social media **on interpersonal communication?**

→ paraphrase하여 나의 의견 쓰기

In my opinion, the crucial impact of social media platform **is that** it has allowed communication across great distances.

문제에 주어진 학생 A의 의견

I think companies have to put profits first.

→ paraphrase하여 나의 의견 쓰기

I understand why A thinks that prioritizing profits is a necessity **for companies.**

Professor Garcia

A company is a business organization that offers goods or services to make a profit. But nowadays, both consumers and investors are becoming more socially conscious, and they want to support companies that are socially responsible. So more companies are under pressure to adopt socially responsible practices. What should companies primarily focus on, maximizing profits or fulfilling social responsibilities? Why?

Jackson

I think companies have to put profits first. It's important to recognize that companies operate as businesses and not charities, and an excessive focus on social responsibility can be detrimental to profit. And if the company's profits are not satisfactory, the interests of its stakeholders are negatively affected.

Kate

I would support a company that is environmentally and socially responsible. It's possible to be profitable while being socially responsible. That's why many investors are now considering ESG (environmental, social, and governance) factors when making investment decisions.

해석 p.61

아웃라인

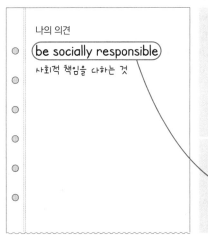

나의 의견
- (be socially responsible)
  사회적 책임을 다하는 것

나의 의견 쓰기 ✏️

도입

I understand why Jackson thinks that generating profits is more important for companies than fulfilling social responsibilities.

저는 왜 Jackson이 사회적 책임을 이행하는 것보다 수익을 발생시키는 것이 기업에 더 중요하다고 생각하는지 이해합니다.

나의 의견

However, in my opinion, companies are now expected to [be socially responsible].

하지만, 제 생각에는, 기업들은 오늘날 사회적 책임을 다할 것을 기대받습니다.

Step 1 자신과 반대되는 의견을 가진 Jackson의 주장을 'I understand why Jackson thinks that~'을 이용하여 제시함으로써, 앞으로 다루게 될 내용이 무엇인지 소개한다.

Step 2 기업들은 오늘날 사회적으로 책임을 다할 것을 기대받는다는 자신의 의견을 'However, in my opinion, ~'을 이용하여 밝힌다. 주어진 질문의 fulfilling social responsibilities를 약간 다른 표현을 이용하여 재진술한다.

Hackers Practice

주어진 아웃라인을 참고하여 나의 의견을 완성하시오.

01

Professor McPhee	Jasmine
As I mentioned in class yesterday morning, there have been many advances in transportation over the last few decades. Urbanization and the rising demand for more efficient transit methods are causing a shift toward the development of electric vehicles and high-speed trains. Please share your thoughts on the following question: Which is the most important innovation in transportation of the last few decades? Why?	I immediately thought of passenger drones. I read an article the other day about a company that designed a two-passenger drone. This technology will revolutionize how we get around in cities. In the near future, we might be able to call up a drone with our smartphone and then fly to our destination!
	Ken
	I think scooter rental services have made it much more convenient to travel short distances. I used to take the bus to get to the subway station, but sometimes it didn't arrive on time. Now, I can just rent an electric scooter in front of my house and drop it off outside the subway station.

해석 p.225

아웃라인

나의 의견

- ride-sharing services like Uber
- 우버와 같은 승차 공유 서비스

나의 의견 쓰기 ✏

도입

① _____

passenger drones and services for renting out scooters are such important developments.

저는 왜 Jasmine과 Ken이 승객용 드론과 스쿠터를 빌려주는 서비스가 그렇게 중요한 발전이라고 생각하는지 이해합니다.

나의 의견

② _____, the biggest transportation innovation over the past few decades is ride-sharing services like Uber.

하지만, 제 생각에는 지난 수십 년간 가장 큰 교통 혁신은 우버와 같은 승차 공유 서비스입니다.

모범 답안 p.228

02

Doctor Wang

In the next few weeks, we will be discussing the effects of automation. Automation is the use of technology to produce goods and services with little human involvement. But as with every revolutionary development throughout history, people argue over the merits and drawbacks of automation. In your opinion, will the automation of jobs ultimately result in a positive change for society, or will it be a negative development?

Brian

I don't think automation will be good for society. A lot of people are going to lose their jobs, especially those who do manual labor. I mean, we already see robots serving people at restaurants, and I think that trend is only going to continue.

Amelia

There will definitely be an adjustment period, but I think automation is a positive thing. For example, robots can be used to do dangerous jobs. That way, workers will no longer have to be exposed to hazardous substances or work with heavy machinery. I can totally see a future where automation improves our quality of life.

해석 p.225

아웃라인

나의 의견 쓰기 🖊

나의 의견

will ultimately benefit us
궁극적으로 우리에게 이익이 될 것임

도입

I understand why Brian thinks that ① _____
_____.

저는 왜 Brian이 자동화가 사회에 부정적인 영향을 미칠 것이라고 생각하는 지 이해합니다.

나의 의견

However, in my opinion, ② _____
_____
_____.

하지만, 제 생각에는 자동화는 우리가 인간으로서 최대한의 잠재력을 발휘할 수 있도록 함으로써 궁극적으로 우리에게 이익이 될 것입니다.

모범 답안 p.228

03

Dr. Torres

Governments have the authority to determine how public funds should be allocated. Improving infrastructure—things like roads, electricity and water supplies—is essential because it connects people and resources. But funding is always limited, so policymakers must decide which areas will be the focus of their spending. My question to you is this: Which should governments prioritize when funding infrastructure projects, rural areas or urban areas? Why?

Hailey S.

Governments should prioritize urban areas when it comes to infrastructure spending. Urban areas are the engines of economic growth, with higher concentrations of businesses, educational institutions, and research facilities. As a result, they have a much greater impact on the economy. Improving urban infrastructure can help to promote further economic growth and create jobs.

Kevin B.

While I get what Hailey is saying, I have a different opinion. Rural areas should be the focus of government infrastructure spending because of their environmental importance. They include a variety of ecosystems, such as forests and wetlands. Neglecting rural infrastructure can result in the loss of these habitats, which will have serious consequences for biodiversity.

해석 p.226

아웃라인

나의 의견

more urgently needed in rural areas
시골 지역에서 더 시급히 필요함

나의 의견 쓰기 ✏️

도입

I understand why Hailey thinks that ① _____

_____.

저는 왜 Hailey가 사회 기반 시설의 개발 측면에서 도시 지역이 우선되어야 한다고 생각하는지 이해합니다.

나의 의견

However, in my opinion, ② _____

_____

_____.

하지만, 제 생각에는 시골 지역에서 사회 기반 시설의 개선이 더 시급히 필요합니다.

모범 답안 p.228

04

Professor Kwon

Education is key for personal development and social progress. Knowledgeable, skilled teachers are essential for a quality education, so governments must invest in teacher training. But there are many other factors that are important for a quality education. I want to hear what you think. Apart from training educators, what other approaches do you believe governments can take to enhance the quality of education?

Audrey

For me, supporting research and development in the field of education is the best way to use government resources. It will result in new educational technologies and teaching methods. Having access to these will make teachers much more effective, which will lead to greater academic progress by students.

Noah

I was thinking more along the lines of maintaining and improving schools. The government should focus on infrastructure, ensuring that students have access to up-to-date science labs and sports facilities. It is also important to make sure that classrooms are comfortable and modern.

해석 p.227

아웃라인

나의 의견 쓰기 ✏️

나의 의견

○ providing financial aid
○ to students from
○ low-income households
   저소득층 가정의 학생들에게
   재정적인 지원을 제공하는 것
○
○
○

도입

① _____
_____ .

저는 왜 Audrey와 Noah가 연구 및 개발과 학교 투자가 양질의 교육을 위해 중요하다고 생각하는지 이해합니다.

나의 의견

② _____
_____
_____ .

하지만, 개인적으로는, 저소득층 가정의 학생들에게 재정적인 지원을 제공하는 것이 정부가 사용할 수 있는 최선의 전략입니다.

모범 답안 p.229

COURSE 05 이유와 근거 쓰기

자신의 의견을 설득력 있게 만들기 위해 의견을 뒷받침하는 이유와 구체적인 근거를 작성해야 한다. 이유와 근거는 다음과 같은 표현을 사용하여 구성하면 쉽게 작성할 수 있다.

이유	**This is mainly because** + 이유
구체적 근거 1: 일반적 진술	이유에 대한 부가적 설명
구체적 근거 2: 예시	**For example,** + 예시

▶ 이유와 근거 쓰기 전략

Step 1 이유 쓰기

첫 문장에서 제시한 자신의 의견에 대한 이유를 밝히는 문장을 쓴다. 아웃라인에서 정리한 '이유'를 풀어쓰도록 한다.

이유를 밝힐 때 쓸 수 있는 유용한 표현

- **This is mainly because** ~ 이는 주로 ~이기 때문이다
- **The main reason is that** ~ 주된 이유는 ~이다
- **The primary reason is that** ~ 주된 이유는 ~이다

Step 2 구체적 근거(일반적 진술 및 예시) 쓰기

자신이 제시한 이유를 뒷받침하는 구체적인 근거로, 일반적 진술과 예시를 쓴다. 일반적인 진술에서는 보편적인 관점에서 자유로운 방식으로 이유에 대한 부연 설명을 덧붙인다. 예시에서는 자신의 경험담을 예로 들거나 일반적 사실, 설문조사 결과, 기사, 통계 자료 등을 소개한다.

구체적 근거(일반적 진술)에 쓸 수 있는 유용한 표현

- **It is evident that** ~은 명백하다
- **In other words** 다시 말하면

구체적 근거(예시)에 쓸 수 있는 유용한 표현

- **For example/For instance** 예를 들어
- **According to** ~에 따르면
- **In my experience/Based on my experience** 내 경험으로는
- **Studies have shown that** 연구는 ~이라는 것을 보여주었다

TIP 이유와 근거를 충분히 작성한 후 시간이 남는다면, 맺음말을 한 문장 덧붙여 답안을 마무리할 수 있다.

Overall/In this regard/Therefore + [나의 의견] 전반적으로/이러한 점에서/그러므로

이유와 근거 쓰기의 예

Professor Garcia

A company is a business organization that offers goods or services to make a profit. But nowadays, both consumers and investors are becoming more socially conscious, and they want to support companies that are socially responsible. So more companies are under pressure to adopt socially responsible practices. What should companies primarily focus on, maximizing profits or fulfilling social responsibilities? Why?

Jackson

I think companies have to put profits first. It's important to recognize that companies operate as businesses and not charities, and an excessive focus on social responsibility can be detrimental to profit. And if the company's profits are not satisfactory, the interests of its stakeholders are negatively affected.

Kate

I would support a company that is environmentally and socially responsible. It's possible to be profitable while being socially responsible. That's why many investors are now considering ESG (environmental, social, and governance) factors when making investment decisions.

해석 p.61

아웃라인

○ 이유

○ | people in 20s and 30s: the largest consumer group |

○ 20대-30대가 가장 큰 소비자층이 되고 있음

○ 구체적 근거 1: 일반적 진술

○ | support socially responsible companies |

○ 사회적 책임을 이행하는 기업들을 지지함

○ 구체적 근거 2: 예시

○ | ex) using sustainable materials, paying fair wage, etc |

○ 예) 지속 가능한 재료를 사용하는 것, 공정한 임금을 지급하는 것 등

이유와 근거 쓰기

이유

The main reason is that the younger generation, mostly [people in their 20s and 30s, is becoming the largest consumer group.]

주된 이유는 주로 20대와 30대인 젊은 세대가 가장 큰 소비자층이 되고 있다는 것입니다.

구체적 근거 1: 일반적 진술

It is evident that [young people are concerned about the world's problems and generally support companies that engage in socially responsible activities.]

젊은 사람들은 세계 문제에 대해 우려하고 일반적으로 사회적 책임을 이행하는 활동을 하는 기업들을 지지하는 것이 분명합니다.

구체적 근거 2: 예시

For example, my friends and I tend to prefer companies that contribute to the community, [whether it is by using sustainable materials to manufacture products, paying workers a fair wage, or planting trees to offset carbon emissions.]

예를 들어, 제 친구들과 저는 제품을 제조하기 위해 지속 가능한 재료를 사용하든, 근로자들에게 공정한 임금을 지급하든, 탄소 배출을 상쇄하기 위해 나무를 심든, 지역 사회에 기여하는 기업들을 선호하는 경향이 있습니다.

Step 1   아웃라인에 정리한 '20대-30대가 가장 큰 소비자층이 되고 있음'을 'This is mainly because ~'를 이용하여 밝힌다.

Step 2   구체적 근거 중 '사회적 책임을 이행하는 기업들을 지지함'이라는 일반적 진술을 제시한 후, 그러한 기업에서 행하는 예시를 소개한다.

Hackers Practice

주어진 아웃라인을 참고하여 이유와 근거를 완성하시오.

01

Professor McPhee

As I mentioned in class yesterday morning, there have been many advances in transportation over the last few decades. Urbanization and the rising demand for more efficient transit methods are causing a shift toward the development of electric vehicles and high-speed trains. Please share your thoughts on the following question: Which is the most important innovation in transportation of the last few decades? Why?

Jasmine

I immediately thought of passenger drones. I read an article the other day about a company that designed a two-passenger drone. This technology will revolutionize how we get around in cities. In the near future, we might be able to call up a drone with our smartphone and then fly to our destination!

Ken

I think scooter rental services have made it much more convenient to travel short distances. I used to take the bus to get to the subway station, but sometimes it didn't arrive on time. Now, I can just rent an electric scooter in front of my house and drop it off outside the subway station.

해석 p.225

아웃라인

이유

highly convenient

매우 편리함

구체적 근거 1: 일반적 진술

easy to arrange a ride using a smartphone app

스마트폰 앱을 이용하여 차편을 마련하는 것이 쉬움

구체적 근거 2: 예시

ex) Chicago, at the airport installed the Uber app & requested a ride → much better than waiting for a taxi

예) 시카고에 갔을 때 공항에서 우버 앱을 깔고 차편을 요청했는데 택시를 기다리는 것보다 훨씬 좋았음

이유와 근거 쓰기 ✏️

이유

① _____ ride-sharing is highly convenient.

주된 이유는 승차 공유가 매우 편리하다는 것입니다.

구체적 근거 1: 일반적 진술

It is incredibly ② _____ using a smartphone app.

스마트폰 앱을 사용하여 차편을 마련하는 것은 믿을 수 없을 정도로 쉽습니다.

구체적 근거 2: 예시

③ _____, I recently traveled to Chicago to visit my family. When I arrived at the airport, I installed the Uber app and requested a ride. I could see where the driver was on the app, and he arrived quickly. Within a few minutes, I was on my way to my family's home. It was much better than waiting in line at the taxi stand.

예를 들어, 저는 최근에 가족을 방문하기 위해 시카고로 여행을 갔습니다. 공항에 도착했을 때, 저는 우버 앱을 설치하고 차편을 요청했습니다. 저는 앱에서 운전자가 어디에 있는지 볼 수 있었고, 그는 빨리 도착했습니다. 몇 분 안에, 저는 제 가족의 집으로 가는 길이었습니다. 택시 정류장에서 줄을 서서 기다리는 것보다 훨씬 좋았습니다.

맺음말 쓰기 ✏️

맺음말

④ _____ more and more people will use ride-sharing services in the future.

전반적으로, 저는 앞으로 점점 더 많은 사람들이 승차 공유 서비스를 이용할 것이라고 생각합니다.

모범 답안 p.229

02

Doctor Wang

In the next few weeks, we will be discussing the effects of automation. Automation is the use of technology to produce goods and services with little human involvement. But as with every revolutionary development throughout history, people argue over the merits and drawbacks of automation. In your opinion, will the automation of jobs ultimately result in a positive change for society, or will it be a negative development?

Brian

I don't think automation will be good for society. A lot of people are going to lose their jobs, especially those who do manual labor. I mean, we already see robots serving people at restaurants, and I think that trend is only going to continue.

Amelia

There will definitely be an adjustment period, but I think automation is a positive thing. For example, robots can be used to do dangerous jobs. That way, workers will no longer have to be exposed to hazardous substances or work with heavy machinery. I can totally see a future where automation improves our quality of life.

해석 p.225

아웃라인

이유

allows humans to
pursue more meaningful
occupations

사람들이 더 의미 있는 직업을 추구하게 함

구체적 근거 1: 일반적 진술

humans can take on more
creative & innovative roles

사람들은 더 창의적이고 혁신적인 역할
을 맡을 수 있음

구체적 근거 2: 예시

ex) uncle: worked at a
textile factory → lost his
job due to automation
→ found work as an
assistant to a tailor →
opened his own boutique

예) 삼촌은 섬유 공장에서 일하다가
자동화로 실직했는데, 재단사의 조수로
일하게 되었고 자신의 양품점을 차렸음

이유와 근거 쓰기

이유

This is mainly because ① _____
_____
_____.

이는 주로 반복적인 일을 하기 위해 로봇을 사용하는 것은 사람들이 더 의미 있는 직업
을 추구하게 해주기 때문입니다.

구체적 근거 1: 일반적 진술

To be more specific, ② _____
_____.

좀 더 구체적으로 말하자면, 인간은 더 창의적이고 혁신적인 역할을 맡을 수 있습니다.

구체적 근거 2: 예시

For example, my uncle used to work at a textile factory.
③ _____,
he was devastated. But after a few months, he found
work as an assistant to a local tailor. He learned to
design and make suits and other types of clothing. ④ ___
_____.

예를 들어, 나의 삼촌은 섬유 공장에서 일했었습니다. 그가 자동화로 인해 실직했을 때,
그는 엄청난 충격을 받았습니다. 하지만 몇 달 후, 그는 지역 재단사의 조수로 일자리
를 구했습니다. 그는 정장과 다른 종류의 옷들을 디자인하고 만드는 법을 배웠습니다.
그는 결국 자신의 양품점을 차렸습니다.

모범 답안 **p.230**

03

Dr. Torres

Governments have the authority to determine how public funds should be allocated. Improving infrastructure—things like roads, electricity and water supplies—is essential because it connects people and resources. But funding is always limited, so policymakers must decide which areas will be the focus of their spending. My question to you is this: Which should governments prioritize when funding infrastructure projects, rural areas or urban areas? Why?

Hailey S.

Governments should prioritize urban areas when it comes to infrastructure spending. Urban areas are the engines of economic growth, with higher concentrations of businesses, educational institutions, and research facilities. As a result, they have a much greater impact on the economy. Improving urban infrastructure can help to promote further economic growth and create jobs.

Kevin B.

While I get what Hailey is saying, I have a different opinion. Rural areas should be the focus of government infrastructure spending because of their environmental importance. They include a variety of ecosystems, such as forests and wetlands. Neglecting rural infrastructure can result in the loss of these habitats, which will have serious consequences for biodiversity.

해석 p.226

아웃라인

○ 이유
large gap in the living standards of urban & rural populations

○ 도시와 시골 인구의 생활 수준에 큰 격차가 있음

○ 구체적 근거 1: 일반적 진술
ppl. in rural areas X use the same services as those in cities

○ 시골 지역의 사람들은 도시의 사람들과 같은 서비스를 이용할 수 없음

○ 구체적 근거 2: 예시
ex) India or China → ppl. in rural areas lack access to health care → travel long distances to receive medical care

○ 예) 인도 또는 중국의 시골 지역에 사는 사람들은 의료 서비스에 대한 접근이 부족해서 치료를 받기 위해 먼 거리를 이동해야 함

이유와 근거 쓰기 🖋

이유

This is mainly because ① _____

_____

_____.

이는 주로 세계의 많은 지역에서 도시와 시골 인구의 생활 수준에 큰 격차가 있기 때문입니다.

구체적 근거 1: 일반적 진술

② _____

_____.

시골 지역의 사람들은 도시의 사람들과 같은 서비스를 이용할 수 없습니다.

구체적 근거 2: 예시

③ _____

_____, people living in rural areas lack access to healthcare, education and even clean water. In some cases, they may have to travel long distances to receive medical care, which makes it difficult to get timely treatment.

사실, 인도 또는 중국처럼 인구가 가장 많은 나라들에서, 시골 지역에 사는 사람들은 의료 서비스, 교육, 그리고 심지어 깨끗한 물에 대한 접근이 부족합니다. 몇몇 경우에는, 그들은 치료를 받기 위해 먼 거리를 이동해야 할 수도 있는데, 이는 시기적절한 치료를 받기 어렵게 합니다.

맺음말 쓰기 🖋

맺음말

Therefore, I believe that ④ _____

_____.

그러므로, 저는 시골 지역사회에서 사회 기반 시설의 개발이 더욱 시급하다고 생각합니다.

모범 답안 p.230

04

Professor Kwon

Education is key for personal development and social progress. Knowledgeable, skilled teachers are essential for a quality education, so governments must invest in teacher training. But there are many other factors that are important for a quality education. I want to hear what you think. Apart from training educators, what other approaches do you believe governments can take to enhance the quality of education?

Audrey

For me, supporting research and development in the field of education is the best way to use government resources. It will result in new educational technologies and teaching methods. Having access to these will make teachers much more effective, which will lead to greater academic progress by students.

Noah

I was thinking more along the lines of maintaining and improving schools. The government should focus on infrastructure, ensuring that students have access to up-to-date science labs and sports facilities. It is also important to make sure that classrooms are comfortable and modern.

해석 p.227

아웃라인

○ 이유

cost of higher education: barrier to accessing a quality education

고등교육의 비용이 양질의 교육을 받는 데 장벽이 될 수 있음

○ 구체적 근거 1: 일반적 진술

scholarships & grants make it possible to receive a quality education

장학금과 보조금은 양질의 교육을 받는 것을 가능하게 함

○ 구체적 근거 2: 예시

ex) best friend, paid for his education by working → X focus on his studies → received a grant in 2nd year, grades improved

예) 가장 친한 친구는 일을 해서 학비를 내려고 했더니 학업에 집중하지 못했는데, 2학년 때 보조금을 받고 성적이 향상되었음

이유와 근거 쓰기

이유

① _____
_____
_____.

주된 이유는 고등교육의 비용이 재정적 자원이 없는 사람들이 양질의 교육에 접근하는 데 상당한 장벽이 될 수 있다는 것입니다.

구체적 근거 1: 일반적 진술

Scholarships and grants ② _____
_____.

장학금과 보조금은 그들이 마땅히 받아야 할 양질의 교육을 받는 것을 가능하게 합니다.

구체적 근거 2: 예시

③ _____
_____. This made him unable to fully focus on his studies. He even considered dropping out. Fortunately, he qualified for a grant in his second year. As a result, ④ _____
_____.

예를 들어, 저의 가장 친한 친구는 대학 1학년 동안 일함으로써 그의 교육비를 지불하려고 했습니다. 이는 그가 학업에 완전히 집중할 수 없게 만들었습니다. 그는 심지어 중퇴하는 것도 고려했습니다. 다행히도, 그는 2학년 때 보조금을 받을 자격이 되었습니다. 그 결과, 그는 성적이 향상되었고 우등으로 졸업했습니다.

모범 답안 p.231

Hackers Test

주어진 아웃라인을 참고하여 답안을 완성하시오.

01

Directions Your professor is teaching a class on art history. You must post a written response to your professor's question. In your response, make sure to:

· state your opinion and support it
· contribute meaningfully to the discussion

A minimum of 100 words is required for a response to be effective. The time allotted for your response is 10 minutes.

Professor Davis

When you go to a museum, you can admire incredible artifacts from around the world. While many of these items were purchased or exchanged for other goods, some were stolen during periods of war or colonial occupation. Now, I would like you to discuss the following question. Should cultural institutions return stolen artifacts to their countries of origin, or are they now part of the world's shared cultural heritage?

Elena

If they were stolen, they should be returned to their original owners. For example, the Rosetta Stone was one of the most important discoveries in Egypt, but it was stolen by the French and sent to England. If it were returned to its home country, the world would acknowledge that the Egyptians rightfully own the artifact.

Carlos

I disagree that all items should be returned. In many cases, the museums are better equipped to preserve the artifacts than the original owners are, as the countries of origin may lack the resources to care for the items. Keeping the items where they are ensures that more people can learn about them.

아웃라인

○ stolen items should be sent back to countries of origin
 · ppl. in those countries have lost part of their cultural heritage
○   − return → restore cultural integrity & learn from history
○   − ex) bronze masks stolen from Nigeria by British → return is seen as a
○   chance to reclaim lost culture

나의 의견 쓰기 ✎

도입

I understand why Carlos thinks that stolen artifacts should remain in the cultural institutions where they currently are.

나의 의견

① _____

_____

이유와 근거 쓰기 ✎

이유

② _____

_____

구체적 근거 1: 일반적 진술

Returning the items to the places they came from would restore their cultural integrity and allow both current and future generations to learn from their rich history.

구체적 근거 2: 예시

For example, the British took ancient bronze masks from Nigeria in the 19th century. But in 2022, the British declared that they would transfer ownership of the masks to Nigeria. The decision to return them is seen as a chance for Nigerians to reclaim a lost part of their cultural heritage. Researchers will be able to gain more insight about the items and their purpose by studying them in their original setting.

모범 답안·해석 p.232

02

Directions Your professor is teaching a class on business. You must post a written response to your professor's question. In your response, make sure to:

· state your opinion and support it
· contribute meaningfully to the discussion

A minimum of 100 words is required for a response to be effective. The time allotted for your response is 10 minutes.

Doctor Holloway

Last time, we discussed the different ways in which companies market their products. One method is the use of emotional marketing tactics, which have been employed by companies for decades. These tactics aim to tap into consumers' emotions to influence the decision-making process and ultimately drive more sales. Do you think it's a good idea for companies to employ emotional tactics in their marketing? Why or why not?

Linus

Using people's emotions for marketing is unethical, especially if it exploits their insecurities. A marketing agency recommended targeting women with ads for beauty products on Monday mornings. That's because a study found that women usually feel least attractive then. I think it's wrong to take advantage of people when they are vulnerable.

Maria

I don't think there is anything wrong with using emotions. A company may be able to connect emotionally with customers, leading to brand loyalty. I read about a credit card commercial aimed at millennials. It played old pop songs and showed images from the 2000s. Since then, use of that credit card has increased by 70 percent.

아웃라인

○	using emotional manipulation causes problems for consumers
○	• ppl. make poor decisions when they are X thinking straight
○	– emotional → less rational → buy things X need
○	– ex) mom saw an air purifier ad about protecting children → felt guilty
	→ bought one though X necessary

나의 의견 쓰기 ✏️

도입

I understand why Maria thinks that it is okay for companies to use emotional manipulation to attract potential customers.

나의 의견

However, in my opinion, using emotional manipulation causes problems for consumers.

이유와 근거 쓰기 ✏️

이유

① _____

_____

구체적 근거 1: 일반적 진술

When a person becomes emotional, whether they are feeling good or bad, they are less likely to be rational and logical. This can lead them to buy things they do not want or need on the spur of the moment. Later, when they are less emotional, they may regret their purchase.

구체적 근거 2: 예시

② _____

_____

_____

_____

모범 답안·해석 p.233

03

Directions Your professor is teaching a class on psychology. You must post a written response to your professor's question. In your response, make sure to:

· state your opinion and support it
· contribute meaningfully to the discussion

A minimum of 100 words is required for a response to be effective. The time allotted for your response is 10 minutes.

Professor Xian

For hundreds of years, both philosophers and psychologists have been fascinated with the study of human identity and what makes us unique as individuals. There has been a lot of discussion on whether our identity is formed by the genes we inherit from our parents or whether it is molded by the environment we live in. In your opinion, which factor plays a larger role in creating our identity: nature or nurture?

Erin

Genes are the blueprint for how we look and behave, and our appearance and behavior determine who we are as individuals. For instance, some people are naturally quieter, while others are more outgoing. It would be difficult for an introvert to suddenly become an extrovert. These are traits that we are born with.

Dev

What we experience when we are young has a much bigger effect on our identity than genes do. I mean, say someone goes through a traumatic event early in life, like battling a serious disease or having a loved one pass away. That person's identity would develop in a different way than it would have if the devastating event had not occurred.

아웃라인

○ environmental factors have a more profound influence

○ · minds of newborn infants are X developed

 – as we grow, mind gets filled w/ knowledge, values, & beliefs

○ – _____

○ _____

나의 의견 쓰기

도입

① _____

_____

나의 의견

② _____

_____

이유와 근거 쓰기

이유

This is mainly because the minds of newborn infants are not fully developed and are shaped through experience.

구체적 근거 1: 일반적 진술

As we grow, our mind gets filled with knowledge, values, and beliefs. It is our interactions with the world around us that create our identity.

구체적 근거 2: 예시

③ _____

_____

맺음말 쓰기

맺음말

Overall, I believe that our environment and experiences are what make us who we are.

모범 답안·해석 p.235

04

Directions Your professor is teaching a class on sociology. You must post a written response to your professor's question. In your response, make sure to:

· state your opinion and support it
· contribute meaningfully to the discussion

A minimum of 100 words is required for a response to be effective. The time allotted for your response is 10 minutes.

Dr. Wilkins

We've been talking about the importance of volunteers. They play a vital role in society and have been described as the glue that holds communities together. However, a number of studies have shown that people are much less likely to volunteer these days than they were in the past. Other than recognizing and celebrating the many contributions of volunteers, what do you think can be done to encourage more people to volunteer in their communities?

David

I think the best way to promote volunteerism is to give remote opportunities for people to get involved. A lot of people are busy with work or school. So they would probably be more interested in remote volunteer positions that enable them to contribute from home whenever they are available.

Lisa

We need to connect people who may be interested in volunteering with those who are already volunteers. This could involve organizing networking events or social gatherings that allow volunteers to share their experiences with others. Once their stories are widely known, other people may become inspired and more motivated to volunteer.

아웃라인

charitable organizations should collaborate w/ local businesses
· convenient to participate in programs organized by the companies
– companies coordinate transportation or give time off for volunteer duties
– _____
_____

나의 의견 쓰기 🖉

도입

I understand why David and Lisa think that offering remote positions and meeting other volunteers will encourage more people to donate their time.

나의 의견

① _____

_____

이유와 근거 쓰기 🖉

이유

② _____

_____

구체적 근거 1: 일반적 진술

In fact, companies will usually coordinate transportation or give staff members time off for their volunteer duties.

구체적 근거 2: 예시

③ _____

_____

_____

_____

맺음말 쓰기 🖉

맺음말

Therefore, I believe that charities should work with companies to provide workers with more volunteering opportunities.

모범 답안·해석 p.236

05

Directions Your professor is teaching a class on environmental science. You must post a written response to your professor's question. In your response, make sure to:

· state your opinion and support it
· contribute meaningfully to the discussion

A minimum of 100 words is required for a response to be effective. The time allotted for your response is 10 minutes.

Professor Becker

Plastic products that are used once and then discarded, like straws and plastic bags, are referred to as single-use plastics. The widespread use of these items is a serious problem because they do not degrade easily, so they can harm the environment. If governments want to convince more people to reduce their reliance on single-use plastics, what is the best strategy or approach that they can use? Why?

Alex

I think governments should ban plastic products completely to solve this problem. Product manufacturers use too much packaging, which creates unnecessary waste. In fact, plastic packaging accounts for the largest share of the plastics used worldwide. By banning the use of plastics, we can reduce the damage to the environment.

Christine

Alex has a good point, but biodegradable materials are still not completely safe for the environment. I think it would be more effective if governments implemented policies to reduce the production of single-use plastics. Putting a tax on plastic products would motivate companies to look for eco-friendly alternatives.

아웃라인

○ promote the use of biodegradable materials
○ · break down naturally → minimize impact on the environment
○ – _____
○ – _____

나의 의견 쓰기 ✏️

도입

① _____

_____

나의 의견

However, for me personally, the most effective way to solve this problem is for governments to promote the use of biodegradable materials.

이유와 근거 쓰기 ✏️

이유

This is mainly because they can break down naturally over time, minimizing their long-term impact on the environment.

구체적 근거 1: 일반적 진술

② _____

_____

구체적 근거 2: 예시

③ _____

_____

_____

맺음말 쓰기 ✏️

맺음말

④ _____

_____

모범 답안·해석 p.238

06

Directions Your professor is teaching a class on business. You must post a written response to your professor's question. In your response, make sure to:

· state your opinion and support it
· contribute meaningfully to the discussion

A minimum of 100 words is required for a response to be effective. The time allotted for your response is 10 minutes.

Doctor Diaz

One of the biggest differences between a successful business and a failed one is that the former has a competent leader. This is crucial for businesses, which is why there are so many workshops, lectures, and books that teach how to become a better leader. Besides having strong communication skills, what do you think is the most important quality of an effective leader? Why?

Abigail

I would say that great leaders are the ones who have a clear vision. Good leaders know exactly what they want and actively make plans to achieve it. When leaders are able to clearly define their objectives and explain how to achieve these goals, their employees are more willing to trust and follow them.

Max

The most effective leaders are those who continue to learn and grow. The market is constantly changing, so leaders need to know how to evolve with it. By doing so, they can foster a growth mindset within the company. This is the kind of attitude that is needed to embrace challenges and, ultimately, drive creativity and innovation.

아웃라인

○	high emotional intelligence
○	· provides insight into what motivates staff
○	– _____
○	– _____
○	_____

나의 의견 쓰기 🖊

도입

I see why Abigail and Max think that good leaders are the ones who have a clear vision and the ability to adapt to changing circumstances.

나의 의견

① _____

이유와 근거 쓰기 🖊

이유

② _____

_____

구체적 근거 1: 일반적 진술

③ _____

_____

구체적 근거 2: 예시

④ _____

_____

_____

_____

모범 답안·해석 p.240

07

Directions Your professor is teaching a class on education. You must post a written response to your professor's question. In your response, make sure to:
· state your opinion and support it
· contribute meaningfully to the discussion
A minimum of 100 words is required for a response to be effective. The time allotted for your response is 10 minutes.

Professor Hughes

One topic of debate among educators is whether to use standardized tests or performance-based assessments for evaluating students. Some argue that standardized testing provides a more accurate measure of student learning by providing them with comparable test scores. Meanwhile, proponents of performance-based assessments contend that they offer a more useful evaluation by directly examining students' abilities to complete real-world tasks. What are your thoughts on the matter?

Ethan C.

Performance-based assessments are too subjective. While standardized tests aren't perfect, they still have value. Teachers need to be able to distinguish great students from average ones, and they need some kind of standard by which to do this. But with a project like a presentation, students focus on diverse topics, and each teacher might grade differently.

Nora Z.

I think performance-based assessments evaluate students better. I read an article about how scores from standardized tests like the SAT were bad at predicting whether students would be successful in college. That's because they measure a narrow range of skills and knowledge. But human intelligence is complex, so it can't be accurately assessed by a simple multiple-choice test.

아웃라인

○ performance-based assessments are better
○ · objective of education: give young people practical knowledge they need to find a career
○   – _____
○   – _____

나의 의견 쓰기 ✏️

도입
① _____
_____

나의 의견
② _____
_____

이유와 근거 쓰기 ✏️

이유
This is mainly because the core objective of education is to give young people the practical knowledge they need to find a fulfilling career and become a contributing member of society.

구체적 근거 1: 일반적 진술
③ _____
_____

구체적 근거 2: 예시
④ _____
_____
_____
_____

맺음말 쓰기 ✏️

맺음말
In this regard, I believe that teachers should grade their students based on their performance rather than through standardized tests.

모범 답안·해석 p.241

08

Directions Your professor is teaching a class on technology. You must post a written response to your professor's question. In your response, make sure to:
· state your opinion and support it
· contribute meaningfully to the discussion

A minimum of 100 words is required for a response to be effective. The time allotted for your response is 10 minutes.

Professor Lawton

During the last class, we read that artificial intelligence, or AI, is changing the way we work. Some companies that receive hundreds of applicants are already using AI-based software to help screen applicants for job positions. Now I have a question for you. Should companies be allowed to use AI algorithms to make hiring decisions without any human oversight, or is human intervention necessary in decision-making? Why?

Arturo D.

I think AI can make job competitions fairer. AI can help not only with the initial screening of applicants, but it can also be used to make more objective hiring decisions. Humans are naturally biased, even if they try not to be, so many qualified candidates may not get the job because of racial or gender discrimination.

Rose H.

Companies shouldn't rely solely on AI recruiting software. It can scan résumés and select candidates based on certain criteria, but it can't make exceptions for special circumstances, like if someone took time off work to raise a child. This could result in some candidates being screened out, even if they are the best person for the job.

아웃라인

○ humans should make hiring decisions

○ • _____

○   – _____

○   – _____

나의 의견 쓰기 ✎

도입

① _____

_____

나의 의견

However, in my opinion, humans should be the ones making hiring decisions.

이유와 근거 쓰기 ✎

이유

② _____

_____

구체적 근거 1: 일반적 진술

③ _____

_____

구체적 근거 2: 예시

④ _____

_____

_____

_____

맺음말 쓰기 ✎

맺음말

Overall, I believe that humans should participate in all hiring decisions.

모범 답안·해석 p.243

09

Directions Your professor is teaching a class on journalism. You must post a written response to your professor's question. In your response, make sure to:

· state your opinion and support it
· contribute meaningfully to the discussion

A minimum of 100 words is required for a response to be effective. The time allotted for your response is 10 minutes.

Doctor Murphy

We get our news differently today than we did in the past. We used to receive the news through a few newspapers or TV programs once a day. But now with the Internet, thousands of news sites run 24/7. The faster a story is uploaded, the faster you know what's happening, regardless of whether the information is correct. Which should be the main role of the media: providing in-depth analysis or breaking the news quickly?

Victor L.

I think it is crucial to report news stories quickly because they can provide people with prompt information about major events. This is especially important when people could be in danger, like in the case of natural disasters or terrorist attacks. And if any details are found to be inaccurate, they can be quickly updated.

Cate D.

People need detailed analysis to understand a situation correctly. They often need to know all the relevant details to gain an accurate understanding of an event. For example, the causes of the 2008 global financial crisis are difficult to comprehend without background knowledge. Thus, the media must provide explanations of the economic concepts related to it.

아웃라인

○	in-depth reporting is more valuable
○	• _____
○	– _____
○	– _____

나의 의견 쓰기 ✏️

도입

① _____

_____

나의 의견

② _____

_____

이유와 근거 쓰기 ✏️

이유

③ _____

_____

구체적 근거 1: 일반적 진술

④ _____

_____

구체적 근거 2: 예시

⑤ _____

_____

_____

_____

모범 답안·해석 p.245

10

Directions Your professor is teaching a class on sociology. You must post a written response to your professor's question. In your response, make sure to:

· state your opinion and support it
· contribute meaningfully to the discussion

A minimum of 100 words is required for a response to be effective. The time allotted for your response is 10 minutes.

Professor Dawson

We've been discussing the importance of fulfilling social responsibilities as individuals to positively impact the community. One way to make a difference is to participate in community service projects. Many universities encourage students to take part in these programs. What kind of activity do you think university students should participate in to assist their local community? Why?

Franz

Volunteering at a soup kitchen is a great way to give back to the community. Soup kitchens provide assistance to the most vulnerable members of society. Many of the people who come to soup kitchens have nowhere else to turn to. Helping out at these facilities ensures that they can continue to provide vital services to the poor.

Olivia

Personally, I think cleaning up parks and other public spaces is important because these are the places where community events are held and people gather. Making our shared spaces cleaner and more attractive can have a positive impact on residents and encourage them to spend more time there.

아웃라인

○	help elementary students w/ their studies
○	• _____
○	– _____
○	– _____

나의 의견 쓰기 ✏️

도입

① _____

_____

나의 의견

② _____

_____

이유와 근거 쓰기 ✏️

이유

③ _____

_____

구체적 근거 1: 일반적 진술

④ _____

_____

구체적 근거 2: 예시

⑤ _____

_____

_____

맺음말 쓰기 ✏️

맺음말

⑥ _____

_____

모범 답안·해석 p.246

Hackers TOEFL
Writitng
Intermediate

Integrated Task

INTRODUCTION

Overview

통합형 문제(Integrated Task)는 읽고 들은 내용을 요약하는 유형으로, 한 문제가 출제된다. 응시자는 읽기 지문을 읽은 뒤 강의를 듣고, 강의 내용을 중심으로 읽기 지문의 내용과 연계하여 요약문을 작성해야 한다.

시험 진행 방식

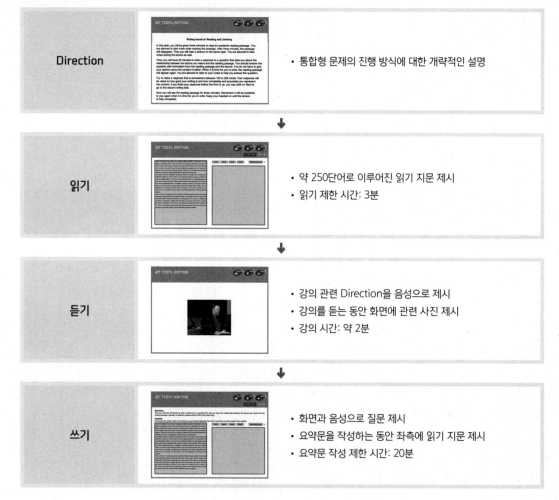

Direction	• 통합형 문제의 진행 방식에 대한 개략적인 설명
읽기	• 약 250단어로 이루어진 읽기 지문 제시 • 읽기 제한 시간: 3분
듣기	• 강의 관련 Direction을 음성으로 제시 • 강의를 듣는 동안 화면에 관련 사진 제시 • 강의 시간: 약 2분
쓰기	• 화면과 음성으로 질문 제시 • 요약문을 작성하는 동안 좌측에 읽기 지문 제시 • 요약문 작성 제한 시간: 20분

▌질문의 핵심 포인트

강의가 끝나면, 읽고 들은 내용을 요약하라는 질문이 주어진다. 강의 내용을 중심으로 요약문을 작성하되, 강의자가 읽기 지문의 내용에 대해 어떠한 의문을 가지고 있는지도 함께 설명해야 한다.

질문의 예

Summarize the points made in the lecture you just heard, ─────────── ■ 강의의 논점 요약

explaining how they cast doubt on the points made in the reading. ─── ■ 읽기 지문의 내용에 대해 강의자가 가진 의문 설명

방금 들은 강의의 논점을 요약하고, 그것이 읽기 지문의 논점에 어떻게 의구심을 제기하는지 설명하시오.

▌문제풀이 전략

Step 1   읽고 노트테이킹하기 & 듣고 노트테이킹하기

읽기 지문의 내용을 노트테이킹한 후, 그 내용을 바탕으로 강의를 들으면서 읽기 지문과의 관계를 중심으로 강의 내용을 노트테이킹한다.

Step 2   요약문 작성하기

정리한 노트를 보면서 답안을 구상하고, 요약문을 작성한다.

※ 요약문 작성 제한 시간 20분 중 마지막 1~2분 동안에는, 토플 라이팅 핵심 Editing 포인트(p.185)를 참고하여 요약문을 검토한다. 요약문의 내용보다는 문법, 철자, 문장 구조 등의 형식적인 사항을 중심으로 수정한다.

▌요약문의 기본 구조

요약문은 기본적으로 서론-본론의 2단 구조를 가진다.

서론은 강의의 주제 및 그것이 읽기 지문의 주제와 어떠한 관계를 가지는지 설명하는 부분이다.
본론은 강의자가 읽기 지문의 각 근거에 어떻게 반박하는지를 설명하는 부분이며, 주로 세 개의 문단으로 구성된다.

다음은 요약문의 기본 구조이다. 답안 작성 시 이를 활용하여 더욱 쉽게 논리적인 요약문을 완성할 수 있다.

| 서론 | 요약문 주제 문장 | The lecturer argues that + 듣기 노트의 '도입' |
| | 요약문 반박 문장 | This contradicts the reading passage's claim that + 읽기 노트의 '주제' |

본론 1	요약문 근거 문장	First, + 듣기 노트의 '반론 1'
	세부사항	듣기 노트의 '세부사항'
	요약문 반박 문장	This casts doubt on the reading passage's claim that + 읽기 노트의 '근거 1'
본론 2	요약문 근거 문장	Next, + 듣기 노트의 '반론 2'
	세부사항	듣기 노트의 '세부사항'
	요약문 반박 문장	This counters the reading passage's claim that + 읽기 노트의 '근거 2'
본론 3	요약문 근거 문장	Finally, + 듣기 노트의 '반론 3'
	세부사항	듣기 노트의 '세부사항'
	요약문 반박 문장	This refutes the reading passage's claim that + 읽기 노트의 '근거 3'

■ 출제 예상 토픽

학술적이거나 일상생활과 관련 있는 토픽이 다루어지며, 읽기 지문에서 토픽에 대한 가설, 증거, 장점/단점, 문제점 등을 제시하면 강의에서 해당 내용을 반박하는 등 주로 같은 토픽에 대해 서로 다른 관점을 가지고 내용을 전개한다.

◈ 학술

읽기 지문
테오티와칸 문명의 붕괴 원인에 대한 가설이 있다.

가설1 침략자의 공격으로 정복되었다.

가설2 갑작스러운 기후 변화로 사람이 살아갈 수 없게 되었다.

가설3 생태계가 파괴되어 식량을 구할 수 없었다.

강의
테오티와칸 문명의 붕괴를 설명하는 가설은 틀렸다.

← 반박1 일부는 온전히 남아있으므로 침략받은 것이 아니다.

← 반박2 기후 변화는 일시적이어서 사람들에게 큰 피해를 입히지는 않았다.

← 반박3 다른 공동체와의 교역을 통해 식량을 구할 수 있었다.

읽기 지문
캐롤라이나 연안의 평야는 소행성의 충돌로 형성되었다.

증거1 물리적 충격으로 인해 형성된 울퉁불퉁한 지형을 지니고 있다.

증거2 모래에 엄청난 열이 가해져서 철 성분이 남아있지 않다.

증거3 충돌로 인해 융합된 미세 분자가 검출되었다.

강의
소행성의 충돌로 형성된 것이 아니다.

← 반박1 땅이 울퉁불퉁한 것은 물이 흐르면서 침식되었기 때문이다.

← 반박2 과학자들이 분석한 모래 표본은 너무 적어서 결과를 신뢰할 수 없다.

← 반박3 미세 분자는 일부 지역에서만 발견되므로 충돌에 의한 것이 아니다.

◈ 일상생활

읽기 지문
팀 근무제는 효과적이다.

장점1 한 가지 일을 여럿이 나누어 동시에 진행하므로 일이 빨리 처리된다.

장점2 여러 사람이 서로의 단점을 보완하여 더욱 우수한 결과물을 만들어낸다.

장점3 공동 의식을 가지고 더욱 책임감 있게 일한다.

강의
팀 근무제는 효과적이지 않다.

← 반박1 많은 사람의 의견을 모두 반영해야 하기 때문에 시간이 더 오래 걸린다.

← 반박2 서로 다른 의견들이 혼합되어 일관성 없는 결과물이 나올 수 있다.

← 반박3 여러 사람에게 책임이 분담되므로 무임 승차를 하는 팀원이 생긴다.

읽기 지문
젊은 층의 투표율이 저조한 것은 해결하기 어렵다.

문제점1 요즘 젊은 층은 개인주의 성향이 강해서 자신의 일에만 관심을 기울인다.

문제점2 유학 또는 해외 근무 때문에 외국에 거주하고 있는 경우가 많다.

문제점3 젊은 사람들의 삶에 직접적으로 연관되지 않는 선거 정책이 많다.

강의
젊은 층의 투표율을 높이는 방안이 있다.

← 반박1 젊은 층을 타겟으로 하는 장소에서 홍보를 확대한다.

← 반박2 주소지 외의 지역에서도 투표할 수 있는 원격 투표 제도를 확립한다.

← 반박3 젊은 사람들의 삶의 질을 직접적으로 향상시킬 수 있는 정책을 마련한다.

문장 익히기 - 상황별 표현

통합형 요약문을 작성하기 위해서는 주장을 전달할 때 쓰는 표현, 근거를 제시하고 세부사항을 설명할 때 쓰는 표현, 반박할 때 쓰는 표현 등의 상황별 표현을 알아두어야 한다. 이러한 표현들을 익혀놓으면 강의의 내용을 더욱 효과적으로 요약할 수 있다.

1. 주장을 전달할 때 쓰는 표현

1 강의자는 ~이라고 주장한다
The lecturer argues/asserts/claims/contends/maintains that ~

강의자는 음악 수업은 도움이 되고 그것의 문제점들은 사실이 아니라고 주장한다.
The lecturer argues that music classes are helpful and their drawbacks are not real.

2. 주장에 대한 근거를 제시할 때 쓰는 표현

2 첫째로 [우선], 강의자는 ~이라고 주장한다
First [To begin with], the lecturer argues that ~

첫째로, 강의자는 생산될 수 있는 수력전기의 양에 한계가 있을 것이라고 주장한다.
First, the lecturer argues that there will be limitations to the amount of hydroelectricity that can be produced.

우선, 강의자는 기호 학습이 고등 언어 능력의 증거는 아니라고 주장한다.
To begin with, the lecturer argues that symbol learning is not proof of advanced language capacity.

3 다음으로 [게다가], 강의자는 ~이라고 지적한다
Next [On top of that], the lecturer points out that ~

다음으로, 강의자는 미마 둔덕이 녹는 빙하에 의해 형성되는 것이 가능하지 않다고 지적한다.
Next, the lecturer points out that it isn't possible for Mima mounds to be formed by melting glaciers.

게다가, 강의자는 평가가 수업 참여도에 근거해서는 안 된다고 지적한다.
On top of that, the lecturer points out that evaluations should not be based on classroom participation.

4 마지막으로, 강의자는 ~이라고 설명한다
Finally, the lecturer explains that ~

마지막으로, 강의자는 두 옻칠 방법 간의 유사성은 단순히 우연이었을 수 있다고 설명한다.
Finally, the lecturer explains that the resemblance between the two lacquering methods could just be coincidental.

3. 근거의 세부사항을 설명할 때 쓰는 표현

5 이는 ~이기 때문이다
This is because ~

이는 지구 온난화가 강의 크기와 흐름을 줄어들게 할 것이기 때문이다.
This is because global warming will lessen the size and flow of rivers.

6 그 이유는 ~이기 때문이다
The reason is that ~

그 이유는 아이들이 종종 어른의 감시 없이 먹기 때문이다.
The reason is that children often eat without adult supervision.

4. 읽기 지문을 반박할 때 쓰는 표현

7 이는 ~이라는 읽기 지문의 주장을 반박한다
This contradicts/refutes the reading passage's claim that ~

이는 이러한 종류의 설문조사에는 여러 가지 장점이 있다는 읽기 지문의 주장을 반박한다.
This contradicts the reading passage's claim that this type of survey has several advantages.

8 이는 ~이라는 읽기 지문의 주장에 반대한다
This counters/opposes the reading passage's claim that ~

이는 파충류의 이전이 질병 확산을 야기한다는 읽기 지문의 주장에 반대한다.
This counters the reading passage's claim that relocation of reptiles results in the spread of disease.

9 이는 ~이라는 읽기 지문의 주장에 의구심을 제기한다
This casts doubt on the reading passage's claim that ~

이는 머리 모양이 시야를 향상하기 위해 진화했다는 읽기 지문의 주장에 의구심을 제기한다.
This casts doubt on the reading passage's claim that the shape of the head evolved to enhance its vision.

Hackers Practice

파란색으로 주어진 표현에 유의하여, 다음의 우리말 문장을 영어로 바꾸어 쓰시오.

01 우선, 강의자는 ~이라고 주장한다 / 정기적인 출석은 필요하지 않다 / 한 과목을 완전히 습득하는 데
   * 출석 **attendance**   * 완전히 습득하다 **master**

   _____ .

02 이는 ~이라는 읽기 지문의 주장을 반박한다 / 과학자들이 이해한다 / 미마 둔덕이 어떻게 형성되었는지
   * 미마 둔덕 **Mima mounds**

   _____ .

03 다음으로, 강의자는 ~이라고 지적한다 / 질병이 / 호호캄 문명을 파괴하지 않았다
   * 호호캄 문명 **Hohokam civilization**

   _____ .

04 이에 더해, 강의자는 ~이라고 지적한다 / 증가된 석탄 생산량이 / 기여하지 않았다 / 더 나은 건강에
   * 석탄 **coal**   * ~에 기여하다 **contribute to**

   _____ .

05 이는 ~이라는 읽기 지문의 주장에 의구심을 제기한다 / 쓰레기 매립지가 / 지구 온난화의 원인이다
   * 쓰레기 매립지 **landfill**   * 지구 온난화 **global warming**

   _____ .

06 강의자는 ~이라고 주장한다 / 사실이 아니다 / 자동화된 설문조사의 답변이 / 더 정확하다는 것은
   * 자동화된 **automated**   * 설문조사 **survey**

   _____ .

07 마지막으로, 강의자는 ~이라고 설명한다 / 혼잡 통행료가 / 운송비를 증가시키지 않을 것이다
   * 혼잡 통행료 **a congestion fee**   * 운송비 **cost of delivery**

   _____ .

08 이는 ~이기 때문이다 / 환경친화적인 공장조차도 / 적은 양의 오염을 발생시킨다
   * 환경친화적인 공장 **green factory**

   _____ .

09 이는 암면 조각이 종교 의식에 사용되기 위해 만들어졌다는 읽기 지문의 주장에 반대한다.

   * 암면 조각 petroglyph

   ____ .

10 그 이유는 조깅이 관절 주변의 근육을 강화하기 때문이다.

   * 관절 joint   * 근육 muscle

   ____ .

11 강의자는 그 도로가 네 개의 기본 방향을 나타냈다는 것이 의문스럽다고 주장한다.

   * ~을 나타내다 stand for

   ____ .

12 이는 위조가 용인되었으며 흔하게 일어났다는 읽기 지문의 주장을 반박한다.

   * 위조 forgery

   ____ .

13 이는 그 탑이 중국인들에 의해 건설되었다는 읽기 지문의 주장에 반대한다.

   ____ .

14 강의자는 음악을 공부하는 학생들이 다른 과목들에서도 더 좋은 성과를 낸다고 주장한다.

   * 성과를 내다 perform

   ____ .

15 첫째로, 강의자는 소위 1418년의 중국 지도가 가짜라고 주장한다.

   * 소위 so-called

   ____ .

16 강의자는 암면 조각이 부족 간의 유용한 의사소통을 위해 사용되었다고 주장한다.

   * 부족 tribe

   ____ .

모범 답안 p.248

COURSE 02 읽고 노트테이킹하기

읽기 지문은 주제와 그것을 뒷받침하는 세 가지 근거, 그리고 각 근거에 대한 세부사항으로 구성된다. 이 요소들을 잘 파악하면서 지문을 읽고, 서로 간의 관계가 잘 드러나도록 노트를 정리한다. 읽기 노트의 기본 구조는 다음과 같다.

읽기 노트의 구조

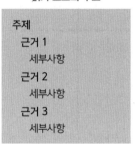

주제
　근거 1
　　세부사항
　근거 2
　　세부사항
　근거 3
　　세부사항

▶ 읽고 노트테이킹하기 전략

Step 1 주제 노트테이킹하기
주제는 읽기 지문의 중심 내용으로, 주로 지문의 첫 문단에 등장한다. 지문의 주제를 명확하게 파악한 후, 이를 간략하게 정리한다.

Step 2 근거 노트테이킹하기
근거는 주제를 뒷받침하는 내용으로 읽기 지문의 두 번째 문단부터 제시되며, 주로 각 문단의 첫 문장에 등장한다. 문단별로 서로 다른 근거가 등장하므로 각 문단에서 제시되는 근거, 즉 해당 문단의 중심 내용을 파악하여 간략하게 정리한다.

Step 3 세부사항 노트테이킹하기
각 문단에서는 제시된 근거의 설득력을 높이기 위해 주로 사례나 조사 결과 등이 소개되는데, 이러한 세부사항을 파악하여 간략하게 정리한다.

노트테이킹 TIP

1. 읽고 들은 내용을 모두 받아쓰려 하지 말고, 중요하다고 생각되는 것만 정리한다.
2. 중요하다고 생각되는 내용 중에서도 불필요한 수식어 등을 제외한 핵심 내용만을 간략하게 정리한다.
3. 영어 외에도 한국어, 그림, 약어 및 기호를 적절하게 활용한다. 단, 강의를 들으면서 요약문을 작성할 때 필요하다고 판단되는 표현을 영어로 써두면 도움이 될 수 있다.

▶ 읽고 노트테이킹하기의 예

읽기 지문

At present, hydropower facilities produce only 24 percent of worldwide electricity. However, this sustainable energy source will be more widely used in the future because of its many advantages. ┗▪ 주제 수력 발전은 이점으로 인해 널리 사용될 것임

┏▪ 근거 1 무한한 에너지원
First, hydropower is an unlimited source of energy. [The movement of water in a river never stops, which ensures that electricity can be produced continuously. In addition, there are a large number of suitable rivers around the world, making it possible to generate hydroelectricity almost anywhere.]──▪ 세부사항 계속해서, 어디에서나 생산

┏▪ 근거 2 관리가 거의 필요 없음
Next, hydroelectric facilities require very little maintenance to remain operational. [Hydroelectric dams, for instance, are usually built from durable materials to prevent structural damage. In addition, these facilities have fewer components than gas, coal, or nuclear power plants, which reduces the need for repairs.]──▪ 세부사항 내구성 있는 소재로 손상 방지, 더 적은 부품으로 보수 감소

┏▪ 근거 3 홍수의 위험 줄임
Lastly, hydroelectric dams are built not only to generate hydroelectricity but also to reduce the risk of flooding. [Many rivers overflow their banks during periods of high rainfall or rapid snowmelt. However, a dam can contain floodwaters and regulate the flow of a river, lessening the likelihood of a destructive flood.]──▪ 세부사항 강이 넘치면 범람한 물 담아두고 강물 조절

해석 p.249

읽기 노트

주제	hydropower: ↑ used b/c adv.	수력 발전은 이점으로 인해 널리 사용될 것임
근거 1	1. unlimited source of energy	무한한 에너지원
세부사항	– produce continu.	계속해서 생산
	– generate anywhere	어디에서나 생산
근거 2	2. little mainten.	관리가 거의 필요 없음
세부사항	– durable materials → X damage	내구성 있는 소재로 손상 방지
	– ↓ components → ↓ repairs	더 적은 부품으로 보수 감소
근거 3	3. ↓ risk of flooding	홍수의 위험 줄임
세부사항	– rivers overflow ← rainfall/snowmelt	강우나 해빙 때 강이 넘침
	– contain floodwaters & regulate river	범람한 물 담아두고 강물 조절

Step 1 첫 문단에 등장한 '수력 발전은 이점으로 인해 널리 사용될 것임'이라는 읽기 지문의 주제를 간략히 정리한다.

Step 2 두 번째 문단의 첫 문장에 제시된 근거인 '무한한 에너지원'을 정리한다.

Step 3 '계속해서 생산', '어디에서나 생산'이라는 세부사항을 정리한다.

※ 이어지는 두 문단도 Step 2와 Step 3을 적용하여 노트테이킹한다.

Hackers Practice

다음 지문을 읽고 읽기 노트를 완성하시오.

01

For many decades, music education has been compulsory in American public high schools. Although some experts feel that all students should study music, critics argue that mandatory music classes have a couple of problems.

One problem is that music education does not prepare most students for a career in the real world. The majority of students will work in unrelated fields, such as science, technology, or business, and skills learned in music classes are not likely to benefit them later in life. Therefore, students should not be required to waste their time in music classes.

Secondly, grading in music classes is unfair for students who lack musical talent. While students with innate musical ability can get high grades even without practice, those without natural musical skill often receive low marks. And since good grades are critical for college admissions, mandatory music education can prevent these students from entering a top university.

노트테이킹 ✏️

읽기 노트

○	주제	mandatory music class: problems
○	근거 1	1. _____
○	세부사항	– work in unrelated fields
		– skills in music class: X benefit
○	근거 2	2. _____
○	세부사항	– w/o natural skill → ↓ marks
○		– grade: critical → X top univ.

모범 답안·해석 p.249

02

Many areas in the northwestern United States are covered with Mima mounds, which are low domes of earth that have a uniform appearance. Until now, geologists were uncertain about the origin of these natural structures. However, recent research has provided scientists with promising ideas about how Mima mounds were formed.

One explanation is that Mima mounds were built up by sediment that was carried by the wind. Geologists know that several severe droughts occurred in North America between 5,000 and 8,000 years ago. The dry conditions allowed small dust particles to be picked up easily by the wind and deposited at the bases of plants. Over the course of many years, this process created Mima mounds.

Another explanation is that the mounds were formed by melting glaciers. At the end of the last ice age, rising temperatures caused many glaciers to melt. The resulting meltwater carried soil and other debris to the snowfields found at lower altitudes. There, the material settled into depressions in the snow that had been formed by the heat of the sun. When the snow completely melted, the debris remained in small piles on the ground, resulting in Mima mounds.

노트테이킹 ✏️

읽기 노트

○	주제	Mima mounds: how formed
○	근거 1	1. _____
○	세부사항	– severe droughts in N.A.
		– dust picked up by wind & deposit @ plant
○	근거 2	2. _____
○	세부사항	– meltwater carry soil & debris → settle in depressions
○		– snow melted → Mima mounds

모범 답안·해석 p.250

03

Most people think of *Tyrannosaurus rex* as a fearsome killer that hunted other dinosaurs. However, this is far from accurate. In fact, the evidence shows that *T. rex* was actually a scavenger, not a predator.

The first piece of evidence to support this claim is that *T. rex* had the teeth of a scavenger. Unlike predators, scavengers do not get enough nutrition from meat, so they need to eat the fatty tissue in bones to survive. *T. rex* had dull, wide teeth that were well suited to crushing bones, and it used these teeth to extract tissue from the bones of dead creatures.

Also, *T. rex*'s brain structure proves that it was a scavenger. Experts have learned that the part of *T. rex*'s brain responsible for processing odors was very large. The big size of this section of the brain gave *T. rex* a very strong sense of smell. This is important for scavengers because they have to find food before other scavengers do.

Finally, *T. rex* had small eyes, which are common in scavengers that do not hunt. Large eyes normally correspond to good vision, and small eyes are associated with poor eyesight. Whereas predators need large eyes because they need to be able to locate and track prey visually over long distances, scavengers can make do with smaller eyes. Therefore, *T. rex*'s small eyes demonstrate that it was not a predator.

노트테이킹 ✏️

읽기 노트

○	주제	T. rex was scavenger: evid.
○	근거1	1. teeth
○	세부사항	– _____
○		– _____
○	근거2	2. brain struct.
○	세부사항	– _____
○		– _____
○	근거3	3. small eyes
○	세부사항	– _____
○		– _____

모범 답안·해석 p.250

04

In recent years, the use of automated telephone systems to conduct surveys has become more common. This method of collecting data on public opinion has several advantages.

First, the target number of people can be reached more quickly using this method. Calls are placed automatically by a computer, so they can be made in rapid succession. Furthermore, unlike human operators, machines do not get tired, so there is no need to schedule breaks for them. Therefore, the surveying process can continue uninterrupted for an extended period of time.

Second, automated surveys increase the chance of receiving accurate answers from respondents. People are less prone to hide their real opinions when responding to questions from a machine, particularly about a sensitive subject matter. For example, when speaking to a human questioner, a respondent may pretend to support social welfare programs to avoid appearing unkind.

Third, the probability of errors is lower when automated systems are used to conduct surveys. Human operators can negatively affect survey results by misstating questions or mispronouncing names. These types of mistakes never happen when prerecorded questions are used, which results in more reliable data.

노트테이킹 ✏️

읽기 노트

○	주제	_____
○	근거1	1. target # ppl. reached quickly
○	세부사항	− _____
○		− _____
○	근거 2	2. accurate answers from respond.
○	세부사항	− _____
○		− _____
○	근거 3	3. errors ↓
○	세부사항	− _____
○		− _____

모범 답안·해석 p.251

듣고 노트테이킹하기

강의는 주로 읽기 지문에서 제시된 주제와 세 가지 근거를 각각 반박하는 내용으로 구성되어 있다. 따라서, 정리해둔 읽기 노트를 바탕으로 강의에 등장하는 내용이 읽기 노트의 각 항목과 어떤 관계인지를 중심으로 노트를 정리한다. 듣기 노트의 기본 구조는 다음과 같다.

듣기 노트의 구조

```
도입
  반론 1
    세부사항
  반론 2
    세부사항
  반론 3
    세부사항
```

▶ 듣고 노트테이킹하기 전략

Step 1 도입 노트테이킹하기

도입은 강의자가 읽기 지문의 주제에 의문을 제기하거나 반대하는 의견을 보이는 부분으로, 주로 강의 처음에 등장한다. 강의자의 입장을 명확히 파악한 후 이를 노트에 간략하게 정리한다. 읽기 지문과는 달리, 강의에서는 강의자의 입장이 직접적으로 드러나기보다 예시나 실험 결과 등을 통해 간접적으로 알 수 있는 경우가 있으므로 유의하도록 한다.

Step 2 반론 노트테이킹하기

반론은 읽기 지문에 등장한 근거에 반박하는 내용으로, 읽기 지문의 세 가지 근거를 각각 반박하는 세 가지 반론이 등장한다. 읽기 지문의 어떤 근거에 대한 반론인지를 정확히 파악하여 간략하게 정리한다.

Step 3 세부사항 노트테이킹하기

세부사항은 강의자가 제시한 반론에 대한 설득력을 높이기 위해 예시나 부연 설명 등을 제시하는 부분으로, 이러한 세부사항을 파악하여 간략하게 정리한다.

▶ 듣고 노트테이킹하기의 예

듣기 스크립트 🎧 **Track 1**

As I'm sure you remember, last class we discussed why some experts are optimistic about hydropower. However, many of the benefits of this energy source are exaggerated, so it will not be widely used in the future.
┗■ 도입 이점은 과장되었고 널리 사용되지 않을 것임

┏■ 반론1 한계 있음
One claim was that hydropower is unlimited, but it does have limits. [You see, global warming will make many rivers unsuitable for, um, hydroelectricity generation. Increased evaporation and, uh, changing precipitation patterns will reduce the size and flow of many rivers around the world. This will negatively affect the productivity of hydroelectric facilities and, in some cases, make hydroelectricity generation impossible.]━■ 세부사항 지구 온난화가 생산성에 부정적 영향을 줌

┏■ 반론2 많은 관리 요구함
OK, so what about maintenance? Well, hydropower facilities actually require a lot of it. [The problem is that silt builds up at the bottom of the reservoir. This reduces the amount of water that generates electricity. Therefore, silt must be removed regularly, which requires routine maintenance.]━■ 세부사항 침전물은 주기적으로 제거되어야 함

┏■ 반론3 치명적 홍수를 일으킴
The last claim was that hydroelectric dams reduce flooding, but did you know that dams can sometimes cause catastrophic floods? [Dams, uh, sometimes collapse, releasing large amounts of water downstream. These floods are often more devastating than natural ones because enormous volumes of water are released instantly when a dam breaks.]━■ 세부사항 댐이 무너지면 더 파괴적임

해석 p.252

듣기 노트

도입	benefits exag.: X widely used	이점은 과장되었고 널리 사용되지 않을 것임
반론1	1. limits 한계 있음	
세부사항	– g.w. → ↓ size & flow of rivers 지구 온난화가 강의 크기와 흐름 줄임	
	– neg. affect product. 생산성에 부정적 영향을 줌	
반론2	2. mainten. ↑ 많은 관리 요구함	
세부사항	– silt → ↓ water 침전물이 물의 양 감소시킴	
	– remove regularly 주기적으로 제거되어야 함	
반론3	3. catastr. floods 치명적 홍수를 일으킴	
세부사항	– dam collapse → release water 댐이 무너지면서 물을 방출함	
	– ↑ devastating 〉 natural 자연적인 홍수보다 더 파괴적임	

Step 1 강의의 도입부에서 등장하는 '이점은 과장되었고 널리 사용되지 않을 것임'이라는 내용을 정리한다.

Step 2 읽기 지문의 첫 번째 근거 '무한한 에너지원'에 대한 반론인 '한계 있음'이라는 내용을 정리한다.

Step 3 '지구 온난화가 강의 크기와 흐름 줄임', '생산성에 부정적 영향을 줌'이라는 세부사항을 정리한다.

※ 이어지는 강의 내용도 Step 2와 Step 3을 적용하여 노트테이킹하며 듣는다.

Hackers Practice

다음 강의를 듣고 듣기 노트를 완성하시오.

01

Listen to the lecture. 🎧 **Track 2**

노트테이킹 ✏️

듣기 노트

○	도입	music class help & prob. nonexist.
○	반론 1	1. _____
○	세부사항	– ↑ pro. successful
○		– S.V. CEOs: taken music class
○	반론 2	2. _____
○	세부사항	– X eval. only by musical talent
○		– dedicated student → good grade

모범 답안·스크립트·해석 p.252

02

Listen to the lecture. 🎧 **Track 3**

노트테이킹 ✏️

듣기 노트

○	도입	Mima mounds: X underst.
○	반론 1	1. _____
○	세부사항	– grain: too large carried by wind
○		– hills by wind: uneven ↔ Mima: round
○	반론 2	2. _____
○	세부사항	– glacier: specific climat. ↔ Mima: variety of climates
○		– located where glacier X formed

모범 답안·스크립트·해석 p.253

03

Listen to the lecture. 🎧 **Track 4**

노트테이킹 ✏️

듣기 노트

○	도입	T. rex was scavenger: X true
○	반론 1	1. teeth indicate predator
○	세부사항	– _____
○		– _____
○	반론 2	2. brain struct.: X evid.
○	세부사항	– _____
○		– _____
○	반론 3	3. small eyes: X critical factor
○	세부사항	– _____
○		– _____

모범 답안·스크립트·해석 p.255

04

Listen to the lecture. 🎧 **Track 5**

노트테이킹 ✏️

듣기 노트

○	도입	_____
○	반론 1	1. longer to complete
○	세부사항	– _____
○		– _____
○		
○	반론 2	2. auto. survey ↑ accurate: X true
○	세부사항	– _____
○		– _____
○	반론 3	3. human error X issue: false
○	세부사항	– _____
○		– _____

모범 답안·스크립트·해석 p.256

COURSE 04 서론 쓰기

서론은 요약문의 주제를 밝히는 부분으로, 강의 도입부에 언급된 강의자의 입장을 드러내고 이것이 읽기 지문의 주제와 어떻게 연관되어 있는지를 설명하는 부분이다. 서론 답안의 기본 구조는 다음과 같으며, 이 구조를 활용하면 더욱 쉽게 요약문의 서론을 작성할 수 있다.

서론의 구조

요약문 주제 문장	The lecturer argues that + 듣기 노트의 '도입'
요약문 반박 문장	This contradicts the reading passage's claim that + 읽기 노트의 '주제'

▮ 서론 쓰기 전략

Step 1 요약문 주제 문장 쓰기

듣기 노트에서 정리한 '도입'을 참고하여, 강의 도입부에 소개된 강의자의 읽기 지문에 대한 입장을 쓴다.

요약문 주제 문장에 쓸 수 있는 유용한 표현

> · The lecturer argues/asserts/claims/contends/maintains that ~ 강의자는 ~이라고 주장한다

Step 2 요약문 반박 문장 쓰기

읽기 노트에서 정리한 '주제'를 참고하여, 강의자의 입장이 읽기 지문의 주제를 반박하고 있다는 내용의 문장을 쓴다.

요약문 반박 문장에 쓸 수 있는 유용한 표현

> · This contradicts/refutes the reading passage's claim that ~
> 이는 ~이라는 읽기 지문의 주장을 반박한다
> · This counters/opposes the reading passage's claim that ~
> 이는 ~이라는 읽기 지문의 주장에 반대한다

Summarize the points made in the lecture you just heard, explaining how they cast doubt on the points made in the reading.

방금 들은 강의의 논점을 요약하고, 그것이 읽기 지문의 논점에 어떻게 의구심을 제기하는지 설명하시오.

노트테이킹   서론 쓰기 ✏️

읽기 노트

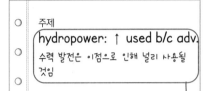

○ 주제
  hydropower: ↑ used b/c adv.
○ 수력 발전은 이점으로 인해 널리 사용될
  것임
○

듣기 노트

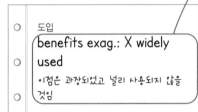

○ 도입
  benefits exag.: X widely
○ used
  이점은 과장되었고 널리 사용되지 않을
  것임
○

요약문 주제 문장

The lecturer argues that [the benefits of hydropower are exaggerated and that it will not be used extensively in the future.]

강의자는 수력 발전의 이점이 과장되었으며 미래에 널리 사용되지 않을 것이라고 주장한다.

요약문 반박 문장

This contradicts the reading passage's claim that [hydropower will be utilized more in the coming years due to its many advantages.]

이는 수력 발전이 많은 이점으로 인해 수년 내에 더 활용될 것이라는 읽기 지문의 주장을 반박한다.

Step 1   '이점은 과장되었고 널리 사용되지 않을 것임'이라는 듣기 노트의 '도입'을 참고하여 요약문의 주제 문장을 작성한다.

Step 2   읽기 노트의 '주제'를 참고하여, 강의자가 '수력 발전은 이점으로 인해 널리 사용될 것임'이라는 읽기 지문의 주제를 반박하는 요약문의 반박 문장을 작성한다.

Hackers Practice

주어진 읽기 및 듣기 노트를 참고하여 서론을 완성하시오.

01

노트테이킹

서론 쓰기 🖉

읽기 노트

○ mandatory music class:
  problems
○
  의무적인 음악 수업의 문제점
○

듣기 노트

○ music class help &
  prob. nonexist.
○
  음악 수업은 도움이 되고
○ 문제점은 존재하지 않음

요약문 주제 문장

① _____
music classes are helpful and their drawbacks are
not real.

강의자는 음악 수업은 도움이 되고 그것의 문제점들은 사실이 아니라고 주장
한다.

요약문 반박 문장

② _____
_____ mandatory music classes are
problematic.

이는 의무적인 음악 수업에 문제가 있다는 읽기 지문의 주장을 반박한다.

모범 답안 p.257

02 노트테이킹

읽기 노트

○ Mima mounds: how formed
미마 둔덕의 형성 방법
○
○

듣기 노트

○ Mima mounds: X underst.
미마 둔덕을 이해하고 있지 않음
○
○

서론 쓰기 ✏️

요약문 주제 문장

The lecturer argues that ① _____
_____
_____.

강의자는 우리가 오늘날 미마 둔덕을 더 이해하고 있지는 않다고 주장한다.

요약문 반박 문장

This contradicts the reading passage's claim that
② _____
_____
_____.

이는 과학자들이 미마 둔덕이 형성된 방법을 이해하고 있다는 읽기 지문의 주장을 반박한다.

모범 답안 p.258

03

노트테이킹

서론 쓰기 🖋

읽기 노트

○ T. rex was scavenger: evid.

○ 티라노사우루스 렉스가 썩은 고기를
먹는 동물이었다는 증거

○

듣기 노트

○ T. rex was scavenger:
X true

○ 티라노사우루스 렉스가 썩은 고기를
먹는 동물이었다는 것은 사실이 아님

○

요약문 주제 문장

The lecturer argues that ① _____
_____ .

강의자는 티라노사우루스 렉스가 썩은 고기를 먹는 동물이었다는 것은 사실이
아니라고 주장한다.

요약문 반박 문장

② _____
_____
_____ .

이는 이 공룡이 포식 동물이 아닌 썩은 고기를 먹는 동물이었다는 증거가 있다는
읽기 지문의 주장을 반박한다.

모범 답안 p.258

04

노트테이킹

읽기 노트

○ auto. survey: adv.

○ 자동화된 설문조사의 장점

○

듣기 노트

○ auto. survey:
   X efficient/accurate

○ 자동화된 설문조사는

○ 효율적이지도 정확하지도 않음

서론 쓰기 ✏️

요약문 주제 문장

① _____

_____

_____ .

강의자는 자동화된 설문조사가 비효율적이고 부정확하다고 주장한다.

요약문 반박 문장

This contradicts the reading passage's claim that

② _____

_____ .

이는 이런 종류의 설문조사에는 여러 가지 장점이 있다는 읽기 지문의 주장을 반박한다.

모범 답안 p.258

COURSE 05 본론 쓰기

본론은 읽기 지문의 각 근거에 대해 강의자가 어떻게 반론을 펴고 있으며, 그것이 읽기 지문과 어떠한 관계를 가지고 있는지를 설명하는 부분이다. 본론 답안의 기본 구조는 다음과 같으며, 이 구조를 활용하면 더욱 쉽게 요약문의 본론을 작성할 수 있다.

본론의 구조

요약문 근거 문장	First/Next/Finally, + 듣기 노트의 '반론 1/2/3'
세부사항	듣기 노트의 '세부사항'
요약문 반박 문장	This casts doubt on the reading passage's claim that + 읽기 노트의 '근거 1/2/3'

▶ 본론 쓰기 전략

Step 1 요약문 근거 문장 쓰기

본론 각 단락의 첫 문장에서는 듣기 노트의 '반론'을 참고하여 강의에서 제시한 반론을 각각 정리한다.

요약문 근거 문장에 쓸 수 있는 유용한 표현

> · First/Next/Finally, the lecturer argues that ~
> 첫째로/다음으로/마지막으로, 강의자는 ~이라고 주장한다

Step 2 세부사항 쓰기

듣기 노트의 '세부사항'을 참고하여 강의에서 제시된 반론의 세부사항을 설명한다.

세부사항에 쓸 수 있는 유용한 표현

> · This is because ~ 이는 ~이기 때문이다
> · The reason is that ~ 그 이유는 ~이기 때문이다

Step 3 요약문 반박 문장 쓰기

강의의 세부사항을 설명하고 난 후, 읽기 노트의 '근거'를 참고하여 이 반론이 읽기 지문의 어떤 근거를 반박하는지를 밝힌다.

요약문 반박 문장에 쓸 수 있는 유용한 표현

> · This casts doubt on the reading passage's claim that ~
> 이는 ~이라는 읽기 지문의 주장에 의구심을 제기한다

▶ 본론 쓰기의 예

> Summarize the points made in the lecture you just heard, explaining how they cast doubt on the points made in the reading.
>
> 방금 들은 강의의 논점을 요약하고, 그것이 읽기 지문의 논점에 어떻게 의구심을 제기하는지 설명하시오.

노트테이킹

읽기 노트

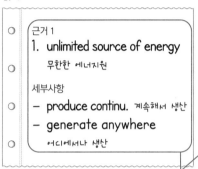

근거 1
1. unlimited source of energy
   무한한 에너지원

세부사항
- produce continu. 계속해서 생산
- generate anywhere
  어디에서나 생산

듣기 노트

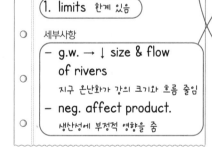

반론 1
1. limits 한계 있음

세부사항
- g.w. → ↓ size & flow of rivers
  지구 온난화가 강의 크기와 흐름 줄임
- neg. affect product.
  생산성에 부정적 영향을 줌

본론 쓰기 ✏

본론 1

요약문 근거 문장

First, the lecturer argues that [there will be limitations to the amount of hydroelectricity that can be produced.]

첫째로, 강의자는 생산될 수 있는 수력 전기의 양에 한계가 있을 것이라고 주장한다.

세부사항

This is because [global warming will lessen the size and flow of rivers. This will negatively affect the production of hydropower.]

이는 지구 온난화가 강의 크기와 흐름을 줄어들게 할 것이기 때문이다. 이는 수력 발전의 생산성에 부정적으로 영향을 줄 것이다.

요약문 반박 문장

This casts doubt on the reading passage's claim that [hydropower could supply an unlimited amount of energy.]

이는 수력 발전이 무한한 양의 에너지를 제공할 수 있다는 읽기 지문의 주장에 의구심을 제기한다.

Step 1   듣기 노트에서 '반론 1'로 정리한 강의자의 첫 번째 반론인 '한계 있음'이라는 내용을 'First, the lecturer argues that ~'을 사용하여 작성한다.

Step 2   듣기 노트의 '세부사항'인 '지구 온난화가 강의 크기와 흐름 줄임'과 '생산성에 부정적 영향을 줌'이라는 내용을 논리관계가 드러나게 작성한다.

Step 3   읽기 노트의 '근거 1'과 '세부사항'을 참고하여 앞서 설명한 강의의 반론이 읽기 지문에서 제시한 '무한한 에너지원'이라는 주장에 의구심을 제기한다고 작성한다.

※ 본론 2와 3도 본론 1과 같이 Step 1~3을 적용하여 작성한다.

Hackers Practice

주어진 읽기 및 듣기 노트를 참고하여 본론을 완성하시오.

01   노트테이킹   본론 쓰기 ✏️

읽기 노트

- 1. X prepare for career
  직업을 위해 준비시키지 않음
- work in unrelated fields
  관련 없는 분야에서 일함
- skills in music class:
  X benefit
  음악 수업에서 배운 기술은
  유익하지 않음

듣기 노트

- 1. ↑ perform. in other
  subjects
  다른 과목들의 성과 높임
- ↑ pro. successful
  직업적으로 더 성공적
- S.V. CEOs:
  taken music class
  실리콘 밸리 최고 경영자들은
  음악 수업 들음

본론 1

요약문 근거 문장

① _____
students studying music perform better in other subjects.

첫째로, 강의자는 음악을 공부하는 학생들이 다른 과목에서도 더 좋은 성과를 낸다고 주장한다.

세부사항

This helps them to achieve professional success. Actually, research shows that most CEOs in Silicon Valley studied music when they were in school.

이는 그들이 직업적인 성공을 이루도록 돕는다. 사실, 연구는 실리콘 밸리에 있는 대부분의 최고 경영자들이 학교에 다닐 때 음악을 공부했다는 것을 보여준다.

요약문 반박 문장

② _____
_____ music classes do not prepare students for a career.

이는 음악 수업이 학생들을 직업을 위해 준비시키지 않는다는 읽기 지문의 주장에 의구심을 제기한다.

노트테이킹

읽기 노트

○ 2. unfair 불공평함

○ – w/o natural skill →
   ↓ marks
   타고난 기량이 없으면 낮은 성적을
   받음

○ – grade: critical →
   X top univ.
   성적이 중요하므로 상위 대학에
   들어가지 못함

듣기 노트

○ 2. w/o innate talent →
   X low grade
   선천적인 재능 없이도 낮은 성적
   받지 않음

○ – X eval. only by musical
   talent
   음악적 재능에 의해서만 평가되지
   않음

○ – dedicated student →
   good grade
   열심히 하는 학생은 좋은 성적 받음

본론 쓰기 ✏️

본론 2

요약문 근거 문장

③ _____

_____ it is not true that students without innate talent will get poor grades in music classes.

다음으로, 강의자는 선천적인 재능이 없는 학생들이 음악 수업에서 좋지 않은 성적을 받을 것이라는 점은 사실이 아니라고 주장한다.

세부사항

This is because students are not evaluated solely by their musical talent. Students' grades are based on several factors, so dedicated students can achieve good grades in music classes.

이는 학생들이 오로지 음악적 재능으로만 평가되는 것은 아니기 때문이다. 학생들의 성적은 여러 가지 요소에 근거하므로, 열심히 하는 학생들은 음악 수업에서 좋은 성적을 받을 수 있다.

요약문 반박 문장

④ _____

_____ music classes are not fair for students who lack musical talent.

이는 음악 수업이 음악적 재능이 없는 학생들에게 공평하지 않다는 읽기 지문의 주장에 반대한다.

모범 답안 p.259

02 노트테이킹

본론 쓰기 ✏️

읽기 노트

1. sediment carried by wind
바람에 의해 운반된 퇴적물

– severe droughts in N.A.
북미에 극심한 가뭄

– dust picked up by wind
& deposit @ plant
흙먼지가 바람에 의해 들어
올려져서 식물에 쌓임

듣기 노트

1. X formed by wind
바람에 의해 형성되지 않음

– grain: too large carried
by wind
알갱이가 바람에 의해 운반되기에
너무 큼

– hills by wind: uneven ↔
Mima: round
바람에 의한 언덕은 울퉁불퉁하지만
미마는 둥근 모양임

본론 1

요약문 근거 문장

First, the lecturer claims that ① _____
_____
_____
_____.

첫째로, 강의자는 미마 둔덕의 물리적인 특성들 때문에 그것이 바람에 의해 형
성되지 않았다고 주장한다.

세부사항

Some grains were too large for the wind to carry
them. Also, hills created by wind are uneven, but
Mima mounds are perfectly round.

일부 알갱이들은 바람이 운반하기에는 너무 컸다. 또한, 바람에 의해 형성된 언
덕은 울퉁불퉁하지만, 미마 둔덕은 완벽하게 둥글다.

요약문 반박 문장

② _____
_____

Mima mounds were created by sediment carried by
the wind.

이는 미마 둔덕이 바람에 의해 운반된 퇴적물에 의해 형성되었다는 읽기 지문의
주장에 의구심을 제기한다.

노트테이킹

읽기 노트

> 2. melting glaciers 녹는 빙하
>
> – meltwater carry soil & debris → settle in depressions
> 얼음이 녹은 물이 흙과 잔해를 운반하여 움푹한 곳에 자리 잡게 함
>
> – snow melted → Mima mounds
> 눈이 녹았을 때 미마 둔덕이 됨

듣기 노트

> 2. X result of melting glacier
> 녹는 빙하의 결과 아님
>
> – glacier: specific climat. ↔ Mima: variety of climates
> 빙하는 특정한 기후가 필요한 반면 미마는 다양한 기후에서 발견됨
>
> – located where glacier X formed
> 빙하가 형성되지 않은 지역에 위치

본론 쓰기 ✏️

본론 2

요약문 근거 문장

Next, the lecturer points out that ③ _____
_____
_____
_____.

다음으로, 강의자는 미마 둔덕이 녹는 빙하에 의해 형성되는 것이 가능하지 않다고 지적한다.

세부사항

A glacier can only form under specific climatic conditions, but the mounds can be found in a variety of climates. In fact, Mima mounds are found even in regions where glaciers never existed.

빙하는 특정 기후 조건에서만 형성될 수 있지만, 그 둔덕은 다양한 기후에서 발견될 수 있다. 사실, 미마 둔덕은 빙하가 존재한 적 없는 지역에서도 발견된다.

요약문 반박 문장

④ _____
_____
_____ melting glaciers led to the formation of Mima mounds.

이는 녹는 빙하가 미마 둔덕의 형성으로 이어졌다는 읽기 지문의 주장에 반대한다.

모범 답안 p.260

03   노트테이킹   본론 쓰기 ✏️

읽기 노트

○   1. teeth 이빨

○   – X nutrition from meat
       → eat tissue in bones

○   고기에서 충분한 영양분 얻지 못해
    뼛속의 조직을 섭취함

○   – dull & wide teeth: crush

○   bones & extract tissue

○   무디고 큰 이빨로 뼈를 부수고
    조직을 뽑아냄

듣기 노트

○   1. teeth indicate predator
    이빨은 포식 동물임을 나타냄

○   – dull teeth: just for
       chewing
    무딘 이빨은 씹기 위한 것임

○   – sharp incisor → capture
       & kill prey
    날카로운 앞니로 먹잇감을 잡아서
    죽임

본론 1

요약문 근거 문장

① _____

_____

the teeth of the *T. rex* indicate that it was a predator.

첫째로, 강의자는 티라노사우루스 렉스의 이빨이 그것이 포식 동물이었다는 것을 나타낸다고 주장한다.

세부사항

Although it had dull teeth for chewing, ② _____

_____

_____

_____.

티라노사우루스 렉스가 씹기 위한 무딘 이빨을 가지고 있기는 했지만, 그것은 먹잇감을 잡아서 죽이기 위한 날카로운 앞니 또한 가지고 있었다.

요약문 반박 문장

This casts doubt on the reading passage's claim that ③ _____

_____

_____.

이는 티라노사우루스 렉스의 이빨이 썩은 고기를 먹는 동물의 이빨과 같았다는 읽기 지문의 주장에 의구심을 제기한다.

노트테이킹

읽기 노트

- 2. brain struct. 뇌 구조
  - strong sense of smell
    뛰어난 후각
  - important to find food
    먹이를 찾는 데 중요함

듣기 노트

- 2. brain struct.: X evid.
  뇌 구조는 증거 아님
  - smell: crucial for
    predators
    후각은 포식 동물에게 아주 중요함
  - detect prey & avoid
    territories of others
    먹잇감을 발견하고 다른 포식
    동물의 영역을 피함

본론 쓰기 ✏️

본론 2

요약문 근거 문장

④ _____

the *T. rex*'s brain structure is not evidence that it
was a scavenger.

다음으로, 강의자는 티라노사우루스 렉스의 뇌 구조는 그것이 썩은 고기를 먹는
동물이었다는 증거가 아니라고 주장한다.

세부사항

Having an effective sense of smell is crucial for
predators. This is because they must detect prey
and avoid the hunting territories of others.

효과적인 후각을 가지는 것은 포식 동물들에게 아주 중요하다. 이는 그들이 먹잇
감을 발견하고 다른 포식 동물의 사냥 영역을 피해야 하기 때문이다.

요약문 반박 문장

This counters the reading passage's claim that

⑤ _____

_____

_____ .

이는 티라노사우루스 렉스의 뇌 구조가 그것이 포식 동물이 아니었음을 보여준
다는 읽기 지문의 주장에 반대한다.

노트테이킹

읽기 노트

○ 3. small eyes 작은 눈

○ – poor eyesight 나쁜 시력

○ – predators locate & track prey visually
포식 동물들은 눈으로 먹잇감을 찾아내고 추적함

○

듣기 노트

○ 3. small eyes: X critical factor
작은 눈은 중요한 요소 아님

○ – forward-facing →
depth perception
앞을 향한 눈으로 거리 감각 가짐

○ – measure distance b/w prey to strike
공격을 위해 먹잇감과의 거리를 측정함

○

본론 쓰기 ✏️

본론 3

요약문 근거 문장

⑥ _____

small eyes are not a critical factor in determining whether an animal is a scavenger.

마지막으로, 강의자는 작은 눈이 동물이 썩은 고기를 먹는 동물인지를 결정하는 데 중요한 요소가 아니라고 설명한다.

세부사항

The *T. rex* had forward-facing eyes that provided depth perception. ⑦ _____

_____

_____.

티라노사우루스 렉스는 거리 감각을 가질 수 있게 한 앞을 향한 눈을 가지고 있었다. 이것은 티라노사우루스 렉스가 공격을 할 수 있도록 먹잇감과의 거리를 측정하는 것을 가능하게 만들었다.

요약문 반박 문장

This refutes the reading passage's claim that

⑧ _____

_____.

이는 티라노사우루스 렉스가 눈이 너무 작아서 사냥할 수 없었다는 읽기 지문의 주장을 반박한다.

모범 답안 p.260

04   노트테이킹

읽기 노트

- 1. target # ppl. reached quickly
  목표 인원에 빠르게 도달할 수 있음

- – calls made in rapid succession
  전화가 빠르게 연속적으로 걸릴 수 있음

- – X need breaks
  휴식 시간이 필요 없음

듣기 노트

- 1. longer to complete
  완료하는 데 더 오래 걸림

- – ↑ non-response rate
  ← readily hang up
  손쉽게 끊으므로 무응답률이 높음

- – live rep.: respond
  b/c X rude
  실시간 상담원에게는 무례하게 굴기 싫기 때문에 응답함

본론 쓰기 ✏️

본론 1

요약문 근거 문장

First, the lecturer asserts that ① _____ _____ _____.

첫째로, 강의자는 자동화된 설문조사가 완료하는 데 더 오래 걸린다고 주장한다.

세부사항

Automated surveys have a higher non-response rate because people readily hang up on a machine. But ② _____ _____ _____.

사람들은 기계의 전화를 손쉽게 끊기 때문에 자동화된 설문조사는 무응답률이 더 높다. 그러나 실시간 상담원이 전화하면, 사람들은 무례하게 구는 것을 원하지 않기 때문에 보통 질문에 응답한다.

요약문 반박 문장

This casts doubt on the reading passage's claim that ③ _____ _____ _____.

이는 목표 인원에 더 빠르게 도달하는 것이 가능하다는 읽기 지문의 주장에 의구심을 제기한다.

노트테이킹

본론 쓰기 ✏️

읽기 노트

○ 2. accurate answers from respond.
응답자로부터의 정확한 답변

○ – ↓ hide real opinion when machine
기계일 때 실제 의견을 숨기는 경향이 적음

○ – to human: pretend support s.w. prog.
사람에게 사회 복지 프로그램 지지하는 척함

듣기 노트

○ 2. auto. survey
↑ accurate: X true
자동화된 설문조사가 더 정확하다는 것은 사실이 아님

○ – X way to confirm identity
신원을 확인할 방법이 없음

○ – human: realize wrong & take action
사람은 잘못된 것을 알아차리고 조치를 취함

본론 2

요약문 근거 문장

Next, the lecturer contends that ④ _____ _____ _____ _____ .

다음으로, 강의자는 자동화된 설문조사에 대한 답변이 더 정확하다는 것은 사실이 아니라고 주장한다.

세부사항

There is no way for an automated system to confirm a respondent's identity. In contrast, ⑤ _____ _____ _____ _____ .

자동화된 시스템이 응답자의 신원을 확인할 수 있는 방법은 없다. 대조적으로, 상담원은 응답자가 부정확한 개인 정보를 줄 때 무언가 잘못되었다는 것을 파악하고 조치를 취할 수 있다.

요약문 반박 문장

This counters the reading passage's claim that ⑥ _____ _____ .

이는 사람들이 자동화된 설문조사 중에 더 정확한 답변을 준다는 읽기 지문의 주장에 반대한다.

노트테이킹

읽기 노트

- 3. errors ↓ 오류 확률이 더 낮음
- − human neg. affect ←
  misstate/mispronounce
  사람은 잘못 말하거나 잘못
  발음하여 부정적 영향을 미침
- − X when prerecord. →
  ↑ reliable data
  미리 녹음되면 발생하지 않으므로
  더 신뢰할 수 있는 데이터 낳음

듣기 노트

- 3. human error X issue:
  false
  인적 오류 문제가 없다는 것은 틀림
- − human:
  detect & repeat/clarify
  사람은 감지한 뒤 반복하거나
  명확하게 말함
- − auto. system:
  register & move on
  자동화된 시스템은 기록하고 넘어감

본론 쓰기 ✏️

본론 3

요약문 근거 문장

Finally, the lecturer points out that ⑦ _____

_____

_____ .

마지막으로, 강의자는 자동화된 설문조사 중에도 응답자의 실수 때문에 인적 오류가 여전히 문제가 된다고 지적한다.

세부사항

If a respondent has misunderstood the question, a human operator can detect this and will repeat or clarify the question. However, an automated system will register the response and then proceed to the next question.

응답자가 질문을 잘못 이해하면, 상담원은 이를 파악할 수 있으며 질문을 반복하거나 명확하게 말할 것이다. 하지만, 자동화된 시스템은 답변을 기록하고 그 다음 질문으로 나아갈 것이다.

요약문 반박 문장

This refutes the reading passage's claim that ⑧ ____

_____

_____ .

이는 자동화된 설문조사 중에 더 적은 오류가 발생한다는 읽기 지문의 주장을 반박한다.

모범 답안 p.262

다음 지문을 읽고 강의를 들은 뒤 노트와 요약문을 완성하시오.

01

The emerald ash borer is a beetle native to Asia that has recently spread to North America. Its larvae burrow into the wood of ash trees, eventually destroying them. Fortunately, there are several ways to solve this problem.

One of the easiest methods is to simply remove the affected trees. An infested ash tree is easy to identify. It has distinctive holes in its surface, and its bark is split. When such a tree is found, it can be destroyed. This can prevent the spread of these beetles to nearby healthy trees.

A chemical treatment is another option to deal with the emerald ash borers. Insecticides are applied to the soil at the base of a tree. The chemicals are absorbed by the roots and then carried up into the tree. This stops the adult borers from laying their eggs and kills off larvae that are already present.

A third solution is biological pest control. It was discovered that parasitic wasps in Asia kill borer larvae by laying their eggs in them. As a result, these wasps have been brought to North America, and there is evidence that they are eliminating emerald borers. Therefore, releasing more of these wasps into the wild should significantly reduce the number of borers.

Listen to the lecture. 🎧 **Track 6**

노트테이킹 ✎

읽기 노트

```
○    emerald ash borer destroy ash trees: ways to solve
○       1. _____
○          – easy to identify: distinctive holes & bark split
○          – destroyed → prevent spread to healthy trees
○       2. _____
○          – insecticides applied to soil → absorbed & carried up
○          – stop laying eggs & kills larvae
○       3. _____
○          – parasitic wasps kill larvae
○          – brought to N.A., eliminating borers
○
```

듣기 노트

```
○    solutions: X viable
○       1. _____
○          – 1~2 yrs. to show symptoms → already spread
○          – only work in urban areas ← ↑ trees in forest
○       2. _____
○          – groundwater contamination
○          – X work if ↑ larvae ← disrupt circulat. system
○       3. _____
○          – wasp: X survive w/ cold winters
○          – X native → kill other insects
○
```

서론 쓰기 ✏️

요약문 주제 문장

① _____ the proposed solutions to the problem of emerald ash borers are not viable.

요약문 반박 문장

② _____

there are options available.

본론 쓰기 ✏️

본론 1

요약문 근거 문장

First, the lecturer asserts that ③ _____

_____

세부사항

Trees take one or two years to show the symptoms of an infestation. By that time, the borers have already spread. Also, this solution would only work in urban areas because there are too many trees in a forest to inspect.

요약문 반박 문장

④ _____

destroying infested trees is a way to get rid of borers.

Academic Discussion Task

Integrated Task

Hackers TOEFL Writing Intermediate

본론 2

요약문 근거 문장

Next, the lecturer points out that ⑤ _____

_____

세부사항

This method results in groundwater contamination by insecticides. In addition, it does not work if the tree already contains many larvae. The reason is that they disrupt the tree's circulatory system.

요약문 반박 문장

⑥ _____

insecticides are effective against borers.

본론 3

요약문 근거 문장

Finally, the lecturer explains that ⑦ _____

세부사항

The parasitic wasps cannot survive in regions with cold winters. Furthermore, they are a non-native species, so they may end up killing other insects.

요약문 반박 문장

⑧ _____

this approach will reduce the population of borers.

모범 답안·스크립트·해석 p.263

02

The hammerhead shark received its name because of the appearance of its head, which is flat and extends laterally. Its shape is so unique in the world of sharks that it must have some specific evolutionary merit.

First of all, many experts believe that the unique structure of the head enhances vision. Because the hammerhead's eyes are located at each end of its wide and flat head, they are able to scan up and down, left and right, and forward and back, resulting in a complete 360-degree field of view. In addition, unlike most fish which see different things with each eye, the hammerhead can see the same object out of both eyes simultaneously, giving it excellent depth perception.

The shape of the shark's head also gives it a better sense of smell than other sharks. Just as the hammerhead's eyes are spaced far apart, so are its nostrils. As a result, the hammerhead has a larger nasal passage with more smell sensors than sharks with pointed heads, allowing it to detect even very weak scents. Due to this keen sense of smell, the hammerhead can locate its prey faster than other sharks.

A third benefit is that the hammerhead's unique head shape allows the animal to turn quickly. The hammerhead is a hunter, so it needs to maneuver quickly. Scientists speculate that the wide, flat head acts like an airplane's wing. Because the head is so thin relative to its width, it can easily cut through the water and turn. Thus, the hammerhead can steer in one direction or another with just slight movements of its head.

Listen to the lecture. 🎧 **Track 7**

노트테이킹 ✏️

읽기 노트

○ hammerhead shark's head: evolution. merit

1. _____

- eyes at each end → 360° view
- see w/ both → ↑ depth percept.

2. _____

- ↑ nasal passages w/ ↑ smell sensors
- detect weak scent → locate prey faster

3. _____

- thin → easily cut thru water
- steer w/ slight move. of head

듣기 노트

○ hammerhead shark's head: X advantage

1. _____

- depth percept.: only distant objects
- blind spot in front → X see prey & obstacle

2. _____

- pointed head smell = hammerhead
- X study prove smell better

3. _____

- X use head for steering
- backbone flexible: real reason

서론 쓰기 ✏️

요약문 주제 문장

The lecturer argues that the hammerhead shark's head does not give the shark a clear benefit.

요약문 반박 문장

This contradicts the reading passage's claim that ① _____
_____

본론 쓰기 ✏️

본론 1

요약문 근거 문장

First, the lecturer explains that ② _____
_____

세부사항

The hammerhead shark has depth perception only when looking at objects in the distance. Also, there is a blind spot in front of the shark and this can be a problem because it cannot see any prey or obstacle there.

요약문 반박 문장

This casts doubt on the reading passage's claim that ③ _____
_____

본론 2

요약문 근거 문장

Next, the lecturer asserts that ④ _____

_____

세부사항

Other sharks with pointed heads have a similar sense of smell. Furthermore, scientific studies have not shown that hammerheads can smell better.

요약문 반박 문장

This counters the reading passage's claim that ⑤ _____

_____

본론 3

요약문 근거 문장

Finally, the lecturer points out that ⑥ _____

_____

세부사항

Scientists have found that the shark doesn't use its head for steering. Instead, the real reason it can turn quickly is because it has a flexible backbone.

요약문 반박 문장

This refutes the reading passage's claim that ⑦ _____

_____

모범 답안·스크립트·해석 p.266

03

For much of US history, students had been taught that Christopher Columbus discovered the Americas, and this assumption had remained largely unchallenged for hundreds of years. However, historians have found clear evidence that the Chinese had already explored America before Columbus arrived in 1492.

First of all, there is an old Chinese map that shows how the world appeared in 1418. Depicted on the map is North America, and it is represented with incredible accuracy. The Potomac River, for instance, appears on the map in roughly the same position as it does on a modern one. If the Chinese had not been to America, they could not possibly have been able to produce such a map.

Second, the presence of pre-Columbian Chinese artifacts proves that the Chinese discovered North America before Columbus. For example, archaeologists have unearthed ancient Chinese coins at several sites in the Pacific Northwest, and they have a distinctive style from the early 1400s. In other areas, Native American beads have been found that appear to have been made in traditional Chinese ornamental style.

Finally, a traditional Chinese lacquering technique was in use in Mexico prior to Columbus' arrival. Lacquer is a coating that can be applied to wood or other substances and it gives them smooth and durable surfaces. Chinese use of the technique is older than Mexican lacquering, although the methods are virtually identical. Therefore, it can be inferred that the Chinese went to Central America and taught lacquering to people there sometime before 1492.

Listen to the lecture. 🎧 **Track 8**

노트테이킹 ✏️

읽기 노트

○ CHN explored Amer. before Colum.

○   1. CHN map 1418

○   – _____

○   – _____

○   2. pre-Colum. CHN artifacts

○   – _____

    – _____

○   3. CHN lacquering in Mex.

○   – CHN older than Mex., identical

○   – CHN went & taught before 1492

듣기 노트

○ CHN before Colum.: fiction

○   1. 1418 CHN map: fake

○   – _____

○   – _____

○   2. CHN artifacts: X prove

○   – _____

○   – _____

○   3. resemblance b/w lacquering methods: coincidence

○   – cultures develop identical independent.

○   – pyramids in Egypt & Amer.: X contact, similar

서론 쓰기 ✏️

요약문 주제 문장

The lecturer argues that ① _____

_____

요약문 반박 문장

This contradicts the reading passage's claim that ② _____

_____

본론 쓰기 ✏️

본론 1

요약문 근거 문장

③ _____

the so-called 1418 Chinese map is a fake.

세부사항

④ _____

_____

_____

_____

요약문 반박 문장

⑤ _____

the 1418 map proves a pre-Columbian Chinese presence in America.

본론 2

요약문 근거 문장

⑥ _____

a few ancient Chinese artifacts do not prove that the Chinese found America before Columbus.

세부사항

⑦ _____

_____

_____

요약문 반박 문장

⑧ _____

the artifacts show that the Chinese arrived before Columbus.

본론 3

요약문 근거 문장

Finally, the lecturer explains that the resemblance between the two lacquering methods could just be coincidental.

세부사항

Many inventions have been developed independently by different cultures. For example, there were pyramids in Egypt and America even though there was no contact between the people.

요약문 반박 문장

This refutes the reading passage's claim that Mexicans learned lacquering methods from Chinese visitors before Columbus traveled to America.

모범 답안·스크립트·해석 p.270

04 In 1506, a large marble statue, identified at the time as the 1,500-year-old Greek sculpture *Laocoön and His Sons*, was found buried in a Roman vineyard. However, it now appears that the *Laocoön* is not the original Greek sculpture, but actually a forgery carried out by Michelangelo.

One reason that Michelangelo might have forged the *Laocoön* was to fool his rival, Giuliano da Sangallo. Michelangelo knew that Sangallo advised the pope on matters concerning art, and that the pope would ask Sangallo to identify any ancient work of art that was discovered. Michelangelo may have tried to embarrass his rival by creating the *Laocoön* and burying it so that it would appear to be an authentic antique.

Next, the forgery theory is supported by the *Laocoön*'s striking resemblance to a figure in Michelangelo's painting *The Last Judgment*. In the *Laocoön*, three men are entangled by large snakes, and in *The Last Judgment*, a demon is depicted with a snake wrapped tightly around his body. This strongly suggests that both works were created by the same artist; the similarity is too compelling to be dismissed as mere coincidence.

A third reason is that forgery was a common and accepted artistic practice during the Renaissance. Artists of the time freely copied ancient paintings and sculptures as well as their contemporaries' works. In fact, producing imitations of classical works was a common method for young artists to develop their skills. Given this context, Michelangelo's actions seem natural and even expected.

Listen to the lecture. 🎧 **Track 9**

노트테이킹 ✏️

읽기 노트

○ Laocoon: forgery by Michelan.
○　1. to fool rival
○　　–　_____
○　　–　_____
○　2. resem. to Michelan.'s The Last Judgment
○　　–　_____
○　　–　_____
○　3. forgery: common & accepted
○　　–　_____
○　　–　_____

듣기 노트

○ Michelan. create forgery: X truth
○　1. X forged to deceive San.
○　　–　_____
○　　–　_____
○　2. Michelan. influenced by Laocoon
○　　–　_____
○　　–　_____
○　3. forgery: serious offense
○　　–　_____
○　　–　_____

서론 쓰기 ✏️

요약문 주제 문장

The lecturer argues that ① _____

_____

요약문 반박 문장

This contradicts the reading passage's claim that ② _____

_____

본론 쓰기 ✏️

본론 1

요약문 근거 문장

First, the lecturer points out that Michelangelo would not have deceived Sangallo by forging the *Laocoön*.

세부사항

③ _____

_____

_____

요약문 반박 문장

This casts doubt on the reading passage's claim that Michelangelo wanted to fool Sangallo because they were rivals.

본론 2

요약문 근거 문장

Next, the lecturer maintains that the similarity between the *Laocoön* and *The Last Judgment* is explained by the *Laocoön's* influence on Michelangelo.

세부사항

④ _____

_____

_____

요약문 반박 문장

This counters the reading passage's claim that the resemblance between the two works shows that Michelangelo forged the *Laocoön*.

본론 3

요약문 근거 문장

Finally, the lecturer contends that forging artwork was a serious crime in Michelangelo's time.

세부사항

⑤ _____

_____

_____

요약문 반박 문장

This refutes the reading passage's claim that forgery was acceptable and commonly done.

모범 답안·스크립트·해석 p.273

05

As cities expand and new construction projects commence, many reptile species suffer from loss of habitat. One proposed solution is to rescue reptiles from planned construction sites and relocate them to safer environments. Yet there is considerable evidence that this method is not a viable conservation tool.

First, moving reptiles to a new area can bring about overpopulation. It is likely that any site suitable as a new home for reptiles would already be occupied by similar species. Therefore, relocation can quickly expand the area's reptilian population, which can cause severe competition for food and living space. As a result, the conservation strategy can backfire as the reptiles experience overcrowding and starvation.

Second, relocation of reptiles can contribute to the spread of disease. Some reptiles carry pathogens and if such animals are moved to a new area, they can expose other reptiles to the disease. The reptiles in the new area can be especially vulnerable to the transported diseases since they have not developed sufficient resistance to them. For example, snake fungal disease has been spreading rapidly throughout the United States in recent years. Experts believe that this is because the relocated snakes have been spreading the disease to nonresistant ones.

Finally, reptiles may be injured and killed while they are being captured. The usual method of capture is to trap the reptiles in partially buried buckets; the animals remain trapped in the buckets until experts recover them. Most reptiles can survive only when they have constant access to water, so even just a few hours in a dry trap can result in fatal dehydration. In addition, reptiles that remain in the buckets become easy prey for birds and small mammals.

Listen to the lecture. 🎧 **Track 10**

노트테이킹 ✏️

읽기 노트

○ relocate rept.: X viable
○ 1. _____
○ − _____
○ − _____
○ 2. _____
○ − _____
○ − _____
○ 3. _____
○ − _____
○ − _____

듣기 노트

○ transporting rept.: most viable
○ 1. _____
○ − _____
○ − _____
○ 2. _____
○ − _____
○ − _____
○ 3. _____
○ − _____
○ − _____

서론 쓰기 ✏️

요약문 주제 문장

The lecturer argues that relocating reptiles to safer areas is the most viable method of protecting them.

요약문 반박 문장

This contradicts the reading passage's claim that relocation is not a practical way to conserve reptiles.

본론 쓰기 ✏️

본론 1

요약문 근거 문장

First, the lecturer contends that ① _____

_____

세부사항

For example, ② _____

_____

_____

_____

요약문 반박 문장

This casts doubt on the reading passage's claim that ③ _____

_____

본론 2

요약문 근거 문장

Next, the lecturer points out that ④ _____

_____

세부사항

⑤ _____

_____

_____

요약문 반박 문장

This counters the reading passage's claim that ⑥ _____

_____

본론 3

요약문 근거 문장

Finally, the lecturer maintains that ⑦ _____

_____

세부사항

⑧ _____

_____

_____

요약문 반박 문장

This refutes the reading passage's claim that ⑨ _____

_____

모범 답안·스크립트·해석 p.277

06

Since 1880, average temperatures worldwide have increased by approximately 0.8 degrees Celsius. This trend, known as global warming, has caused a great deal of concern because even small changes in global temperatures can have devastating environmental effects. Scientists who study the warming trend have identified several key contributing factors.

First of all, the creation of landfills is a significant contributor to the rise in global temperatures. This is because organic waste buried in landfills breaks down and produces methane. When methane is released into the atmosphere, it prevents some of earth's heat from escaping into space. The overall result is warmer temperatures.

Another cause of global warming is deforestation, which is the harvesting of a large number of trees in a particular area. Trees absorb carbon dioxide during the process of photosynthesis, so when many trees are cut down, carbon dioxide increases in the atmosphere. Because carbon dioxide acts as a greenhouse gas, it traps heat in the atmosphere, and this causes temperatures around the globe to rise.

Lastly, the current warming trend is related to a naturally occurring cycle of climate change. Studies of ice core samples have shown that as in the present, there were periods of higher-than-usual temperatures in the past. The most recent of these, known as the Medieval Warm Period, lasted from 950 to 1250. During this period, many regions of Northern Europe and Asia experienced unusually long summers and very mild winters. We are now experiencing one of the warmer periods of this natural cycle of global temperatures.

Listen to the lecture. 🎧 **Track 11**

노트테이킹 ✏️

읽기 노트

○ global warming: contributing factors
○   1. _____
○   – _____
○   – _____
○   2. _____
○   – _____
○   – _____
○   3. _____
○   – _____
○   – _____

듣기 노트

○ X convincing theories
○   1. _____
○   – _____
○   – _____
○   2. _____
○   – _____
○   – _____
○   3. _____
○   – _____
○   – _____

서론 쓰기 ✏️

요약문 주제 문장

The lecturer argues that there aren't any convincing theories to explain global warming.

요약문 반박 문장

This contradicts the reading passage's claim that the contributing factors to global warming have been identified.

본론 쓰기 ✏️

본론 1

요약문 근거 문장

First, the lecturer maintains that ① _____

_____

세부사항

Methane represents less than 9 percent of man-made greenhouse gases and less than 1 percent of atmospheric content. ② _____

_____

요약문 반박 문장

③ _____

_____

본론 2

요약문 근거 문장

Next, the lecturer claims that ④ _____

_____

세부사항

⑤ _____

_____

_____

요약문 반박 문장

⑥ _____

_____

본론 3

요약문 근거 문장

Finally, the lecturer points out that ⑦ _____

세부사항

⑧ _____

_____

_____

요약문 반박 문장

⑨ _____

_____

모범 답안·스크립트·해석 p.281

07

Petroglyphs are images carved in rock. Many ancient societies created these images, the oldest of which are assumed to be more than 10,000 years old. Although we have no written record explaining why primitive societies created the petroglyphs, it is not difficult to infer some specific purposes of them.

First, it appears that petroglyphs functioned as communication tools. The carvings were made by different tribes to help each other in practical ways. Images could inform members of other tribes about local geography or warn them of danger ahead. For example, many petroglyphs were found in a region that had suffered from frequent floods. The carvings used spirals and dots to indicate the amount of damage caused by the flooding. This information would have helped visiting tribes in that area prepare for future floods.

Second, it seems plausible that petroglyphs were made for religious ceremonies to call upon divine powers. A recent article published in an archaeology journal presumes that petroglyphs were a central feature of the Piko ceremony in Hawaii, which involved rituals associated with the birth of a child. The article also describes a local Hawaiian legend that the rock carvings were made to give the child some sort of supernatural power and ensure a long life.

Finally, it can be inferred that the carvings were created by ordinary people to escape boredom. Ancient people did not have modern sources of entertainment, but they did have rocks, hammerstone tools, and free time in abundance. It would have been simple for anyone to pass the time by using hammerstones to carve meaningless pictures into the rocks. In fact, a recent experiment using hammerstones showed that a petroglyph can be easily created in as little as two hours by any person without special skills.

Listen to the lecture. 🎧 **Track 12**

노트테이킹 ✎

읽기 노트

○ petroglyphs: purposes

　1. _____
　　– _____
　　– _____
　2. _____
　　– _____
　　– _____
　3. _____
　　– _____
　　– _____

듣기 노트

○ X uncover petroglyphs' secrets

　1. _____
　　– _____
　　– _____
　2. _____
　　– _____
　　– _____
　3. _____
　　– _____
　　– _____

서론 쓰기 ✏️

요약문 주제 문장

① _____

_____

요약문 반박 문장

② _____

_____

본론 쓰기 ✏️

본론 1

요약문 근거 문장

③ _____

_____

세부사항

④ _____

_____

_____

_____

_____

요약문 반박 문장

⑤ _____

_____

본론 2

요약문 근거 문장

⑥ _____

세부사항

⑦ _____

_____

_____

_____

요약문 반박 문장

⑧ _____

_____

본론 3

요약문 근거 문장

⑨ _____

_____

세부사항

⑩ _____

_____

_____

요약문 반박 문장

⑪ _____

_____

모범 답안·스크립트·해석 p.284

08

Between 1050 and 1125, the Chaco people built a vast system of roads in the American Southwest. Although debate about the purpose of these structures continues, recent analyses have yielded several possible answers.

One theory holds that the roads were built to enable Chaco people to travel more conveniently to public meetings. Many of the roads run between Chaco settlements and huge stone structures known as great houses. Due to the massive size of the great houses and their proximity to Chaco population centers, it is believed that they were used for large congregations of Chaco citizens. The roads, therefore, would have guided people to these gatherings.

A second theory contends that the Chaco roads symbolized the four basic directions. Each of the four directions had meaning to the Chaco people. For example, spirits were believed to travel north and south. Moreover, east and west were important because they represented sunrise and sunset. This explains why some large Chaco roads were symbolically built either north-south or east-west in orientation. The Great North Road is a famous example of such a Chaco structure; it strictly follows a north-south path over its twenty-kilometer length.

Third, the roads may have been intended to support Chaco Canyon as the cultural center of Chaco civilization. Drums, cooking pots, necklaces, and other artifacts have been found in the canyon. These items suggest that important cultural activities, such as storytelling, musical performances, and public feasts, were conducted there. The roads would have facilitated the transport of required items to Chaco Canyon from outlying areas and allowed citizens from distant communities to attend the events.

Listen to the lecture. 🎧 **Track 13**

노트테이킹 ✏️

읽기 노트

1.
  –
  –
2.
  –
  –
3.
  –
  –

듣기 노트

1.
  –
  –
2.
  –
  –
3.
  –
  –

서론 쓰기 ✏️

요약문 주제 문장

① _____

_____

요약문 반박 문장

② _____

_____

본론 쓰기 ✏️

본론 1

요약문 근거 문장

③ _____

_____

세부사항

④ _____

_____

_____

_____

요약문 반박 문장

⑤ _____

_____

본론 2

요약문 근거 문장

⑥ _____

_____

세부사항

⑦ _____

_____

_____

_____

요약문 반박 문장

⑧ _____

_____

본론 3

요약문 근거 문장

⑨ _____

_____

세부사항

⑩ _____

_____

_____

_____

요약문 반박 문장

⑪ _____

_____

모범 답안·스크립트·해석 **p.288**

Hackers TOEFL

Writing

Intermediate

◇

Actual Test

Actual Test 1

Actual Test 2

실전모의고사 프로그램을 통해, 실제 시험과 동일한 환경에서도 Actual Test를 풀어볼 수 있습니다.
* 해커스인강(HackersIngang.com) 접속 → [MP3/자료] 클릭 → [온라인 모의고사] 클릭

Actual Test 1

* 실전모의고사 프로그램을 통해, 실제 시험과 동일한 환경에서도 Actual Test를 풀어볼 수 있습니다.

iBT TOEFL Writing

 Track 14

Directions You have 20 minutes to plan and write your response. Your response will be judged according to the overall quality of the writing and how well you link the points in the lecture and the reading passage. Typically, an effective response is between 150 and 225 words in length.

The Hohokam civilization was an agricultural society that thrived in the American Southwest for approximately 1,500 years. Yet at some point during the 15th century, this thriving civilization began to deteriorate suddenly and rapidly. Anthropologists have been trying to determine exactly what the cause of this rapid disintegration was, and they have come up with several satisfactory explanations.

One belief holds that the Hohokam people were forced to relocate due to devastating floods in the region. By analyzing tree rings, researchers have determined that the area experienced severe flooding prior to the disappearance of the Hohokam. These episodes would have overwhelmed the irrigation channels that the farmers used for water, forcing the Hohokam people to scatter in search of new lands.

A second idea contends that Hohokam society collapsed as a result of a deadly epidemic. When European explorers arrived in South America, they brought foreign diseases to America. The native population had no immunity to the diseases, so thousands of indigenous people died from the exposure. In addition, the extensive irrigation canals constructed by the Hohokam could have transported waterborne diseases from village to village very quickly.

A third hypothesis proposes that the Hohokam civilization disintegrated due to internal conflict. The authority of the Hohokam leaders was weakened by overpopulation and food shortages. This may have caused an uprising that led to the end of Hohokam society. Moreover, oral histories of the Pima Indians, who are known to be modern descendants of the Hohokam, teach that the Hohokam people revolted against their leaders, and several villages were destroyed in the rebellion.

VOLUME

HELP
?

NEXT
➡

HIDE TIME   20 : 00

Question Summarize the points made in the lecture you just heard, explaining how they cast doubt on the points made in the reading.

| Cut | Paste | Undo | Redo |

Hide Word Count   0

Directions Your professor is teaching a class on public policy. You must post a written response to your professor's question.

In your response, make sure to:
• state your opinion and support it
• contribute meaningfully to the discussion
A minimum of 100 words is required for a response to be effective. The time allotted for your response is 10 minutes.

Dr. Clark

In many countries worldwide, the cost of housing has risen faster than wages have, especially in urban areas where land is limited. Governments are thus faced with the challenge of providing enough affordable housing for their citizens. On the other hand, they are also confronted with the duty to protect historically and culturally important sites. Should governments prioritize building affordable apartments and houses, or should they allocate resources to maintaining cultural heritage sites? Please explain why you think so.

Tyler M.

Governments should focus on building affordable housing first. Providing affordable housing ensures that everyone has a place to live, regardless of their income level. This can promote social stability, as people are better able to focus on work or education when they have a stable place to call home.

Rachel W.

I think preserving a city's historical structures should be governments' priority. These buildings have great architectural significance since they include design elements and structural features that are not used anymore. If we don't make an effort to preserve these sites or buildings, the methods used by early architects will likely be lost forever.

Cut	Paste	Undo	Redo		Hide Word Count	0

Actual Test 2

* 실전모의고사 프로그램을 통해, 실제 시험과 동일한 환경에서도 Actual Test를 풀어볼 수 있습니다.

iBT TOEFL Writing

 Track 15

Directions You have 20 minutes to plan and write your response. Your response will be judged according to the overall quality of the writing and how well you link the points in the lecture and the reading passage. Typically, an effective response is between 150 and 225 words in length.

Many local governments are considering incentives as a means of stimulating economic growth. Overall, this is an excellent approach because incentives help attract new businesses from outside the local area. Considering that attracting new businesses creates many positive outcomes for locals, it is without a doubt an excellent strategy.

First, it will expand the tax revenue available for local investment. As more and more corporations relocate to an area in order to get incentives, the income of the local government increases through additional property taxes. This money can then be invested in important projects, such as building roads. Such a favorable outcome occurred in Las Vegas, whose many incentives created more tax revenue and helped pay for many public projects.

Second, using incentives to attract businesses can create many new jobs for local people. When companies are lured to a new place by incentives, they build new facilities such as factories, shops, and customer service centers. Since they need employees to work at these facilities, they will begin to employ local residents to fill the newly opened positions. This benefits the local population because people have more jobs available to them and can more easily find employment.

Finally, it will be beneficial to the local environment. By offering green incentives to companies that use environmentally sustainable business practices, governments can lure entrepreneurs who are interested in starting green companies. When green companies enter the local market, air and water quality will be higher compared to when conventional companies operate in the area. For example, a green factory established by a company in the US emits 20 percent less carbon dioxide than a conventional plant.

HIDE TIME   20 : 00

Question Summarize the points made in the lecture you just heard, explaining how they cast doubt on the points made in the reading.

| Cut | Paste | Undo | Redo | | Hide Word Count | 0 |

모범 답안·스크립트·해석 p.298

AT1

ACTUAL
TEST 2

Hackers TOEFL Writing Intermediate

Actual Test 2 **181**

Directions Your professor is teaching a class on business. You must post a written response to your professor's question.

In your response, make sure to:
• state your opinion and support it
• contribute meaningfully to the discussion
A minimum of 100 words is required for a response to be effective. The time allotted for your response is 10 minutes.

Professor Davies

In our textbook, we read that building a strong brand reputation is a critical aspect of success. In today's highly competitive business landscape, having a good reputation increases sales and builds customer loyalty. But with consumers having more choices than ever before, businesses need to work harder to establish a favorable reputation. Considering this, what are some factors, aside from customer reviews, that you believe have a significant impact on shaping a brand's reputation? Why?

Thomas

The companies with the best reputations are the ones offering the highest-quality products. This shows that the company is committed to meeting, or even exceeding, customer expectations. Satisfied customers are more likely to become repeat buyers, which strengthens the company's reputation over time. So I believe quality products are the most influential factor for a brand.

Josephine

Personally, I think customers appreciate brands that are honest about their products. Consumers tend to be drawn to companies that deliver their brand message in a clear and consistent manner. Companies that are transparent build trust better with consumers and leave them with a positive impression of their brands.

| Cut | Paste | Undo | Redo | | Hide Word Count | 0 |

모범 답안·해석 p.301

이로써 교재 학습이 모두 끝났습니다.
Actual Test 1, 2는 실전모의고사 프로그램으로도 제공되니, 실전 환경에서 최종 마무리 연습을 해보시기 바랍니다.

* 해커스인강(HackersIngang.com)에서 이용하실 수 있습니다.

Hackers **TOEFL** Writing Intermediate

토플 라이팅 핵심 Editing 포인트

◇

학습 방법 토플 라이팅에서 답안 작성을 완료한 후 시간의 여유가 있다면, 1~2분 정도 작성한 답
안을 검토하는 과정을 거쳐 완성도를 한층 더 높일 수 있다. 다음 소개된 8가지 토플 라
이팅 핵심 Editing 포인트를 숙지한 후, 이에 근거해 답안을 검토 및 수정하도록 한다.

모든 문장이 주어와 동사를 갖춘 완전한 문장인지 확인한다. 문장에는 주어와 동사가 반드시 하나씩은 있어야 한다. 또한, 종속절이 독립적으로 사용될 수 없다.

주어가 빠진 경우

> 게다가, 그녀는 광고가 아이들에게 부정적인 영향을 미친다고 주장한다.
>
> In addition, argues that advertising has negative effects on children.
>   ̂she

→ 주어가 빠진 불완전한 문장이므로, 주어를 삽입해야 한다.

동사가 빠진 경우

> 우리 어머니는 나의 학교 성적에 무관심하셨었다.
>
> My mom indifferent to my school grades.
>   ̂was

→ 동사가 빠진 불완전한 문장이므로, 동사를 삽입해야 한다.

종속절이 독립적으로 사용된 경우

> 아이들이 컴퓨터 게임을 너무 많이 하기 때문에, 부모들은 아이들의 컴퓨터 사용을 통제해야 한다.
>
> Because children play computer games too much .
>   , parents should control their kids' computer use

→ 종속절은 독립적으로 사용될 수 없으므로, 주절을 삽입해야 한다.

연습문제

다음 한글 문장을 참고하여 영어 문장을 바르게 고치시오.

1. 고등학교 때, 나는 공부할 충분한 시간이 있었다.
   When I was in high school, had enough time to study.

2. 여가 시간은 20년 후에 더 많을 것이다.
   Leisure time will more abundant in 20 years.

3. 정확한 판단 없이 물건을 샀기 때문에, 그들은 구매를 후회했다.
   Because they bought things without accurate judgment. They regretted their purchases.

모범 답안 p.194

문장 내 주어와 동사의 수가 일치하는지 확인한다. 주어가 단수면 단수 동사, 복수면 복수 동사가 와야 한다.

단수 주어 – 단수 동사

○ 그는 늘 집에 머문다.

○ He always **stay** at home.
　　　　　　 stays

→ 주어가 단수이므로, 단수 동사가 와야 한다.

복수 주어 – 복수 동사

○ 나는 학교 친구들이 부모님보다 더 영향력이 있다는 데 동의한다.

○ I agree that friends in school **is** more influential than parents.
　　　　　　　　　　　　　　　　　　 are

→ 주어가 복수이므로, 복수 동사가 와야 한다.

연습문제

다음 한글 문장을 참고하여 영어 문장을 바르게 고치시오.

1. 아쉽게도 그의 형들이 너무 바빴다.
   Sadly his brothers was too busy.

2. 그는 공부를 전혀 하지 않아서, 점수가 형편없다.
   He never study, so his scores are poor.

3. 나의 상사는 매일 걸어서 출근한다.
   My boss walk to work every day.

모범 답안 p.194

03 | 동사의 시제가 일치하는가?

종속절 동사의 시제와 주절 동사의 시제가 일치하는지 확인한다. 또한, 때를 나타내는 표현의 시제와 동사의 시제가 일치하는지 확인한다. 자주 틀리는 시제 일치의 예를 정리하였다.

주절과 종속절 동사의 시제 일치

○ 어렸을 때, 나는 바이올린을 연주했었다.
○ When I was young, I ~~play~~ the violin.
                played

→ '바이올린을 연주한 것'은 과거인 '어렸을 때'와 같은 시점의 일이므로, 과거 동사가 와야 한다.

○ 나는 한 달 전에 샀던 자전거를 팔았다.
○ I sold the bike that I ~~bought~~ a month ago.
                      had bought

→ '자전거를 샀던 것'은 과거인 '자전거를 판 것'보다 먼저 일어난 일이므로, 과거완료 동사가 와야 한다.

때를 나타내는 표현의 시제와 동사의 시제 일치

○ 작년에, 나는 그 영화를 처음 보았다.
○ Last year, I ~~watch~~ the movie for the first time.
             watched

→ 'Last year'는 과거를 나타내는 표현이므로, 과거 동사가 와야 한다.

○ 10살 때부터, 나는 영어를 공부해왔다.
○ Since I was 10 years old, I ~~studied~~ English.
                          have studied

→ 'Since'는 '그 이후로 계속'이라는 의미이므로, 현재완료 동사가 와야 한다.

연습문제

다음 한글 문장을 참고하여 영어 문장을 바르게 고치시오.

1. 나는 배가 고파서, 그 식당에 들어갔다.
   Because I was hungry, I go into the restaurant.

2. 나는 오늘 그 과제를 끝내야만 한다.
   I had to finish the assignment today.

3. 내년에, 나는 더 자주 운동할 것이다.
   Next year, I exercise more often.

모범 답안 p.194

04 조동사와 to부정사가 바르게 사용되었는가?

동사의 형태가 바르게 사용되었는지 확인한다. 조동사 뒤에 오는 동사와 to부정사의 동사는 반드시 원형이어야 한다.

조동사 + 동사원형

○ 나는 나의 미래에 대해 생각할 수 있었다.
○ I ~~could thought~~ about my future.
   could think

→ 조동사 could 뒤에는 동사원형이 와야 한다.

○ 부모들은 자녀를 가르쳐야만 한다.
○ Parents **~~must teaching~~** their children.
   must teach

→ 조동사 must 뒤에는 동사원형이 와야 한다.

to부정사 = to + 동사원형

○ 나의 오빠는 비디오 게임에 빠지기 시작했다.
○ My brother started ~~to indulged~~ in video games.
   to indulge

→ to부정사의 동사는 원형이어야 한다.

○ 동아리 활동은 학생들이 대인관계를 넓히는 것을 가능하게 한다.
○ Club activities allow students ~~to expanding~~ their personal relationships.
   to expand

→ to부정사의 동사는 원형이어야 한다.

연습문제

다음 한글 문장을 참고하여 영어 문장을 바로 고치시오.

1. 우리 학교 정책은 모든 학생이 미술 수업을 들어야 한다는 것이다.

   My school's policy is that all students should attended art class.

2. 사람들은 그들의 많은 시간을 일하면서 보낼 것이다.

   People will spent much of their time working.

3. 할 일이 더 많이 있을 것이다.

   There will be more work to doing.

모범 답안 p.194

부록 1

부록 2

Hackers TOEFL Writing Intermediate

가산명사와 불가산명사가 바르게 사용되었는지 확인한다. 또한, every/each/another 등의 표현 뒤에 단수명사가 사용되었는지 확인한다.

가산명사
사람이나 물질이 하나인 경우

> 일부 사람들은 포크를 사용해서 피자를 먹는다.
> Some people eat pizza with ~~fork~~.
>   **a fork**

→ 단수명사는 관사 a/an과 함께 사용해야 한다.

사람이나 물질이 둘 이상인 경우

> Robert는 그의 아내에게 생일 선물로 꽃을 주었다.
> Robert gave his wife ~~flower~~ as her birthday gift.
>   **flowers**

→ 복수명사는 -(e)s를 붙여 사용해야 한다.
* 불규칙 명사의 경우 해당 명사의 복수형을 사용한다. ex) child → children

불가산명사
물질명사 ex) water, air, salt   **추상명사** ex) advice, information, traffic

> 그는 나에게 그 문제에 대한 조언을 요청했다.
> He asked me for ~~an advice~~ about the problem.
>   **advice**

→ 추상명사 advice는 a/an과 함께 쓰지 않고 복수 형태로 사용하지 않는다.

each/every/another + 단수명사

> 모든 학생은 이 활동에 참여할 필요가 있다.
> Every ~~students~~ need to participate in this activity.
>   **student**

→ every 뒤에 오는 명사는 단수 형태로 사용해야 한다.

연습문제

다음 한글 문장을 참고하여 영어 문장을 바르게 고치시오.

1. 여행 가이드는 우리에게 유용한 정보를 말해주었다.
   The tour guide told us a useful information.

2. 각 책은 이달 말까지 반납되어야 한다.
   Each books must be returned by the end of this month.

모범 답안 p.195

06 관사가 알맞은 경우에 사용되었는가?

관사가 필요하지 않은 자리에 사용되었는지, 혹은 꼭 필요한 자리에서 빠져있지 않은지 확인한다. 다음은 관용적으로 관사를 사용하지 않거나, 관사 the를 반드시 사용해야 하는 경우이다.

관용적으로 관사를 사용하지 않는 경우

한정되지 않은 일반적인 의미의 불가산명사 앞 ex) emotion, knowledge, information

장소가 건물/사물이 아닌 본래의 목적을 뜻하는 경우 ex) be at school, go to church, stay in bed

운동 명사 앞 ex) ski, basketball, tennis

학문 명사 앞 ex) psychology, physics, sociology

○ 나의 오빠는 학교에 지각했다.
○ My brother was late for ~~the~~ school.

　　　→ school이 학교 건물이 아니라 본래의 목적인 '배우는 곳'을 뜻할 때에는 관사를 사용하지 않는다.

관사 the를 반드시 사용해야 하는 경우

유일한 것과 자연환경 앞 ex) the sun, the world, the sea

서수 앞 ex) the first, the second, the third

형용사의 최상급 앞 ex) the best, the fastest, the most beautiful

same/only/next/last 앞 ex) the same, the only, the next, the last

○ 나는 내 생애 첫 번째 직업을 빵집에서 얻었다.
○ I got ~~first~~ job of my life at a bakery.
　　 the first

　　　→ 서수 first 앞에는 반드시 관사 the를 사용해야 한다.

연습문제

다음 한글 문장을 참고하여 영어 문장을 바르게 고치시오.

1. 작은 여자 아이가 선생님과 골프를 치고 있었다.
   A little girl was playing the golf with the teacher.

2. 그 도서관은 세상에서 가장 큰 것으로 알려졌다.
   The library is known as the biggest one in world.

3. 그날은 내 인생에서 가장 좋은 날이었다.
   That day was best day of my life.

전치사가 동사나 명사와 함께 쓰이는 경우, 적절한 전치사가 사용되었는지 확인한다. 자주 틀리는 전치사 표현을 정리하였다.

'동사 + 전치사' 표현

be addicted to ~에 중독되다	**be published by** ~에 의해 출간되다	**major in** ~을 전공하다
be interested in ~에 흥미가 있다	**talk about** ~에 관해 이야기하다	**disagree with** ~에 동의하지 않다
agree with ~에 동의하다	**compete with** ~와 경쟁하다	**share with** ~와 공유하다
prepare for ~을 준비하다		

많은 아이들이 컴퓨터 게임에 중독되었다.

Many children are addicted ~~from~~ computer games.
　　　　　　　　　　　　　　　 to

→ 동사 be addicted(중독되다)는 전치사 to(~에)와 사용되어야 한다.

'명사 + 전치사' 표현

an influence on ~에 대한 영향	**a solution to** ~에 대한 해결책	**concern over** ~에 대한 걱정
a problem with ~와의 문제	**increase/decrease in** ~의 증가/감소	**lack of** ~의 부족
access to ~에의 접근		

부모들은 아이들의 학교 생활에 큰 영향을 끼친다.

Parents have a strong influence ~~in~~ children's school life.
　　　　　　　　　　　　　　　　　　 on

→ 명사 influence(영향)는 전치사 on과 사용되어야 한다.

연습문제

다음 한글 문장을 참고하여 영어 문장을 바르게 고치시오.

1. 그들은 그들의 목표를 달성하기 위해 서로 경쟁할 것이다.

   They will compete by each other to accomplish their goals.

2. 그들은 보통 쓸데없는 주제에 관해 이야기한다.

   They usually talk with useless topics.

3. 다음의 사건들은 수요의 감소를 야기할 것이다.

   The following events would cause a decrease of demand.

모범 답안 p.195

08 문장 부호가 올바르게 사용되었는가?

문장 부호가 올바르게 사용되었는지 확인한다. 자주 틀리는 문장 부호의 쓰임을 정리하였다.

콤마 (,)
단어나 구를 문장 맨 처음에 제시하거나 문장 중간에 삽입할 때

> 이러한 이유들 때문에, 나는 사람들이 처벌받아서는 안 된다고 믿는다.
>
> For these reasons, I believe that people should not be punished.

→ For these reasons와 같은 구를 문장 맨 처음에 제시할 때에는 뒤에 콤마가 와야 한다.

> 이주 노동자의 수는, 예를 들어, 최근 수십 년 동안 증가했다.
>
> The number of migrant workers, for example, has grown in recent decades.

→ for example과 같은 구를 문장 중간에 삽입할 때에는 앞뒤에 콤마가 와야 한다.

세미콜론 (;)
두 문장을 접속사 대신 이어줄 때

> 축구는 전 세계적으로 매우 인기 있는 스포츠이다. 야구는 많은 팬이 있는 또 다른 스포츠이다.
>
> Soccer is a very popular sport worldwide; baseball is another sport with a large following.

→ 두 문장을 접속사 대신 이어주고 싶을 때에는 첫 문장 뒤에 세미콜론이 와야 한다.

하이픈 (-)
두 개 이상의 단어가 연결되어 하나의 형용사, 명사 역할을 할 때

> 이는 임금이 낮은 사람들에게 영향을 끼치지 않을 것이다.
>
> It will not influence ~~low income~~ people.
>   **low-income**

→ low와 income이 함께 사용되어 하나의 형용사 역할을 하므로, 두 단어 사이에 하이픈이 와야 한다.

연습문제

다음 한글 문장을 참고하여 영어 문장을 바로 고치시오.

1. 이에 더해, 사람들은 우울할 때 더 많은 돈을 쓰는 경향이 있다.

   On top of that people tend to spend more money when they are depressed.

2. 초고속 인터넷 접속에는 장점이 있다.

   There are advantages of a high speed Internet connection.

모범 답안 p.195

부록 1 / 부록 2 / Hackers TOEFL Writing Intermediate

01 완전한 문장인가?

1. When I was in high school, ˄ had enough time to study.
    I

2. Leisure time will ˄ more abundant in 20 years.
    be

3. Because they bought things without accurate judgment. ~~They~~ regretted their purchases.
    , they

02 주어와 동사의 수가 일치하는가?

1. Sadly his brothers **was** too busy.
    were

2. He never **study**, so his scores are poor.
    studies

3. My boss **walk** to work every day.
    walks

03 동사의 시제가 일치하는가?

1. Because I was hungry, I **go** into the restaurant.
    went

2. I **had** to finish the assignment today.
    have

3. Next year, I **exercise** more often.
    will exercise

04 조동사와 to부정사가 바르게 사용되었는가?

1. My school's policy is that all students **should attended** art class.
    should attend

2. People **will spent** much of their time working.
    will spend

3. There will be more work **to doing**.
    to do

명사가 바르게 사용되었는가?

1. The tour guide told us ~~a useful information~~.
   useful information

2. Each ~~books~~ must be returned by the end of this month.
   book

06 관사가 알맞은 경우에 사용되었는가?

1. A little girl was playing ~~the golf~~ with the teacher.
   golf

2. The library is known as the biggest one in ~~world~~.
   the world

3. That day was ~~best~~ day of my life.
   the best

07 적절한 전치사가 사용되었는가?

1. They will compete ~~by~~ each other to accomplish their goals.
   with

2. They usually talk ~~with~~ useless topics.
   about

3. The following events would cause a decrease ~~of~~ demand.
   in

08 문장 부호가 올바르게 사용되었는가?

1. On top of that people tend to spend more money when they are depressed.

2. There are advantages of a ~~high speed~~ Internet connection.
   high-speed

20일 완성 토론형 출제 예상 토픽 및 아웃라인

사회

DAY 01 대중교통의 무료화: 필요 vs. 불필요
DAY 02 정부가 에너지 절약을 장려할 수 있는 방법
DAY 03 현대 사회: 인터넷의 영향이 큼 vs. TV의 영향이 큼
DAY 04 대중매체가 사회에 미치는 영향
DAY 05 대기 오염을 줄이는 효과적인 방법
DAY 06 비디오 게임: 장점이 큼 vs. 단점이 큼
DAY 07 언론 매체: 자극적인 헤드라인 사용해도 됨 vs. 안 됨
DAY 08 정부 투자: 의료 기술 개발 vs. 대중교통 개선
DAY 09 설탕이나 지방 함량이 높은 제품에 경고 라벨 부착

기술/경영

DAY 10 20년 후: 가상 현실 게임을 더 많이 할 것임 vs. 아님
DAY 11 위기 상황에서 관리자가 갖춰야 할 중요한 자질
DAY 12 자율주행 자동차 개발의 어려움
DAY 13 어린이 대상 광고: 허용 vs. 금지
DAY 14 직장 내 문화적 다양성의 장점
DAY 15 온라인 뱅킹: 사용하기에 안전함 vs. 보안상 위험함

교육/문화

DAY 16 세계화가 지역 전통과 관습에 미치는 영향: 긍정적 vs. 부정적
DAY 17 홈스쿨링: 교실 교육에 대한 실행 가능한 대안임 vs. 아님
DAY 18 스마트 기기: 학습에 효과적 vs. 비효과적
DAY 19 과외 활동 의무화: 필요 vs. 불필요
DAY 20 다른 문화에 대한 수업: 필요 vs. 불필요

학습 방법 1. 교수의 질문과 두 학생의 의견을 정확하게 파악한다.
2. 주어진 아웃라인 내용을 확인하고, 자신의 의견을 정한다.
3. 선택한 의견에 대한 아웃라인을 바탕으로 답안을 작성한다.
4. '토플 라이팅 핵심 Editing 포인트'를 바탕으로 자신의 답안을 검토 및 수정한다.

※ 자신과 다른 의견의 아웃라인을 바탕으로도 답안을 작성해보면, 문장 구성 및 답안 전개 방식을 익히는 데 도움이 될 수 있다.

출제 예상 토픽

Professor Park

The public transportation system plays a vital role in a modern urban center. Each day, thousands of residents use buses and subways to get around the city. Given the importance of public transportation, some governments are considering making public transportation free. What are your thoughts? Should cities provide free access to public transportation, or should people continue to pay for the service?

대중교통 시스템은 현대 도시 중심지에서 중요한 역할을 합니다. 매일, 수천 명의 주민들이 도시를 돌아다니기 위해 버스와 지하철을 이용합니다. 대중교통의 중요성을 고려할 때, 몇몇 정부들은 대중교통을 무료화하는 것을 고려하고 있습니다. 여러분의 생각은 어떻습니까? 도시가 대중교통에 대한 무료 이용을 제공해야 합니까, 아니면 사람들이 이 서비스에 대한 비용을 계속 지불해야 합니까?

Brad

I'm all for free public transportation because it would significantly improve the air quality in cities. These days, gasoline-and diesel-powered vehicles are the main sources of air pollution in cities. If people had access to free buses and subways, there would be fewer cars on the road.

저는 무료 대중교통이 도시의 대기질을 크게 개선할 것이기 때문에 그것에 전적으로 찬성합니다. 오늘날, 휘발유와 디젤 차량은 도시에서 대기 오염의 주요 원인입니다. 만약 사람들이 무료 버스와 지하철을 이용할 수 있다면, 도로에 자동차들이 더 적을 것입니다.

Karen

I disagree with Brad. Public transportation should not be provided for free because it would create financial problems for the government. It would cost millions of dollars each year to operate a free public transportation system, and this would result in less funds being available for other important services.

저는 Brad의 의견에 동의하지 않습니다. 정부에 재정 문제를 야기할 수 있기 때문에 대중교통은 무료로 제공되어서는 안 됩니다. 무료 대중교통 시스템을 운영하는 데 매년 수백만 달러가 들 것이며, 이는 다른 중요한 서비스들에 이용될 수 있는 자금의 감소로 이어질 것입니다.

아웃라인

- **cities should offer public transportation for free** 도시가 대중교통을 무료로 제공해야 함
- · **cost: burden for low-income individuals** 저소득층 사람들에게 비용이 부담됨
  - – **transit fares: too high in many cities** 많은 도시에서 교통 요금이 너무 비쌈
  - – **ex) last year, spent about $800 on public transportation**
    예) 작년에, 대중교통에 약 800달러를 사용함

- **people should be charged for public transit** 사람들에게 대중교통 요금이 부과되어야 함
- · **making public transportation free: unfair to people who do not use it**
  대중교통을 무료화하는 것은 그것을 이용하지 않는 사람들에게 불공평함
  - – **government funds come from taxes → should be used to benefit all residents**
    정부 기금은 세금에서 나오므로 모든 주민들에게 혜택을 주기 위해 사용되어야 함
  - – **ex) parents with children prefer to drive → pay taxes for a service they don't need**
    예) 자녀를 둔 부모들은 운전하는 것을 선호하기 때문에, 필요 없는 서비스에 대해 세금을 지불하게 됨

출제 예상 토픽

Dr. Edmunds

Energy conservation is not only critical for protecting the environment, but it is also a key component of sustainable development. Therefore, governments use various methods to motivate people to take an interest in this issue and conserve energy. I would like you to discuss the following: What is the best strategy or approach that governments can use to encourage energy conservation? Why?

에너지 절약은 환경을 보호하는 데 중요할 뿐만 아니라, 지속 가능한 개발의 핵심 요소이기도 합니다. 따라서, 정부는 사람들이 이 문제에 관심을 갖고 에너지를 절약하도록 동기를 부여하기 위해 다양한 방법을 사용합니다. 여러분이 다음 사항에 대해 논의했으면 합니다. 정부가 에너지 절약을 장려하기 위해 사용할 수 있는 가장 좋은 전략이나 접근법은 무엇입니까? 그 이유는 무엇인가요?

Naveen

Governments should raise gasoline and electricity prices. Studies show that people drive less when fuel costs are higher. Additionally, higher energy prices mean higher production costs for companies. This would compel them to look for more energy-efficient production methods.

정부는 휘발유와 전기 가격을 인상해야 합니다. 연구들은 연료비가 더 높을 때 사람들이 운전을 덜 한다는 것을 보여줍니다. 또한, 더 높은 에너지 비용은 기업들의 더 높은 생산 비용을 의미합니다. 이는 그들이 에너지 효율이 더 좋은 생산 방법을 모색하게 할 것입니다.

Renata

To me, it makes sense for governments to invest in education. The national curriculum should emphasize the importance of energy conservation. For example, science teachers can teach simple ways to save energy. If everyone makes a small effort, it can have a big result.

저는, 정부가 교육에 투자하는 것이 타당하다고 생각합니다. 국가 교육 과정은 에너지 절약의 중요성을 강조해야 합니다. 예를 들어, 과학 교사들은 에너지를 절약하는 간단한 방법들을 가르칠 수 있습니다. 모두가 작은 노력을 하면, 큰 결과를 가져올 수 있습니다.

아웃라인

- provide government incentives for environmentally friendly practices
  환경 친화적인 관행에 대한 정부 장려금을 제공함
- · offset costs associated w/ energy conservation 에너지 절약과 관련된 비용을 상쇄할 수 있음
  - – encourage more sustainable business operation 더욱 지속 가능한 회사 운영을 장려함
  - – ex) owners of commercial buildings who reduce energy use by 50% or more → get a tax deduction 예) 에너지 사용을 50% 혹은 그 이상 줄이는 상업용 건물의 소유자는 세금 공제를 받을 수 있음

- use energy-efficient building design & construction 에너지 효율이 좋은 건물 설계 및 건설을 사용함
- · reduce energy required to build & operate buildings → less greenhouse gas emissions
  건물들을 짓고 운영하는 데 필요한 에너지가 감소함에 따라 온실가스 배출량이 줄어듦
  - – powering large buildings → a large amount of CO_2 & greenhouse gases
    큰 건물들에 전력을 공급하는 것은 다량의 이산화탄소와 온실가스 배출로 이어짐
  - – ex) install green roofs & use recycled building materials
    예) 지붕을 녹지화하고 재활용 건축 자재를 사용함

출제 예상 토픽

Professor Linton

In our textbook, we read about two prominent mediums: television and the Internet. Television has been a dominant force in shaping popular culture. The Internet, with its vast array of digital platforms, has transformed the way we access information. In your opinion, which one has a greater influence on modern society? Why?

교과서에서, 우리는 텔레비전과 인터넷이라는 두 가지 중요한 매체에 대해 읽었습니다. 텔레비전은 대중문화를 형성하는 데 지배적인 영향력이 되어 왔습니다. 인터넷은, 방대한 디지털 플랫폼을 갖추어, 우리가 정보에 접근하는 방식을 변화시켰습니다. 여러분 생각에, 어떤 것이 현대 사회에 더 큰 영향을 미칩니까? 그 이유는 무엇인가요?

Zayden

I think the Internet influences society more than television. Nowadays, people get the bulk of their information and entertainment online. In fact, the average person uses the Internet for at least 24 hours per week, while they spend only 13 hours watching TV.

저는 인터넷이 텔레비전보다 사회에 더 많은 영향을 미친다고 생각합니다. 오늘날, 사람들은 정보와 즐거움의 대부분을 온라인에서 얻습니다. 실제로, 평균적인 사람은 일주일에 최소 24시간 동안 인터넷을 사용하는 반면, TV를 보는 데 겨우 13시간을 사용합니다.

Britney

For me, television has a greater influence. Watching television is a shared experience because people around the country watch the same programs. So it can shape our values as a society. In contrast, the Internet is usually used individually, so it does not have such a broad effect.

저에게는, 텔레비전이 더 큰 영향력을 가집니다. 전국의 사람들이 같은 프로그램들을 시청하기 때문에 텔레비전을 보는 것은 공유되는 경험입니다. 따라서 그것은 한 사회로서 우리의 가치관을 형성할 수 있습니다. 대조적으로, 인터넷은 보통 개별적으로 사용되므로, 그렇게 광범위한 영향력을 가지지 않습니다.

아웃라인

Internet is more influential 인터넷이 더 영향력 있음
· enables interactivity and active participation
상호 작용과 적극적인 참여를 가능하게 함
– TV is a passive medium, but the Internet allows people to share opinions
텔레비전은 수동적인 매체이지만, 인터넷은 사람들이 의견을 공유하는 것을 가능하게 함
– ex) Twitter: real-time conversation 예) 트위터의 실시간 대화

impact of television is greater 텔레비전의 영향력이 더 큼
· television has a wider reach 텔레비전이 더 넓은 도달 범위를 가지고 있음
– older people rely on television b/c X comfortable using the Internet
노년층은 인터넷을 사용하는 것에 익숙하지 않기 때문에 텔레비전에 의존함
– ex) study: 81% of Americans aged 65 and older use television as primary news source
예) 연구: 65세 이상 미국인의 81%가 뉴스의 주요 출처로 텔레비전을 이용함

출제 예상 토픽

Professor Chen

We've been discussing the development of mass media and how it has become an integral part of our daily lives. Its influence over us will only continue to grow as technology advances. Considering this, what do you think is the most notable impact of mass media on society?

우리는 대중매체의 발전과 그것이 어떻게 우리 일상 생활의 필수적인 부분이 되었는지에 대해 논의해 왔습니다. 기술이 발전함에 따라 그것이 우리에게 미치는 영향력은 계속 커질 것입니다. 이를 고려할 때, 대중매체가 사회에 미치는 가장 주목할 만한 영향은 무엇이라고 생각합니까?

Shelly

I'd have to say that it greatly influences public opinion. For instance, during an election, candidates can be seen a certain way depending on how the media shows them. This depiction can determine who wins or loses.

저는 그것이 여론에 크게 영향을 미친다고 말하고 싶습니다. 예를 들어, 선거 기간 동안, 언론이 후보자들을 어떻게 보여주는지에 따라 그들이 특정 방식으로 비춰질 수 있습니다. 이러한 묘사가 누가 이기고 지는지를 결정할 수 있습니다.

William

Mass media is responsible for creating our cultural trends. Whether something becomes popular is decided through the media now. Like, a song spreads through mass media, and soon, people all over the world know it.

대중매체는 우리의 문화적 트렌드를 형성하는 데 책임이 있습니다. 오늘날 무언가가 인기를 끌게 될지는 대중매체를 통해 결정됩니다. 어떤 노래가 대중매체를 통해 퍼지고, 머지않아, 전 세계 사람들이 그것을 알게 됩니다.

아웃라인

○ **instant spread of news & information** 뉴스와 정보의 즉각적인 확산

○ · **breaking news story appears on TV or radio in a matter of minutes**
  몇 분 안에 텔레비전 또는 라디오에 속보가 나옴

○   – people can stay informed about important events as soon as they happen
     사람들은 중요한 사건이 발생하는 즉시 정보를 얻을 수 있음

○   – ex) Neil Armstrong's first step on the moon was watched by millions of people in real time
     예) 닐 암스트롱이 달에 첫 발을 내딛는 순간을 수백만 명의 사람들이 실시간으로 시청함

○ **rise of "must-have" items** '필수' 아이템의 증가

○ · **people are compelled to buy things that go viral on social media**
  사람들은 소셜 미디어에서 입소문이 난 물건들을 사지 않을 수 없음

○   – ads & paid promotions are everywhere in mass media
     광고와 유료 홍보는 대중매체 어디에나 있음

○   – ex) Instant Pot: must-have item of 2017, thanks to social media influencers
     예) 인스턴트팟은 소셜 미디어 인플루언서들 덕분에 2017년의 필수 아이템이 됨

부록 1

부록 2

Hackers TOEFL Writing Intermediate

출제 예상 토픽

Professor Perkins

Air pollution affects the health of millions of people and can have long-term impacts on communities. Dirty air is caused by emissions from transportation, industrial activities, and household energy use. In light of this, it is essential for all stakeholders to find solutions to this problem. What do you think is the most effective way to reduce air pollution?

대기 오염은 수백만 명의 건강에 영향을 미치며 지역사회에 장기적인 영향을 미칠 수 있습니다. 더러운 공기는 교통 수단, 산업 활동, 그리고 가정의 에너지 사용에 의해 초래됩니다. 이 점을 고려할 때, 모든 이해 당사자들이 이 문제에 대한 해결책을 찾는 것이 필수적입니다. 여러분은 대기 오염을 줄이는 가장 효과적인 방법이 무엇이라고 생각합니까?

Jessica

I think the most effective way is shifting to electric vehicles. This would not only reduce vehicle emissions but also promote the development of clean energy infrastructure. Many governments around the world are already providing tax incentives to encourage the adoption of electric vehicles.

저는 가장 효과적인 방법은 전기차로 전환하는 것이라고 생각합니다. 이는 차량 배기가스를 줄일 뿐만 아니라 청정 에너지 기반 시설의 개발을 촉진할 것입니다. 이미 전 세계 많은 정부들이 전기차 도입을 장려하기 위해 세금 혜택을 제공하고 있습니다.

Andrew

We should regulate industries that are major polluters. Governments should set stricter emission standards and impose heavy penalties on industries that exceed those limits. We can also encourage industries to embrace green technologies to reduce their carbon footprint.

우리는 주요 오염 유발자인 산업들을 규제해야 합니다. 정부는 더 엄격한 배기가스 배출 기준을 설정하고 그 허용치를 초과하는 산업들에 많은 벌금을 부과해야 합니다. 우리는 또한 산업들이 탄소 발자국을 줄이기 위해 친환경 기술을 수용하도록 장려할 수 있습니다.

아웃라인

○ **plant trees & create urban green spaces** 나무를 심고 도시의 녹지 공간을 조성해야 함

○ · **trees absorb harmful chemicals from the air, produce oxygen**
나무는 공기 중의 유해한 화학 물질을 흡수하고 산소를 생성함

○ – **provide shade & lower temperature → less need for air conditioning & energy use**
그늘을 제공하고 온도를 낮추므로 에어컨 및 에너지 사용의 필요성이 감소함

○ – **ex) trees in US cities remove around 711,000 tons of pollution from air annually**
예) 미국 도시의 나무들은 대기에서 연간 약 711,000톤의 오염 물질을 제거함

○ **governments should phase out fossil fuels** 정부가 화석 연료를 단계적으로 줄여야 함

· **will lead to decreased emissions from traditional power plants**
기존 발전소들의 배기가스 배출량 감소로 이어질 것임

○ – **paves the way for increased use of renewable energy sources**
재생 에너지원의 사용을 증가시키는 기반을 마련함

○ – **ex) wind & solar power** 예) 풍력과 태양력

비디오 게임: 장점이 큼 vs. 단점이 큼

출제 예상 토픽

Dr. Lee

Video games are one of the most popular forms of entertainment worldwide. The recent rise in online gaming lets people in different countries play together, and being able to access games on mobile devices allows people to play anywhere. In your opinion, does playing video games have more advantages or disadvantages? Why?

비디오 게임은 전 세계적으로 가장 인기 있는 오락물의 형태 중 하나입니다. 최근 온라인 게임의 증가가 서로 다른 나라의 사람들이 함께 게임을 할 수 있게 해주고, 모바일 기기로 게임에 접속할 수 있는 것은 사람들이 어디서든 게임을 할 수 있게 해줍니다. 여러분 생각에, 비디오 게임을 하는 것은 장점이 더 큽니까, 아니면 단점이 더 큽니까? 그 이유는 무엇인가요?

Emily

Playing video games wastes people's time. It has no practical value. You see, there is no reward for being good at playing a video game. My friend James spent a lot of time playing video games, but he later regretted it.

비디오 게임을 하는 것은 사람들의 시간을 낭비합니다. 그것은 실용적인 가치가 없습니다. 알다시피, 비디오 게임을 잘하는 것에 대한 보상도 없습니다. 제 친구 James는 비디오 게임을 하는 데 많은 시간을 보냈지만, 나중에 후회했습니다.

Henry

Video games positively affect people by helping them reduce stress. What I'm trying to say is that video games are a relaxing form of entertainment. In fact, a survey found that playing video games was the most common method of reducing work stress.

비디오 게임은 스트레스를 줄이는 것을 도와줌으로써 사람들에게 긍정적으로 영향을 미칩니다. 제가 말하고자 하는 것은 비디오 게임이 마음을 편안하게 해주는 형태의 오락물이라는 것입니다. 실제로, 한 설문 조사는 비디오 게임을 하는 것이 업무 스트레스를 줄이는 가장 흔한 방법이라고 밝혔습니다.

아웃라인

- disadvantage: reduce real-life experiences 단점: 실제 경험을 감소시킴
  - · video games foster more online interactions
    비디오 게임은 더 많은 온라인 상호작용을 촉진함
    - – if overly involved, people may not socialize in real life
      지나치게 몰두하면, 사람들은 실생활에서 다른 사람들과 어울리지 못할 수 있음
    - – ex) spent too much time playing video games → had little conversation with family
      예) 비디오 게임을 하는 데 너무 많은 시간을 보내서 가족과 대화가 거의 없었음

- advantage: educational 장점: 교육적임
  - · makes learning fun for students 학생들에게 학습을 재미있게 만듦
    - – some video games are designed to teach specific concepts & skills
      몇몇 비디오 게임들은 특정 개념과 기술을 가르치도록 설계됨
    - – ex) *Minecraft Education*: teaches math, science, history
      예) '교육용 마인크래프트'는 수학, 과학, 역사를 가르침

출제 예상 토픽

Professor Amos

In today's Information Age, many news companies use shocking headlines to persuade people to read their articles. But this is a controversial strategy. Critics argue that it is unethical because it can mislead people, while others think that it is sometimes necessary. Do you think it's a good idea for media outlets to use dramatic headlines to grab readers' attention?

오늘날의 정보화 시대에, 많은 뉴스사들은 사람들이 그들의 기사를 읽도록 설득하기 위해 충격적인 헤드라인을 사용합니다. 하지만 이 것은 논란의 여지가 있는 전략입니다. 비평가들은 그것이 사람들을 오도할 수 있기 때문에 비윤리적이라고 주장하는 반면, 다른 사람들 은 그것이 때때로 필요하다고 생각합니다. 여러분은 언론 매체들이 독자들의 관심을 끌기 위해 자극적인 헤드라인을 사용하는 것이 좋 은 생각이라고 생각합니까?

Jordan

I think it's unethical. Media outlets are supposed to provide objective information. People don't have time to read the news every day, so they just skim over the headlines. But if those headlines are misleading, people might become misinformed.

저는 그것이 비윤리적이라고 생각합니다. 언론 매체는 객관적인 정보를 제공해야 합니다. 사람들은 매일 뉴스를 읽을 시간이 없기 때문 에, 헤드라인을 대충 훑어봅니다. 하지만 그 헤드라인이 오해를 불러일으킨다면, 사람들은 잘못된 정보를 얻게 될 수 있습니다.

Kaila

I believe it's OK as long as the information in the article is accurate. I rarely read the news, but I remember an alarming headline about a virus outbreak that caught my eye. I ended up reading the article and gained lots of important information.

저는 기사의 내용이 정확하기만 하면 괜찮다고 생각합니다. 저는 뉴스를 거의 읽지 않지만, 제 시선을 사로잡았던 바이러스 발병에 대 한 놀라운 헤드라인을 기억합니다. 저는 결국 그 기사를 읽었고 많은 중요한 정보를 얻었습니다.

아웃라인

○ **not a good idea** 좋은 생각이 아님

○ · shocking news headlines manipulate human emotions 충격적인 뉴스 헤드라인은 사람의 감정을 조종함

○ – cause unnecessary fear or outrage that leads to serious consequences
심각한 결과를 초래하는 불필요한 공포나 분노를 불러일으킬 수 있음

○ – ex) a headline about economic problems → people panicked, sold stocks, stock market crashed
예) 경제 문제에 대한 헤드라인 때문에 사람들이 당황하여 주식을 팔았고 주식 시장이 폭락함

○ **acceptable** 허용 가능함

○ · headlines with intense language can motivate people to solve problems
극단적인 언어를 사용하는 헤드라인은 사람들이 문제를 해결하도록 동기를 부여할 수 있음

○ – a compelling headline shows seriousness, people are more likely to take action
강력한 헤드라인은 심각성을 보여주므로, 사람들이 조치를 취할 가능성이 더 높음

○ – ex) a headline about homeless people drew attention → donations increased
예) 노숙자들에 대한 헤드라인이 관심을 끌었고, 기부가 증가함

출제 예상 토픽

Professor Xie

Governments decide how to spend public funds, whether it is for social services, education, or the environment. They must think carefully about the needs of the people and the potential consequences of their decisions. Should governments invest more into developing medical technologies, or should they prioritize improving public transportation? Why?

정부는 사회 복지 사업, 교육, 또는 환경을 위한 것이든 간에, 공공 자금을 어떻게 사용할지 결정합니다. 그들은 국민의 요구와 그들 결정의 잠재적 결과에 대해 신중하게 생각해야 합니다. 정부는 의료 기술을 개발하는 것에 더 많이 투자해야 합니까, 아니면 대중교통을 개선하는 것을 우선시해야 합니까? 그 이유는 무엇인가요?

Tyson

Governments should invest more into developing healthcare technologies. Advanced medical treatments could make it less painful for those suffering from certain illnesses. Technology to detect diseases like Alzheimer's early could help patients better manage their conditions.

정부는 의료 기술을 개발하는 것에 더 많이 투자해야 합니다. 선진적인 의학적 치료는 특정 질병을 앓고 있는 사람들을 덜 고통스럽게 만들 수 있습니다. 알츠하이머와 같은 질병을 조기에 발견하는 기술은 환자들이 그들의 건강 상태를 더 잘 관리하는 데 도움이 될 수 있습니다.

Nadia

I think more money should be spent on public transportation. It would likely reduce traffic congestion in urban areas, which would greatly improve residents' quality of life. This is because having a convenient public transit system leads to shorter commute times.

저는 대중교통에 더 많은 돈이 사용되어야 한다고 생각합니다. 그것은 도시 지역의 교통 혼잡을 줄이고, 이는 주민들의 삶의 질을 크게 향상시킬 것입니다. 이는 편리한 대중교통 시스템을 갖추는 것이 단축된 출퇴근 시간으로 이어지기 때문입니다.

아웃라인

○ should allocate funding for medical technologies 의료 기술에 자금을 할당해야 함

○ · home medical devices should be made more cost-effective
가정용 의료기기가 더 비용 효율적이게 되어야 함

○ – help people track their health & take the necessary action to stay healthy
사람들이 그들의 건강을 추적하고 건강을 유지하기 위해 필요한 행동을 취하는 데 도움이 됨

○ – ex) at-home devices that monitor heart activity can save lives
예) 심장 활동을 추적 관찰하는 가정용 기기가 생명을 구할 수 있음

○ public transportation takes higher priority 대중교통이 우선시되어야 함

○ · improves safety on roads 도로에서의 안전성을 향상시킴

○ – traffic accidents decline as the number of people using public transit increases
대중교통을 이용하는 사람들의 수가 증가함에 따라 교통사고가 감소함

○ – ex) study: cities with good public transportation have 50% fewer accidents
예) 연구: 우수한 대중교통이 있는 도시는 사고가 50% 더 적음

출제 예상 토픽

Doctor Ford

Studies have linked our modern diets to conditions like diabetes, obesity, and high blood pressure. Now, some lawmakers are proposing the addition of warning labels to food products that are high in sugar, salt, or fat. They think that it will help people make more informed food choices. What are your thoughts on the matter?

연구들은 우리의 현대 식단을 당뇨병, 비만, 그리고 고혈압과 같은 질환들과 연관 지었습니다. 오늘날, 몇몇 국회의원들은 설탕, 소금, 또는 지방 함량이 높은 식품들에 경고 라벨을 추가할 것을 제안하고 있습니다. 그들은 이것이 사람들이 더 많은 정보에 입각한 음식 선택을 하는 데 도움이 될 것이라고 생각합니다. 이 문제에 대한 여러분의 생각은 어떻습니까?

Philip W.

I don't think companies need to put warning labels on food. The levels of sugar, salt, or fat that are considered "high" for one person might not be for another. Most food products already come with nutrition labels, so consumers should make their own judgments.

저는 기업들이 식품에 경고 라벨을 붙일 필요가 없다고 생각합니다. 한 사람에게 '높다'고 여겨지는 설탕, 소금, 또는 지방의 수치는 다른 사람에게는 그렇지 않을 수도 있습니다. 대부분의 식품들은 이미 영양 성분 라벨이 붙어있으므로, 소비자들은 스스로 판단해야 합니다.

Stephanie O.

I think warning labels would be helpful. My grandma can't read the nutrition information on food because the letters are too small. A simple warning on the front could help many people make healthier choices. It would also motivate companies to make healthier products.

저는 경고 라벨이 도움이 될 것이라고 생각합니다. 저의 할머니는 글자가 너무 작아서 식품의 영양 정보를 읽을 수 없습니다. 전면의 간단한 경고는 많은 사람들이 더 건강한 선택을 하는 데 도움이 될 수 있습니다. 그것은 또한 기업들이 더 건강한 제품들을 만들도록 동기를 부여할 것입니다.

아웃라인

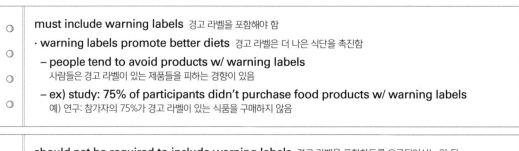

- must include warning labels 경고 라벨을 포함해야 함
- warning labels promote better diets 경고 라벨은 더 나은 식단을 촉진함
  - people tend to avoid products w/ warning labels
    사람들은 경고 라벨이 있는 제품들을 피하는 경향이 있음
  - ex) study: 75% of participants didn't purchase food products w/ warning labels
    예) 연구: 참가자의 75%가 경고 라벨이 있는 식품을 구매하지 않음

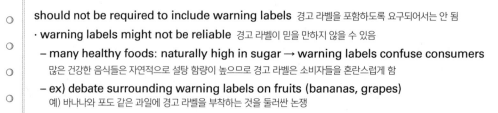

- should not be required to include warning labels 경고 라벨을 포함하도록 요구되어서는 안 됨
- warning labels might not be reliable 경고 라벨이 믿을 만하지 않을 수 있음
  - many healthy foods: naturally high in sugar → warning labels confuse consumers
    많은 건강한 음식들은 자연적으로 설탕 함량이 높으므로 경고 라벨은 소비자들을 혼란스럽게 함
  - ex) debate surrounding warning labels on fruits (bananas, grapes)
    예) 바나나와 포도 같은 과일에 경고 라벨을 부착하는 것을 둘러싼 논쟁

20년 후: 가상 현실 게임을 더 많이 할 것임 vs. 아님

출제 예상 토픽

Professor Tsai

Over the past few years, we have witnessed significant advancements in virtual reality (VR) technology. As technology companies invest heavily in research and development, virtual reality has emerged as a popular form of entertainment, offering users a heightened sense of immersion and interactivity. Twenty years from now, will people spend more time engaging in virtual reality games? Why or why not?

지난 몇 년 동안, 우리는 가상 현실(VR) 기술의 큰 발전을 목격했습니다. 과학 기술 기업들이 연구 개발에 많은 투자를 함에 따라, 가상 현실은 인기 있는 오락물의 한 형태로 부상했고, 사용자들에게 높은 몰입감과 상호 작용을 제공했습니다. 지금으로부터 20년 후에, 사람들은 가상 현실 게임을 하는 데 더 많은 시간을 쓸까요? 왜 그런가요, 혹은 왜 그렇지 않은가요?

David

It is likely that people will enjoy virtual reality gaming more. Virtual reality offers a level of immersion that traditional forms of entertainment cannot match. This enhanced immersion makes gaming and virtual entertainment more appealing and captivating.

사람들은 가상 현실 게임을 더 즐길 것입니다. 가상 현실은 전통적인 형태의 오락물이 따라올 수 없는 수준의 몰입감을 제공합니다. 이러한 향상된 몰입감은 게임과 가상 오락물을 더욱 흥미롭고 매력적으로 만듭니다.

Audrey

I doubt people will enjoy more VR games in the future. While VR can offer compelling experiences, it may not completely dominate individuals' leisure time. People will likely continue to enjoy leisure activities such as outdoor sports and pursue hobbies like painting.

저는 미래에 사람들이 VR 게임을 더 즐길지 의심스럽습니다. VR은 흥미로운 경험을 제공할 수 있지만, 개인들의 여가 시간을 완전히 지배하지는 않을 수 있습니다. 사람들은 계속해서 야외 스포츠와 같은 여가 활동을 즐기고 그림 그리기와 같은 취미를 추구할 것입니다.

아웃라인

- will play more VR games VR 게임을 더 많이 할 것임
- · provide an opportunity for escapism & exploration 현실 도피와 탐험의 기회를 제공함
  - people can engage in activities that may be impossible in real life
    사람들이 현실에서는 불가능할지도 모르는 활동에 참여할 수 있음
  - ex) put on the VR headset → stepped into the virtual ocean, had the freedom to swim alongside marine creatures
    예) VR 헤드셋을 쓰고 가상의 바다에 들어가 해양 생물들과 함께 수영하는 자유를 누렸음

- not likely to spend more time on VR gaming VR 게임에 더 많은 시간을 쓰지 않을 것임
- · cost of VR headsets & equipment is high VR 헤드셋과 장비의 가격이 비쌈
  - limits access for many individuals 많은 사람들에게 사용에 제한이 있을 수 있음
  - ex) saw an ad, VR headset alone was $799 예) 광고를 봤는데, VR 헤드셋만 799달러였음

부록 1

부록 2

Hackers TOEFL Writing Intermediate

출제 예상 토픽

Professor Lewis

Good managers play a critical role in any business organization. But their true value becomes apparent during a crisis. If things go wrong, a manager must react quickly and correctly, providing guidance as a team of stressed-out employees struggles to find a solution. When a problem occurs, what do you think is the most important trait for a manager to possess?

훌륭한 관리자들은 어떤 기업 조직에서든 중요한 역할을 합니다. 하지만 그들의 진정한 가치는 위기 상황에서 분명해집니다. 일이 잘못되면, 관리자는 신속하고 정확하게 대응해야 하며, 스트레스에 시달리는 직원들이 해결책을 찾기 위해 고군분투함에 따라 지침을 제공해야 합니다. 문제가 발생했을 때, 여러분은 관리자가 가져야 할 가장 중요한 자질이 무엇이라고 생각합니까?

Sara

For me, decisiveness is the quality that distinguishes a competent manager from an incompetent one during a crisis. Even with incomplete information, a manager must not hesitate to act. I mean, if a manager is too nervous to take action, the problem will become more serious.

저에게는, 결단력이 위기 상황에서 유능한 관리자와 무능한 관리자를 구분하는 자질입니다. 불완전한 정보가 있더라도, 관리자는 행동하기를 주저해서는 안 됩니다. 제 말은, 관리자가 너무 긴장해서 행동을 취할 수 없으면, 문제는 더 심각해질 것입니다.

Colin

I'd say that the ability to communicate is what really matters. A manager must provide clear instructions to the team members. Misunderstandings will likely lead to people making mistakes, and this will reduce the team's chances of resolving the issue.

저는 의사소통 능력이 정말 중요한 것이라고 말하고 싶습니다. 관리자는 팀원들에게 명확한 지침을 제공해야 합니다. 오해는 사람들이 실수를 하도록 할 것이고, 이것은 그 팀이 문제를 해결할 가능성을 낮출 것입니다.

아웃라인

confidence 자신감

· must instill faith in employees that the crisis can be overcome
직원들에게 위기가 극복될 수 있다는 믿음을 심어주어야 함

– if employees do not believe problem can be solved → lose hope & stop trying
직원들이 문제가 해결될 수 있다고 믿지 않는다면 희망을 잃고 노력하는 것을 멈출 것임

– ex) sister's company faced financial problems → manager's confidence inspired staff to look for solutions
예) 언니의 회사는 재정적인 문제에 직면했는데, 관리자의 자신감이 직원들에게 해결책을 찾도록 영감을 줌

flexibility 융통성

· must be able to find creative solutions 창의적인 해결책을 찾을 수 있어야 함

– standard approaches are unlikely to be effective 일반적인 접근법은 효과적일 가능성이 낮음

– ex) restaurant management launched a unique social media campaign to explain a delay in ingredient supply → positive publicity
예) 식당의 경영진이 재료 수급의 지연을 설명하기 위해 독특한 소셜 미디어 캠페인을 시작하자, 긍정적인 홍보 효과를 얻음

12 자율주행 자동차 개발의 어려움

출제 예상 토픽

Professor Shin

This week, we will be looking at how automation is changing various aspects of society and industry. Many people thought we would have self-driving cars by now, but this technology is proving to be more difficult to develop than they initially thought. What is the biggest challenge regarding the development of autonomous vehicles? Why do you think so?

이번 주에, 우리는 자동화가 사회와 산업의 다양한 측면들을 어떻게 변화시키고 있는지 살펴볼 것입니다. 많은 사람들이 지금쯤이면 우리가 자율주행 자동차를 갖게 될 것이라고 생각했지만, 이 기술은 그들이 처음에 생각했던 것보다 개발하기 더 어렵다는 것이 드러나고 있습니다. 자율주행 자동차의 개발과 관련한 가장 큰 어려움은 무엇입니까? 왜 그렇게 생각하시나요?

Ariel

The fact that self-driving cars have cybersecurity issues seems like a major challenge. Because the cars have online features, hackers may be able to take control of them. This is already happening with the semi-autonomous cars available now, and it will likely be a bigger problem with fully self-driving models.

자율주행 자동차가 사이버 보안 문제를 가지고 있다는 사실이 중대한 어려움으로 보입니다. 그 자동차들은 온라인 기능을 가지고 있기 때문에, 해커들이 그것들을 조종할 수 있을지도 모릅니다. 이는 현재 이용 가능한 준자율주행 자동차들에서 이미 일어나고 있으며, 완전한 자율주행 모델에서는 더 큰 문제가 될 것입니다.

Nathan

One of the biggest problems is the cost. A fully self-driving car requires advanced technology such as lidar and the development of complex software. Not only are these vehicles expensive to manufacture, but they also have to be safety-tested, which is also costly.

가장 큰 문제 중 하나는 비용입니다. 완전한 자율주행 자동차는 라이다와 같은 고급 기술과 복잡한 소프트웨어의 개발이 필요합니다. 이 차량들은 제조하기 비쌀 뿐만 아니라 안전성 테스트도 받아야 하는데, 이것 또한 비용이 많이 듭니다.

아웃라인

- **legal issues** 법적인 문제
  - · **no clear regulations regarding autonomous vehicles**
    자율주행 자동차에 관한 명확한 규정이 없음
    – **hard to determine who is to blame in case of an accident**
    사고 발생 시 누구의 탓인지 판단하기 어려움
    – **ex) struck a pedestrian → police were uncertain about who to charge for the accident**
    예) 보행자를 쳤을 때, 경찰은 그 사고에 대해 누구를 기소해야 할지 불확실했음

- **safety** 안전성
  - · **a greater chance of accidents in certain situations** 특정 상황에서 사고 발생 가능성이 더 높음
    – **self-driving cars rely on sensors to judge road conditions & detect lanes → do not function well in bad weather**
    자율주행 자동차는 도로 상황을 판단하고 차선을 감지하기 위해 센서에 의존하는데, 악천후 시 제대로 작동하지 않음
    – **ex) study: self-driving cars can fail to detect other vehicles in fog**
    예) 연구: 자율주행 자동차가 안개 속에서 다른 차량을 감지하는 데 실패할 수 있음

출제 예상 토픽

Professor Davis

We are exposed to advertising throughout our lives. In fact, we start seeing various forms of marketing from the time we are very young. Some companies take advantage of this by creating advertisements that appeal to kids. I'd like you to think about the following question: Should companies be allowed to directly advertise to children under the age of five, or should this practice be banned?

우리는 일생 동안 광고에 노출됩니다. 사실, 우리는 아주 어릴 때부터 다양한 형태의 마케팅을 보기 시작합니다. 몇몇 기업들은 아이들의 흥미를 끄는 광고들을 제작함으로써 이것을 기회로 이용하기도 합니다. 여러분이 다음 질문에 대해 생각해 보았으면 합니다. 기업들이 5세 미만의 어린이들에게 직접 광고하는 것이 허용되어야 합니까, 아니면 이러한 관행이 금지되어야 합니까?

Kyle

I don't have an issue with advertisements for children because these are strictly regulated. There are many rules to ensure that marketing efforts aimed at kids are not harmful. The US government, for example, imposes large fines on companies that create deceptive advertisements for children.

어린이들을 위한 광고들은 엄격하게 규제되기 때문에 문제가 없습니다. 아이들을 겨냥한 마케팅 활동이 해롭지 않게 하기 위한 많은 규정들이 있습니다. 예를 들어, 미국 정부는 어린이들을 대상으로 거짓된 광고를 만드는 기업들에 많은 벌금을 부과합니다.

Amanda

I think it should be banned. Companies are only concerned with profit and will try to sell kids unhealthy products. A recent study showed that 84 percent of the ads children see are for junk food.

저는 그것이 금지되어야 한다고 생각합니다. 기업들은 오직 이익에만 관심이 있고 아이들에게 건강에 해로운 제품을 팔려고 할 것입니다. 최근의 한 연구는 어린이들이 보는 광고의 84%가 정크 푸드에 관한 것임을 보여주었습니다.

아웃라인

---

should be permitted 허용되어야 함

· **parents control which products are bought for children**
부모가 아이들에게 어떤 제품을 사줄지 통제함

– **children do not purchase products directly, parents do**
아이들이 직접 제품을 구매하지 않으며, 부모가 구매함

– **ex) wanted a skateboard advertised on TV when I was a child → parents didn't buy it b/c it seemed dangerous**
예) 어렸을 때 TV에서 광고하는 스케이트보드가 갖고 싶었지만, 위험해 보여서 부모님이 사주지 않았음

---

should be prohibited 금지되어야 함

· **advertisements make children want things they do not need**
광고는 어린이들이 필요하지 않은 것들을 원하게 만듦

– **kids lack judgment → easily influenced by ads** 아이들은 판단력이 부족하여 광고에 쉽게 영향을 받음

– **ex) younger brother asks for every toy he sees in an advertisement**
예) 남동생은 광고에서 보는 모든 장난감을 사 달라고 함

출제 예상 토픽

Doctor Phan

In countries like the United States and Canada, more and more companies are actively seeking a culturally diverse workforce. This began with government policies like affirmative action, which is intended to increase employment opportunities for historically discriminated racial groups. What do you think is the most significant advantage of cultural diversity in the workplace and why?

미국과 캐나다와 같은 많은 국가에서, 점점 더 많은 기업들이 문화적으로 다양한 노동 인력을 적극적으로 찾고 있습니다. 이것은 소수 집단 우대정책과 같은 정부 정책들에서 시작되었는데, 이는 역사적으로 차별을 받은 인종 집단들의 고용 기회를 늘리기 위한 것입니다. 직장에서 문화적 다양성의 가장 큰 장점은 무엇이며 그 이유는 무엇이라고 생각합니까?

Lisa

A major benefit of a diverse workforce is a broader range of ideas and solutions. My father runs a catering company with employees from all different countries. They never run out of menu ideas, and his clients really appreciate the diverse offerings.

다양한 노동 인력의 주요 장점은 더 폭넓은 아이디어와 해결책입니다. 저의 아버지는 여러 나라에서 온 직원들과 함께 케이터링 회사를 운영합니다. 그들은 메뉴 아이디어가 절대 고갈되지 않으며, 그의 고객들은 다양한 제품들을 정말 높이 평가합니다.

Tyrone

A diverse workforce better appreciates and understands alternative viewpoints. This leads to heightened cultural awareness, which is needed to navigate the global market. Thus, a diverse workforce can give organizations a competitive advantage and widen their customer base.

다양한 노동 인력은 다른 관점들을 더 잘 인식하고 이해합니다. 이것은 높아진 문화 의식으로 이어지는데, 이는 글로벌 시장을 탐색하기 위해 필요합니다. 따라서, 다양한 노동 인력은 조직에 경쟁 우위를 제공하고 고객층을 넓힐 수 있습니다.

아웃라인

○ improved morale & retention of employees 직원들의 사기 및 근속률 향상

○ · inclusive work environment → employees feel respected
포용적인 업무 환경에서 직원들은 존중받는다고 느낌

○ – workers feel gratified when their individuality is acknowledged
직원들은 자신의 개성을 인정받을 때 만족감을 느낌

○ – ex) American Express: recognized for its inclusive environment → received many awards for employee satisfaction
예) American Express 사는 포용적인 근무 환경으로 인정받아 직원 만족도 부분에서 많은 상을 받았음

○ enhanced ability to address various customers' needs 다양한 고객들의 요구에 대응하는 능력 향상

○ · better communicate w/ customers of different backgrounds in globalized marketplace
글로벌화된 시장에서 다양한 배경을 가진 고객들과 더 잘 소통할 수 있음

○ – improved communication → superior customer support experiences → increased profits 개선된 소통은 우수한 고객 지원 경험으로 이어지고, 이는 수익의 증가를 가져옴

○ – ex) uncle's employees (different nationality) created customer-tailored marketing materials 예) 서로 다른 국적을 가진 삼촌의 직원들은 고객 맞춤형 마케팅 자료를 만들었음

출제 예상 토픽

Professor Moore

As with most aspects of life, banking has experienced significant changes in recent years. Online banking allows you to transfer money or check your balances from wherever you are. Still, it is important to be aware of the potential risks associated with it. I would like you to think about this: Is online banking safe to use, or does it pose a security risk? Why?

삶의 대부분의 측면과 마찬가지로, 은행 업무도 최근 몇 년 동안 상당한 변화를 겪었습니다. 온라인 뱅킹은 여러분이 어디서든 돈을 송금하거나 잔액을 확인하도록 해줍니다. 하지만, 이것과 관련된 잠재적 위험을 인식하는 것이 중요합니다. 저는 여러분이 다음에 관해 생각해 보았으면 좋겠습니다. 온라인 뱅킹은 사용하기에 안전합니까, 아니면 보안 위험을 제기합니까? 그 이유는 무엇인가요?

Todd

Banks are critical institutions, so they have safety measures like encryption codes to protect customers' information and transactions. These codes prevent unauthorized access to or manipulation of data during the transmission of sensitive information.

은행은 중요한 기관이기 때문에, 고객들의 정보와 거래를 보호하기 위해 암호화 코드와 같은 안전장치들을 가지고 있습니다. 이러한 코드는 민감한 정보를 전송하는 동안 무단 접근이나 데이터에 대한 조작을 방지합니다.

Miranda

I disagree with Todd that online banking is safe. Hackers can use all kinds of programs to find out people's private information, and phishing scams are more prevalent and dangerous than ever. It's much safer to do your banking in person.

저는 온라인 뱅킹이 안전하다는 Todd의 의견에 동의하지 않습니다. 해커들은 사람들의 개인 정보를 알아내기 위해 온갖 종류의 프로그램을 사용할 수 있으며, 피싱 사기는 그 어느 때보다 더 널리 퍼져 있고 위험합니다. 직접 은행 업무를 하는 것이 훨씬 더 안전합니다.

아웃라인

secure 안전함

· banks monitor online banking activity for suspicious behavior
은행은 의심스러운 행동이 있는지 온라인 뱅킹 활동을 관찰함

– multiple failed login attempts or strange transaction activity could signal fraud or unauthorized access 여러 번의 로그인 시도 실패 또는 이상한 거래 활동은 사기 또는 무단 접근의 신호일 수 있음

– ex) bank froze account after a few large purchases were made overseas
예) 해외에서 몇 번의 대량 구매를 한 후 은행에서 계좌를 정지시켰음

not secure 안전하지 않음

· easy for others to access bank accounts if you lose your mobile device
모바일 기기를 분실했을 때 다른 사람이 은행 계좌에 접근하는 것이 쉬움

– after reporting lost phone, bank may not be able to freeze account right away
분실된 휴대폰을 신고한 후에, 은행이 즉시 계좌를 정지하지 못할 수 있음

– ex) friend lost phone, someone found it & conducted multiple transactions
예) 친구가 휴대폰을 분실한 후, 누군가 그것을 찾아 여러 번 거래를 진행함

출제 예상 토픽

Doctor Henderson

This week, we'll be discussing globalization. People tend to only focus on how globalization affects matters related to the economy. But globalization also affects a very personal part of our lives with its influence on our culture. Do you think the impact of globalization on local traditions and practices has been positive or negative?

이번 주에, 우리는 세계화에 대해 논의할 것입니다. 사람들은 세계화가 경제와 관련된 문제들에 어떻게 영향을 미치는지에만 초점을 맞추는 경향이 있습니다. 하지만 세계화는 우리 문화에 영향을 미치면서 우리 삶의 매우 개인적인 부분에도 영향을 미칩니다. 여러분은 세계화가 지역 전통과 관습에 미치는 영향이 긍정적이라고 생각합니까, 아니면 부정적이라고 생각합니까?

Sam P.

I think globalization has had a positive influence on local traditions. To be specific, it has allowed for the preservation of traditional crafts and music. Because of increased cultural awareness, local artists and vendors have been able to share their unique cultural products with the world.

저는 세계화가 지역 전통에 긍정적인 영향을 미쳤다고 생각합니다. 구체적으로 말하자면, 그것은 전통 공예품과 음악의 보존을 가능하게 했습니다. 높아진 문화 의식 덕분에, 지역 예술가들과 판매자들이 그들 고유의 문화 상품들을 전 세계와 공유할 수 있었습니다.

Diana L.

Globalization has had a negative impact on culture. I can't remember the article, but I read about how globalization is leading to the loss of local practices as people adopt the dominant global practices. Traditional practices are becoming less distinct due to globalization.

세계화는 문화에 부정적인 영향을 미쳤습니다. 기사가 기억나지 않지만, 저는 사람들이 지배적인 세계적 관습을 받아들이면서 세계화가 지역 관습의 상실을 야기하고 있다는 것을 읽은 적이 있습니다. 세계화로 인해 전통적인 관습들이 희미해지고 있습니다.

아웃라인

- has positively affected 긍정적으로 영향을 미침
  - · leads to development of new cultural practices 새로운 문화 관습의 발전으로 이어짐
    - people from different cultures interact → adopt & change each other's traditions
      서로 다른 문화권의 사람들이 교류하면서 서로의 전통을 수용하고 변화시킴
    - ex) new types of cuisines: Korean-Mexican fusion food in LA
      예) LA의 한국–멕시코 퓨전 음식과 같은 새로운 형태의 요리

- has had a negative effect 부정적인 영향을 미침
  - · changes indigenous languages 토착 언어를 변화시킴
    - access to foreign-language entertainment & media → increased use of loanwords
      외국어로 된 오락물 및 매체에 대한 접근은 외래어 사용의 증가로 이어짐
    - ex) "waiting" used in service sector in Korea: English words replaced Korean terms
      예) 한국 서비스업에서 사용되는 '웨이팅'과 같이, 영어 단어가 한국어 용어를 대체함

출제 예상 토픽

Dr. Turner

Homeschooling is a type of education where kids are taught at home by their parents or caregivers. It has become more popular in recent years, and some parents are wondering if it's a good alternative to sending their kids to school. In your opinion, is homeschooling a viable alternative to traditional education? Why or why not?

홈스쿨링은 아이들이 가정에서 그들의 부모나 보호자에게 가르침을 받는 교육의 한 유형입니다. 그것이 최근 몇 년 동안 인기를 끌어 왔고, 몇몇 부모들은 그것이 자녀를 학교에 보내는 것에 대한 좋은 대안인지 궁금해하고 있습니다. 여러분 생각에, 홈스쿨링은 전통적인 교육의 대안입니까? 왜 그런가요, 혹은 왜 그렇지 않은가요?

Karen

I think homeschooling can replace traditional classroom education. Homeschooling gives students a safe learning environment. Homeschooled students don't have to deal with bullying and peer pressure which can be harmful to their self-esteem and mental health.

저는 홈스쿨링이 전통적인 교실 교육을 대체할 수 있다고 생각합니다. 홈스쿨링은 학생들에게 안전한 학습 환경을 제공합니다. 홈스쿨링을 하는 학생들은 그들의 자존감과 정신 건강에 해로울 수 있는 괴롭힘이나 또래 집단으로부터의 압력을 상대할 필요가 없습니다.

Brad

Honestly, homeschooling is not a good option. Children may not develop proper socialization skills because of limited opportunities to interact with peers. Also, it might reduce their exposure to diverse experiences, which are needed to develop critical-thinking and problem-solving abilities.

솔직히, 홈스쿨링은 좋은 선택지가 아닙니다. 아이들은 또래와 교류할 기회의 제한 때문에 적절한 사회화 기술을 발달시키지 못할 수 있습니다. 또한, 그것은 다양한 경험에 대한 노출을 감소시킬 수 있는데, 이는 비판적 사고와 문제 해결 능력을 발달시키는 데 필요한 것입니다.

아웃라인

○ **a worthwhile option** 가치 있는 선택지임
○ · **can provide personalized education** 맞춤형 교육을 제공할 수 있음
○ – **can use teaching methods that suit a student's interests & abilities**
  학생의 흥미와 능력에 맞는 교수법을 사용할 수 있음
○ – **ex) student interested in science → opportunities to conduct experiments & go to science fairs** 예) 과학에 관심 있는 학생은 실험을 하고 과학 박람회에 갈 기회를 얻을 수 있음

○ **not an acceptable substitute** 허용될 수 있는 대안책이 아님
○ · **may restrict access to necessary educational resources provided at traditional schools** 전통적인 학교에서 제공되는 필요한 교육 자원에 대한 접근을 제한할 수 있음
○ – **some resources: specific to a particular school or too expensive for homeschoolers**
  어떤 자원들은 특정 학교에만 한정되거나 홈스쿨링을 하는 학생들에게 너무 비쌀 수 있음
○ – **ex) specialized facilities & teaching materials** 예) 전문화된 시설과 교육 자료

출제 예상 토픽

Dr. Smith

Let's discuss how education is affected by the use of smart devices. Many students use smartphones and tablets as tools for learning and accessing information. I want to know your thoughts about this topic: Can students learn more effectively with the help of smart devices, or do the devices interfere with learning? Why do you think so?

교육이 스마트 기기 사용에 의해 어떤 영향을 받는지 논의해 봅시다. 많은 학생들이 스마트폰과 태블릿을 학습과 정보를 접하는 것에 대한 도구로 사용합니다. 이 주제에 대한 여러분의 생각을 알고 싶습니다. 학생들이 스마트 기기의 도움으로 더 효과적으로 학습할 수 있습니까, 아니면 스마트 기기는 학습을 방해합니까? 왜 그렇게 생각하나요?

Ava

Students can certainly learn more effectively by using smart devices. They can easily access textbooks, research articles, and online lectures. There are also lots of educational applications that can help reinforce new concepts. I once used a French phonics application, and my pronunciation improved!

학생들은 스마트 기기를 사용함으로써 확실히 더 효과적으로 학습할 수 있습니다. 그들은 교과서, 연구 논문, 그리고 온라인 강의를 쉽게 접할 수 있습니다. 또한 새로운 개념을 보강하는 데 도움이 되는 교육용 애플리케이션도 많이 있습니다. 저는 프랑스어 발음 연습 애플리케이션을 사용한 적이 있는데, 제 발음이 개선되었습니다!

Harris

I don't think smart devices help students learn better. I mean, students may be tempted to use messaging and game applications. According to a survey, students cannot focus on their studies because they are distracted by these applications.

저는 스마트 기기가 학생들이 더 잘 학습할 수 있게 도와준다고 생각하지 않습니다. 제 말은, 학생들이 문자 메시지나 게임 애플리케이션을 사용하도록 유혹당할 수 있습니다. 한 설문 조사에 따르면, 학생들은 이 애플리케이션들 때문에 주의가 산만해져서 공부에 집중할 수 없습니다.

아웃라인

useful for students' learning 학생들의 학습에 유용함
· students can manage time efficiently b/c X restrictions on place & time
장소와 시간의 제약이 없기 때문에 학생들이 효율적으로 시간을 관리할 수 있음
 – carrying around heavy textbooks & learning materials hinders studying
무거운 교과서와 학습 자료들을 들고 다니는 것이 공부를 방해함
 – ex) watch a video lecture on the subway when commuting to school
예) 통학할 때 지하철에서 동영상 강의를 봄

interfere with students' learning 학생들의 학습을 방해함
· not a reliable study tool 신뢰할 수 있는 학습 도구가 아님
 – many educational applications: created by unqualified people
많은 교육용 애플리케이션들은 자격이 없는 사람들에 의해 제작됨
 – ex) studied English with an application full of mistakes → learned incorrectly
예) 오류로 가득한 애플리케이션으로 영어 공부를 해서 부정확하게 학습했음

출제 예상 토픽

Professor Johnson

Our current unit looks at extracurricular activities that students participate in outside of their regular academic curriculum. Some examples are sports teams, academic clubs, and art groups. Involvement in such special-interest programs is mandatory in many countries. For example, over 80 percent of American students are involved in at least one activity. Do you think it's a good idea for students to be required to participate in extracurricular activities? Why or why not?

우리의 현재 단원은 학생들이 정규 교육 과정 외에 참여하는 과외 활동에 대해 살펴보고 있습니다. 몇 가지 예로 스포츠팀, 학술 동아리, 그리고 예술 그룹이 있습니다. 이러한 특별 관심사 프로그램에 참여하는 것은 많은 국가에서 의무적입니다. 예를 들어, 미국 학생들의 80% 이상이 적어도 한 가지 활동에 참여합니다. 여러분은 학생들이 과외 활동에 참여하도록 요구받는 것이 좋은 생각이라고 생각합니까? 왜 그런가요, 혹은 왜 그렇지 않은가요?

Sophia

I believe it is beneficial for students to be required to engage in extracurricular activities. By engaging in extracurricular activities, students can build character. What I mean is they can develop positive characteristics. During high school, I served as the leader of the debate team and was able to cultivate leadership skills.

저는 학생들이 과외 활동에 참여하도록 요구받는 것이 유익하다고 생각합니다. 과외 활동에 참여함으로써, 학생들은 인성을 기를 수 있습니다. 제 말은 그들이 긍정적인 자질을 발달시킬 수 있다는 뜻입니다. 고등학교 때, 저는 토론 팀의 리더를 맡아 리더십 역량을 기를 수 있었습니다.

Dave

I disagree with Sophia that students should have to do extracurricular activities. These activities can disrupt academic progress. A friend of mine had an internship for a semester. During that time, she had to put in extra effort to catch up in her classes, and she was very stressed.

저는 학생들이 과외 활동을 해야 한다는 Sophia의 의견에 동의하지 않습니다. 이 활동들은 학업 진척도에 지장을 줄 수 있습니다. 제 친구는 한 학기 동안 인턴십을 했습니다. 그 기간 동안, 그녀는 수업을 따라잡기 위해 더 많은 노력을 기울여야 했고, 스트레스를 많이 받았습니다.

아웃라인

- **should be obligatory** 의무적이어야 함
- · **students can discover interests** 학생들이 관심사를 발견할 수 있음
  - – **help students find future careers** 학생들이 미래의 직업을 찾는 데 도움이 됨
  - – **ex) volunteered at a local hospital → realized that I wanted to be a nurse**
    예) 지역 병원에서 자원 봉사를 하며 간호사가 되고 싶다는 것을 깨달음

- **should not be compulsory** 강제적이면 안 됨
- · **limit students' free time** 학생들의 자유 시간을 제한함
  - – **some activities: time-consuming** 몇몇 활동들은 시간이 많이 소요됨
  - – **ex) joined a hiking club → never had free time on weekends**
    예) 등산 동호회에 가입하고 주말에 자유 시간이 없었음

출제 예상 토픽

Professor Diaz

Cultural understanding is an essential aspect of education in an interconnected and globalized society. It cultivates respect for cultural diversity and makes students critically reflect on their own cultural perspectives. The following question should be relevant to us all: Should university students be required to take at least one class on another culture, or should they have the freedom to choose whether they want to learn about other cultures?

문화적 이해는 상호적으로 연결되고 세계화된 사회에서 교육의 필수적인 측면입니다. 그것은 문화적 다양성에 대한 존중을 배양하고 학생들이 자신의 문화적 관점에 대해 비판적으로 되돌아보게 합니다. 다음 질문은 우리 모두와 관련이 있을 것입니다. 대학생들이 다른 문화에 관한 수업을 적어도 한 개는 수강해야 합니까, 아니면 다른 문화에 대해 배우고 싶은지를 선택할 자유가 주어져야 합니까?

Adam

Without a doubt, students should be required to study other cultures. It will help them become more comfortable around people from different backgrounds. Interacting with people from other cultures is a big part of doing business, so this experience will be advantageous in the future.

의심할 여지 없이, 학생들은 다른 문화를 공부해야 합니다. 그것은 그들이 다른 배경을 가진 사람들 곁에서 더 편안함을 느끼게 도와줄 것입니다. 다른 문화권의 사람들과 교류하는 것은 사업을 하는 데 있어 큰 부분을 차지하므로, 이 경험은 미래에 유익할 것입니다.

Eleanor

Students should have a choice about whether or not to take a class on another culture. There are more effective ways to learn about other cultures, like visiting a foreign country. I discovered a lot about Spanish culture from the people I met while traveling in Spain.

학생들은 다른 문화에 대한 수업을 들을지에 대한 선택권이 있어야 합니다. 외국을 방문하는 것과 같이, 다른 문화에 대해 배울 수 있는 더 효과적인 방법들이 있습니다. 저는 스페인을 여행하면서 만난 사람들로부터 스페인 문화에 대해 많이 알게 되었습니다.

아웃라인

- should be mandatory 의무적이어야 함
  - · students can comprehend own culture better 학생들이 자국의 문화를 더 잘 이해할 수 있음
    - – opportunity to see own culture from a different point of view
      자국의 문화를 다른 시각으로 바라볼 수 있는 기회임
    - – ex) took Japanese culture class → understand more about Korean culture
      예) 일본 문화 수업을 수강했고 한국 문화를 더 잘 이해하게 됨

- should be optional 선택 사항이어야 함
  - · knowledge of other cultures: no practical benefits 다른 문화에 대한 지식에는 실질적인 이점이 없음
    - – not useful for most people b/c they may never visit that country
      그 나라를 한 번도 방문하지 않을 수 있기 때문에 대부분의 사람들에게 유용하지 않음
    - – ex) uncle lived in Korea for his entire life → never used knowledge learned in American culture class
      예) 삼촌은 평생을 한국에서 살았기 때문에 미국 문화 수업에서 배운 지식을 사용한 적이 없음

MEMO

MEMO

MEMO

중급 학습자를 위한 토플 라이팅 학습서

|H|A|C|K|E|R|S| TOEFL
WRITING Intermediate

개정 5판 3쇄 발행 2024년 8월 12일
개정 5판 1쇄 발행 2023년 6월 30일

지은이	David Cho | 언어학 박사, 前 UCLA 교수
펴낸곳	㈜해커스 어학연구소
펴낸이	해커스 어학연구소 출판팀

주소	서울특별시 서초구 강남대로61길 23 ㈜해커스 어학연구소
고객센터	02-537-5000
교재 관련 문의	publishing@hackers.com
동영상강의	HackersIngang.com

ISBN	978-89-6542-611-0 (13740)
Serial Number	05-03-01

**외국어인강 1위,
해커스인강(HackersIngang.com)**

🎓 해커스인강

- 효과적인 라이팅 학습을 돕는 **통합형 문제학습 MP3**
- **실전 감각을 극대화하는 iBT 라이팅 실전모의고사**
- 해커스 토플 스타강사의 **본 교재 인강**

**전세계 유학정보의 중심,
고우해커스(goHackers.com)**

🎓 고우해커스

- **토플 스피킹/라이팅 첨삭 게시판** 등 무료 학습 콘텐츠
- 고득점을 위한 **토플 공부전략 강의**
- **국가별 대학 및 전공별 정보, 유학 Q&A 게시판** 등 다양한 유학정보

[외국어인강 1위] 헤럴드 선정 2018 대학생 선호브랜드 대상 '대학생이 선정한 외국어인강' 부문 1위

전세계 유학정보의 중심
고우해커스

goHackers.com

HACKERS

TOEFL
WRITING
Intermediate

David Cho

모범 답안 · 스크립트 · 해석

해커스 어학연구소

HACKERS

TOEFL
WRITING
Intermediate

모범 답안 · 스크립트 · 해석

해커스 어학연구소

Academic Discussion Task

INTRODUCTION

문제의 예 1 – 질문에 제시된 여러 의견 중 하나를 선택하도록 요구하는 유형   p.41

설명 당신의 교수는 경제학 수업을 하고 있습니다. 교수의 질문에 대한 답안을 서면으로 게시해야 합니다. 답안에서 다음 사항을 확인하세요:

· 당신의 의견을 진술하고 그것을 뒷받침합니다.
· 토론에 의미 있는 기여를 합니다.

답안을 유효하게 하려면 최소 100단어가 요구됩니다. 당신의 답안에 할당된 시간은 10분입니다.

Lee 박사

수업 시간에 말했듯이, 경제 성장과 환경 보호의 균형을 맞추는 것은 정부에게 지속적인 문제였습니다. 정부는 경제 성장을 촉진하기 위해 환경 문제를 제쳐놓아야 합니까, 아니면 환경 보호에 우선순위를 두어야 합니까?

Samantha

저는 환경 보호가 우선되어야 한다고 굳게 믿습니다. 환경을 보호하는 것의 장기적인 이익은 경제 성장을 촉진함으로써 얻는 그 어떤 단기적인 이익보다 훨씬 더 큽니다. 환경을 보존하는 것은 미래 세대의 행복을 위해 매우 중요합니다.

John O.

저는 정부가 경제 성장을 소홀히 해서는 안 된다고 생각합니다. 경제 성장은 일자리를 창출하고, 소득을 발생시키고, 사람들의 삶을 개선하는 데 매우 중요합니다. 경제 성장을 우선시함으로써, 정부는 사회에 긍정적인 영향을 미칠 수 있습니다.

어휘 **persistent**[pərsístənt] 지속되는 **set aside** ~을 제쳐놓다, 고려하지 않다 **outweigh**[àutwéi] ~보다 더 크다, 능가하다
neglect[niglékt] 소홀히 하다, 등한시하다

문제의 예 2 – 토론 주제에 대한 자유로운 의견을 묻는 유형   p.41

설명 당신의 교수는 사회학 수업을 하고 있습니다. 교수의 질문에 대한 답안을 서면으로 게시해야 합니다. 답안에서 다음 사항을 확인하세요:

· 당신의 의견을 진술하고 그것을 뒷받침합니다.
· 토론에 의미 있는 기여를 합니다.

답안을 유효하게 하려면 최소 100단어가 요구됩니다. 당신의 답안에 할당된 시간은 10분입니다.

Rodriguez 교수

소셜 미디어는 우리의 일상생활에서 어디에나 있는 존재가 되어, 우리가 다른 사람들과 상호 작용하는 방식과 우리 자신을 인식하는 방식에 영향을 미칩니다. 소셜 미디어가 사람과 사람 사이의 의사소통에 미치는 가장 중요한 영향은 무엇이라고 생각합니까? 그 이유는 무엇인가요?

Emily

저는 소셜 미디어가 의사소통을 더 편리하고 접근하기 쉽게 만들었다고 생각합니다. 이제 메시지를 보내는 앱의 라이브 영상 기능 덕분에 온라인에서 실시간 소통에 참여하는 것이 가능합니다.

Michael

저는 소셜 미디어가 사람과 사람 사이의 의사소통에 미치는 주요한 영향은 다양한 배경과 문화를 가진 사람들과 교류하게 해주는 것이라고 생각합니다. 소셜 미디어는 우리가 우리의 대인 관계를 확장하고 다른 관점들에 대해 배울 수 있게 해줍니다.

어휘 **ubiquitous**[juːbíkwətəs] 어디에나 존재하는 **perceive**[pərsíːv] 인식하다, 인지하다 **diverse**[daivə́ːrs] 다양한

HACKERS PRACTICE

p.48

01 Consequently, poor time management can lead to decreased productivity in the workplace.

결과적으로, 잘못된 시간 관리는 직장에서의 감소된 생산성으로 이어질 수 있다.

02 In my opinion, reading printed media is a better way to get information about foreign countries.

내 생각에는, 인쇄 매체를 읽는 것이 외국에 대한 정보를 얻는 더 좋은 방법이다.

03 This is because what happened in the past is not always applicable to the present.

이는 과거에 일어난 일이 늘 현재에 적용될 수 있는 것은 아니기 때문이다.

04 I think that it is important for us to have an interest in the events occurring in other countries.

나는 우리가 다른 나라들에서 일어나는 사건들에 관심을 갖는 것이 중요하다고 생각한다.

05 It is evident that climate change is a pressing global issue.

기후 변화가 시급한 세계적인 문제라는 것은 명백하다.

06 Unlike in the past, women have more opportunities for education and employment.

과거와 달리, 여성들은 교육과 취업에 대한 더 많은 기회를 가진다.

07 For example, I volunteer at an animal shelter that cares for and finds homes for abandoned animals.

예를 들어, 나는 유기 동물들을 돌보고 집을 찾아주는 동물 보호소에서 자원봉사를 한다.

08 Take the example of organic farming, which promotes sustainable agricultural practices.

지속 가능한 농업 관행을 촉진하는 유기 농법의 예를 보라.

09 In contrast, others prefer to solve complex problems.

대조적으로, 다른 사람들은 복잡한 문제를 해결하는 것을 선호한다.

10 To sum up, the elderly are physically weaker and less active than young people.

요약하자면, 노인들은 젊은 사람들보다 신체적으로 더 약하고 덜 활동적이다.

11 In addition, the respondents noted that competition played a key role in their motivation.

게다가, 응답자들은 경쟁이 그들의 동기 부여에 주요한 역할을 했다고 언급했다.

12 On top of that, helping students academically has long-term advantages.

게다가, 학생들을 학문적으로 돕는 것은 장기적 이점이 있다.

13 Not only that, but I also participated in various community service projects.

그뿐만 아니라, 나는 또한 다양한 지역 사회 봉사 프로젝트들에 참여했다.

14 In short, education is constantly evolving to meet the changing needs of society.

요약하자면, 교육은 사회의 변화하는 요구를 충족시키기 위해 끊임없이 진화하고 있다.

15 Studies have found that almost half of current workers will not have enough money when they retire.

연구들은 현재 근로자들의 거의 절반이 퇴직할 때 충분한 돈이 없을 것이라고 밝혔다.

16 Therefore, students can easily understand one another due to their shared experiences.

따라서, 학생들은 그들의 공유된 경험 때문에 서로를 쉽게 이해할 수 있다.

HACKERS PRACTICE

p.58

01 Students should be able to **take courses** that interest them.

학생들은 그들에게 흥미를 주는 수업을 들을 수 있어야 한다.

02 Statistics show that many companies do not **make a profit** in their first year.

통계는 많은 기업들이 첫해에는 이익을 내지 못한다는 것을 보여준다.

03 Students are easily motivated by their **fellow classmates**.

학생들은 그들의 급우들로부터 쉽게 동기를 부여받는다.

04 Changing jobs often wastes valuable time and makes it difficult to **build a career**.

직업을 바꾸는 것은 종종 귀중한 시간을 낭비하고 경력을 쌓는 것을 힘들게 한다.

05 I actually had no trouble finishing all of the projects before their **due dates**.

나는 실제로 기한 전에 모든 과제를 끝내는 데 어려움이 없었다.

06 Many universities offer opportunities for students to engage in **volunteer work**.

많은 대학들은 학생들이 자원봉사에 참여할 기회들을 제공한다.

07 The use of **artificial intelligence** in healthcare is rapidly advancing.

보건 의료에서 인공 지능의 사용이 빠르게 진보하고 있다.

08 Studies have shown that children give more effort when in **a competitive environment**.

연구들은 아이들이 경쟁적인 분위기 속에 있을 때 더 많은 노력을 한다는 것을 보여주었다.

09 Studies have shown that the problem is particularly troublesome in **the developing world**.

연구들은 그 문제가 개발도상국에서 특히 골칫거리라는 것을 보여주었다.

10 In order to be effective **members of society**, people must learn how to control their behavior.

유능한 사회 구성원이 되기 위해, 사람들은 그들의 행동을 제어하는 방법을 배워야 한다.

11 We should pay attention to world events in order to help other citizens in this **globalized world**.

우리는 이 국제화된 세계의 다른 시민들을 돕기 위해 세계의 사건들에 주의를 기울여야 한다.

12 Entrepreneurs often **face problems** related to funding and marketing.

기업가들은 종종 자금 제공 및 마케팅과 관련된 문제에 직면한다.

13 **Environmental pollution** is responsible for a substantial number of ailments.

환경 오염은 상당수의 질병의 원인이 된다.

14 When it comes to cybersecurity, protecting sensitive information is **the highest priority**.

사이버 보안에 있어서, 민감한 정보를 보호하는 것이 최우선 사항이다.

15 International collaborations are crucial in addressing global **greenhouse gas emissions**.

국제적인 협력은 전 세계의 온실가스 배출을 해결하는 데 매우 중요하다.

16 She had **overcome** the same **obstacles** that I was facing.

그녀는 내가 직면하고 있었던 같은 장애물을 극복했다.

HACKERS PRACTICE

p.62

01

McPhee 교수
제가 어제 아침 수업에서 언급했듯이, 지난 수십 년 동안 교통수단에 많은 발전이 있었습니다. 도시화와 더 효율적인 교통수단에 대한 수요 증가는 전기 자동차와 고속 열차 개발로의 전환을 야기하고 있습니다. 다음 질문에 대한 여러분의 생각을 공유해 주시기 바랍니다. 지난 수십 년간 교통수단에서 가장 중요한 혁신은 무엇입니까? 그 이유는 무엇인가요?

Jasmine
저는 바로 승객용 드론을 떠올렸습니다. 얼마 전에 2인승 드론을 설계한 기업에 관한 기사를 읽었습니다. 이 기술은 우리가 도시를 돌아다니는 방법에 혁명을 일으킬 것입니다. 가까운 미래에, 우리는 스마트폰으로 드론을 불러 목적지까지 날아갈 수 있을지도 모릅니다!

Ken
저는 스쿠터 대여 서비스가 단거리를 이동하는 것을 훨씬 편리하게 만들었다고 생각합니다. 저는 지하철역에 가기 위해 버스를 타곤 했었는데, 가끔 그것은 제시간에 도착하지 않았습니다. 이제, 집 앞에서 전동 스쿠터를 빌려서 지하철역 밖에 놓고 가기만 하면 됩니다.

어휘 urbanization[əˌrbənizéiʃən] 도시화 demand[dimǽnd] 수요 efficient[ifíʃənt] 효율적인 transit[trǽnsit] 교통 (체계)
innovation[ìnəvéiʃən] 혁신 transportation[trænspərtéiʃən] 교통수단, 운송 decade[dékeid] 10년
revolutionize[rèvəlúːʃənàiz] 혁명을 일으키다 get around 이동하다 distance[dístəns] 거리

아웃라인

> ride-sharing services like Uber 우버와 같은 승차 공유 서비스
>
> • highly convenient 매우 편리함
>   – easy to arrange a ride using a smartphone app
>   스마트폰 앱을 이용하여 차편을 마련하는 것이 쉬움
>   – ex) Chicago, at the airport installed the Uber app & requested a ride → much
>   better than waiting for a taxi
>   예) 시카고에 갔을 때 공항에서 우버 앱을 깔고 차편을 요청했는데 택시를 기다리는 것보다 훨씬 좋았음

02

Wang 박사
앞으로 몇 주 동안, 우리는 자동화의 영향에 대해 논의할 것입니다. 자동화는 상품과 서비스를 생산하기 위해 사람의 개입이 거의 없이 기술을 사용하는 것입니다. 하지만 역사를 통틀어 모든 혁명적인 발전과 마찬가지로, 사람들은 자동화의 장점과 단점에 대해 논쟁합니다. 여러분 생각에는, 일자리의 자동화가 궁극적으로 사회에 긍정적인 변화를 가져올까요, 아니면 부정적인 발전이 될까요?

Brian
저는 자동화가 사회에 좋은 것이라고 생각하지 않습니다. 많은 사람들이 그들의 일자리를 잃게 될 것이고, 특히 육체 노동을 하는 사람들이 그럴 것입니다. 제 말은, 우리는 이미 식당에서 사람들의 시중을 드는 로봇들을 보고 있고, 저는 그 추세가 계속될 것이라고 생각합니다.

Amelia
분명 적응 기간이 있겠지만, 저는 자동화가 긍정적인 것이라고 생각합니다. 예를 들어, 로봇은 위험한 일을 하는 데 사용될 수 있습니다. 그렇게 하면, 근로자들은 더 이상 위험 물질에 노출되거나 중장비를 가지고 일할 필요가 없게 될 것입니다. 저는 자동화가 우리 삶의 질을 향상시키는 미래를 완전히 상상할 수 있습니다.

어휘 automation[ɔ̀ːtəméiʃən] 자동화 produce[prədjúːs] 생산하다 involvement[invάːlvmənt] 개입
revolutionary[rèvəlúːʃənèri] 혁명적인 merit[mérit] 장점 drawback[drɔ́ːbæ̀k] 단점
manual[mǽnjuəl] 육체 노동의, 손으로 하는 adjustment[ədʒʌ́stmənt] 적응 expose[ikspóuz] 노출시키다
hazardous[hǽzərdəs] 위험한 substance[sʌ́bstəns] 물질

아웃라인

○ will ultimately benefit us 궁극적으로 우리에게 이익이 될 것임

○ • allows humans to pursue more meaningful occupations
사람들이 더 의미 있는 직업을 추구하게 함

○ − humans can take on more creative & innovative roles
사람들은 더 창의적이고 혁신적인 역할을 맡을 수 있음

○ − ex) uncle: worked at a textile factory → lost his job due to automation
→ found work as an assistant to a tailor → opened his own boutique
○ 예) 삼촌은 섬유 공장에서 일하다가 자동화로 실직했는데, 재단사의 조수로 일하게 되었고 자신의 양품점을 차렸음

03

Torres 박사
정부는 공공 자금이 어떻게 할당되어야 하는지를 결정할 권한이 있습니다. 도로, 전기 및 수도 공급과 같은 사회 기반 시설을 개선하는 것은 인력과 자원을 연결하기 때문에 필수적입니다. 그러나 자금 조달은 항상 제한적이므로, 정책 입안자는 지출의 초점이 될 영역을 결정해야 합니다. 여러분에게 할 질문은 이것입니다. 정부는 사회 기반 시설 프로젝트를 위한 자금 지원을 할 때 시골 지역 또는 도시 지역 중 어디를 우선시해야 합니까? 그 이유는 무엇인가요?

Hailey S.
정부는 사회 기반 시설에 대한 지출에 있어서 도시 지역에 우선순위를 두어야 합니다. 기업, 교육 기관 및 연구 시설의 집중도가 높은 도시 지역은 경제 성장의 원동력입니다. 결과적으로, 도시들이 경제에 훨씬 더 큰 영향을 미칩니다. 도시 기반 시설을 개선하는 것은 그 이상의 경제 성장을 촉진하고 일자리를 창출하는 데 도움이 될 수 있습니다.

Kevin B.
Hailey가 하는 말을 이해하지만, 저는 다른 의견을 가지고 있습니다. 시골 지역은 환경적 중요성 때문에 정부의 사회 기반 시설에 대한 지출의 초점이 되어야 합니다. 그곳들은 숲과 습지와 같은 다양한 자연 생태계를 포함합니다. 시골 기반 시설을 방치하는 것은 이러한 서식지들의 상실로 이어질 수 있으며, 이는 생물 다양성에 심각한 결과를 초래할 것입니다.

어휘 authority[əθɔ́ːrəti] 권한 determine[ditə́ːrmin] 결정하다 allocate[ǽləkèit] 할당하다
infrastructure[ìnfrəstrʌ́ktʃər] 사회 기반 시설 resource[ríːsɔːrs] 자원 prioritize[praiɔ́ːrətàiz] 우선시하다
rural[rúərəl] 시골의, 농촌의 urban[ə́ːrbən] 도시의 institution[ìnstitúːʃən] 기관 facility[fəsíləti] 시설
habitat[hǽbitæt] 서식지

```
○  more urgently needed in rural areas  시골 지역에서 더 시급히 필요함

    • large gap in the living standards of urban & rural populations
○      도시와 시골 인구의 생활 수준에 큰 격차가 있음

○      – ppl. in rural areas X use the same services as those in cities
          시골 지역의 사람들은 도시의 사람들과 같은 서비스를 이용할 수 없음

○      – ex) India or China → ppl. in rural areas lack access to health care → travel
○        long distances to receive medical care
          예) 인도 또는 중국의 시골 지역에 사는 사람들은 의료 서비스에 대한 접근이 부족해서 치료를 받기 위해 먼 거리를
○        이동해야 함
```

04

Kwon 교수	Audrey
교육은 개인의 발전과 사회적 진보를 위한 핵심입니다. 아는 것이 많고 숙련된 교사는 양질의 교육을 위해 필수적이므로, 정부는 교사 교육에 투자를 해야 합니다. 하지만 양질의 교육을 위해 중요한 다른 요소들이 많이 있습니다. 저는 여러분의 생각을 듣고 싶습니다. 교육자들을 교육시키는 것 외에, 교육의 질을 향상시키기 위해 정부가 취할 수 있는 다른 접근 방식에는 어떤 것이 있다고 생각합니까?	저에게 있어서, 교육 분야의 연구 및 개발을 지원하는 것이 정부 자원을 사용하는 가장 좋은 방법입니다. 그것은 새로운 교육 기술과 교육 방법으로 이어질 것입니다. 이것들을 이용하는 것은 교사들을 훨씬 더 유능하게 만들 것이고, 이는 학생들에 의한 더 큰 학문적 진보로 이어질 것입니다. **Noah** 저는 학교를 계속 관리하고 개선하는 방향으로 더 많은 생각을 하고 있었습니다. 정부는 사회 기반 시설에 집중하여, 학생들이 최신 과학 실험실과 스포츠 시설을 이용할 수 있도록 해야 합니다. 교실이 편안하고 현대적이게 하는 것 또한 중요합니다.

어휘　**progress**[prágres] 진보, 발달　**knowledgeable**[nálidʒəbl] 아는 것이 많은　**quality**[kwáləti] 양질의, 고급의
　　　field[fi:ld] 분야　**effective**[iféktiv] 유능한, 효과적인　**maintain**[meintéin] 계속 관리하다　**up-to-date** 최신의

아웃라인

```
○  providing financial aid to students from low-income households
      저소득층 가정의 학생들에게 재정적인 지원을 제공하는 것

○    • cost of higher education: barrier to accessing a quality education
        고등교육의 비용이 양질의 교육을 받는 데 장벽이 될 수 있음

○      – scholarships & grants make it possible to receive a quality education
          장학금과 보조금은 양질의 교육을 받는 것을 가능하게 함

○      – ex) best friend, paid for his education by working → X focus on his studies
○        → received a grant in 2nd year, grades improved
          예) 가장 친한 친구는 일을 해서 학비를 내려고 했더니 학업에 집중하지 못했는데, 2학년 때 보조금을 받고 성적이
○        향상되었음
```

HACKERS PRACTICE

p.68

01 나의 의견 쓰기 ✏️

도입

① <u>I understand why Jasmine and Ken think that</u> passenger drones and services for renting out scooters are such important developments.

나의 의견

② <u>However, in my opinion,</u> the biggest transportation innovation over the past few decades is ride-sharing services like Uber.

해석   도입 저는 왜 Jasmine과 Ken이 승객용 드론과 스쿠터를 빌려주는 서비스가 그렇게 중요한 발전이라고 생각하는지 이해합니다.
나의 의견 하지만, 제 생각에는 지난 수십 년간 가장 큰 교통 혁신은 우버와 같은 승차 공유 서비스입니다.

어휘   **ride-sharing service** 승차 공유 서비스

02 나의 의견 쓰기 ✏️

도입

I understand why Brian thinks that ① <u>automation will have negative impacts on society.</u>

나의 의견

However, in my opinion, ② <u>automation will ultimately benefit us by allowing us to live to our full potential as humans.</u>

해석   도입 저는 왜 Brian이 자동화가 사회에 부정적인 영향을 미칠 것이라고 생각하는지 이해합니다. 나의 의견 하지만, 제 생각에는
자동화는 우리가 인간으로서 최대한의 잠재력을 발휘할 수 있도록 함으로써 궁극적으로 우리에게 이익이 될 것입니다.

어휘   **ultimately**[ʌ́ltəmətli] 궁극적으로   **potential**[pəténʃəl] 잠재력

03 나의 의견 쓰기 ✏️

도입

I understand why Hailey thinks that ① <u>urban areas should be prioritized in terms of infrastructure development.</u>

나의 의견

However, in my opinion, ② <u>improvements in infrastructure are more urgently needed in rural areas.</u>

해석   도입 저는 왜 Hailey가 사회 기반 시설의 개발 측면에서 도시 지역이 우선되어야 한다고 생각하는지 이해합니다. 나의 의견 하지
만, 제 생각에는 시골 지역에서 사회 기반 시설의 개선이 더 시급히 필요합니다.

어휘   **urgently**[ə́ːrdʒəntli] 시급히

04 나의 의견 쓰기 ✏️

> **도입**
> ① I see why Audrey and Noah think that R&D and school investments are important for a quality education.

> **나의 의견**
> ② However, for me personally, providing financial aid to students from low-income households is the best strategy that governments can employ.

해석 도입 저는 왜 Audrey와 Noah가 연구 및 개발과 학교 투자가 양질의 교육을 위해 중요하다고 생각하는지 이해합니다. **나의 의견** 하지만, 개인적으로는, 저소득층 가정의 학생들에게 재정적인 지원을 제공하는 것이 정부가 사용할 수 있는 최선의 전략입니다.

어휘 financial[fainǽnʃəl] 재정적인 aid[eid] 지원, 도움 low-income[lóuínkʌm] 저소득층의 employ[implɔ́i] 사용하다, 쓰다

COURSE 05 이유와 근거 쓰기

HACKERS PRACTICE

01 이유와 근거 쓰기 ✏️

> **이유**
> ① The primary reason is that ride-sharing is highly convenient.

> **구체적 근거 1: 일반적 진술**
> It is incredibly ② easy to arrange a ride using a smartphone app.

> **구체적 근거 2: 예시**
> ③ For instance, I recently traveled to Chicago to visit my family. When I arrived at the airport, I installed the Uber app and requested a ride. I could see where the driver was on the app, and he arrived quickly. Within a few minutes, I was on my way to my family's home. It was much better than waiting in line at the taxi stand.

맺음말 쓰기 ✏️

> ④ Overall, I believe that more and more people will use ride-sharing services in the future.

해석 이유 주된 이유는 승차 공유가 매우 편리하다는 것입니다. **구체적 근거 1: 일반적 진술** 스마트폰 앱을 사용하여 차편을 마련하는 것은 믿을 수 없을 정도로 쉽습니다. **구체적 근거 2: 예시** 예를 들어, 저는 최근에 가족을 방문하기 위해 시카고로 여행을 갔습니다. 공항에 도착했을 때, 저는 우버 앱을 설치하고 차편을 요청했습니다. 저는 앱에서 운전자가 어디에 있는지 볼 수 있었고, 그는 빨리 도착했습니다. 몇 분 안에, 저는 제 가족의 집으로 가는 길이었습니다. 택시 정류장에서 줄을 서서 기다리는 것보다 훨씬 좋았습니다. **맺음말** 전반적으로, 저는 앞으로 점점 더 많은 사람들이 승차 공유 서비스를 이용할 것이라고 생각합니다.

어휘 convenient[kənvíːnjənt] 편리한 arrange[əréindʒ] 마련하다, 배치하다 install[instɔ́ːl] 설치하다

Academic Discussion Task Course 05 이유와 근거 쓰기 **229**

Academic Discussion Task

Hackers **TOEFL** Writing Intermediate

02 이유와 근거 쓰기 ✏️

이유

This is mainly because ① using robots to do repetitive jobs can allow humans to pursue more meaningful occupations.

구체적 근거 1: 일반적 진술

To be more specific, ② humans can take on more creative and innovative roles.

구체적 근거 2: 예시

For example, my uncle used to work at a textile factory. ③ When he lost his job due to automation, he was devastated. But after a few months, he found work as an assistant to a local tailor. He learned to design and make suits and other types of clothing. ④ He eventually opened his own boutique.

해석　**이유** 이는 주로 반복적인 일을 하기 위해 로봇을 사용하는 것은 사람들이 더 의미 있는 직업을 추구하게 해주기 때문입니다. **구체적 근거 1: 일반적 진술** 좀 더 구체적으로 말하자면, 인간은 더 창의적이고 혁신적인 역할을 맡을 수 있습니다. **구체적 근거 2: 예시** 예를 들어, 나의 삼촌은 섬유 공장에서 일했었습니다. 그가 자동화로 인해 실직했을 때, 그는 엄청난 충격을 받았습니다. 하지만 몇 달 후, 그는 지역 재단사의 조수로 일자리를 구했습니다. 그는 정장과 다른 종류의 옷들을 디자인하고 만드는 법을 배웠습니다. 그는 결국 자신의 양품점을 차렸습니다.

어휘　repetitive[ripétativ] 반복적인　pursue[pərsúː] 추구하다　occupation[àkjupéiʃən] 직업　take on ~을 맡다
textile[tékstail] 섬유, 직물　devastated[dévəstèitid] 엄청난 충격을 받은　assistant[əsístənt] 조수
tailor[téilər] 재단사

03 이유와 근거 쓰기 ✏️

이유

This is mainly because ① there is a large gap in the living standards of urban and rural populations in many parts of the world.

구체적 근거 1: 일반적 진술

② People in rural areas cannot make use of the same services as those in cities.

구체적 근거 2: 예시

③ In fact, in the countries with the largest populations like India or China, people living in rural areas lack access to health care, education, and even clean water. In some cases, they may have to travel long distances to receive medical care, which makes it difficult to get timely treatment.

맺음말 쓰기 ✏️

Therefore, I believe that ④ infrastructure development is more urgently required in rural communities.

해석　**이유** 이는 주로 세계의 많은 지역에서 도시와 시골 인구의 생활 수준에 큰 격차가 있기 때문입니다. **구체적 근거 1: 일반적 진술** 시골 지역의 사람들은 도시의 사람들과 같은 서비스를 이용할 수 없습니다. **구체적 근거 2: 예시** 사실, 인도 또는 중국처럼 인구가 가장 많은 나라들에서, 시골 지역에 사는 사람들은 의료 서비스, 교육, 그리고 심지어 깨끗한 물에 대한 접근이 부족합니다. 몇

몇 경우에는, 그들은 치료를 받기 위해 먼 거리를 이동해야 할 수도 있는데, 이는 시기적절한 치료를 받기 어렵게 합니다. **맺음말** 그러므로, 저는 시골 지역사회에서 사회 기반 시설의 개발이 더욱 시급하다고 생각합니다.

어휘   **gap**[gæp] 격차, 차이   **standard**[stǽndərd] 수준, 기준   **make use of** ~을 이용하다   **lack**[læk] 부족하다
timely[táimli] 시기적절한   **treatment**[trí:tmənt] 치료

04   이유와 근거 쓰기 ✎

이유
① The main reason is that the cost of higher education can be a significant barrier to accessing a quality education for people without financial resources.

구체적 근거 1: 일반적 진술
Scholarships and grants ② make it possible for them to receive the quality education they deserve.

구체적 근거 2: 예시
③ For example, my best friend tried to pay for his education by working during his first year of university. This made him unable to fully focus on his studies. He even considered dropping out. Fortunately, he qualified for a grant in his second year. As a result, ④ his grades improved and he graduated with honors.

해석   **이유** 주된 이유는 고등교육의 비용이 재정적 자원이 없는 사람들이 양질의 교육에 접근하는 데 상당한 장벽이 될 수 있다는 것입니다. **구체적 근거 1: 일반적 진술** 장학금과 보조금은 그들이 마땅히 받을 만한 양질의 교육을 받는 것을 가능하게 합니다. **구체적 근거 2: 예시** 예를 들어, 저의 가장 친한 친구는 대학 1학년 동안 일함으로써 그의 교육비를 지불하려고 했습니다. 이는 그가 학업에 완전히 집중할 수 없게 만들었습니다. 그는 심지어 중퇴하는 것도 고려했습니다. 다행히도, 그는 2학년 때 보조금을 받을 자격이 되었습니다. 그 결과, 그는 성적이 향상되었고 우등으로 졸업했습니다.

어휘   **barrier**[bǽriər] 장벽, 장애물   **grant**[grænt] 보조금   **quality**[kwáləti] 양질의, 고급의   **deserve**[dizə́:rv] 마땅히 받을 만하다
drop out 중퇴하다

01

설명 당신의 교수는 미술사 수업을 하고 있습니다. 교수의 질문에 대한 답안을 서면으로 게시해야 합니다. 답안에서 다음 사항을 확인하세요: · 당신의 의견을 진술하고 그것을 뒷받침합니다. · 토론에 의미 있는 기여를 합니다. 답안을 유효하게 하려면 최소 100단어가 요구됩니다. 당신의 답안에 할당된 시간은 10분입니다.	**Elena** 만약 그것들이 도난당했다면, 원래의 소유국에 반환되어야 합니다. 예를 들어, 로제타석은 이집트에서 가장 중요한 발견물 중 하나였지만, 프랑스인들에 의해 도난당했고 영국으로 보내졌습니다. 그것이 본국으로 반환되면, 세계는 이집트인들이 그 유물을 정당하게 소유한다는 것을 인정할 것입니다.
Davis 교수 박물관에 가면, 전 세계의 놀라운 유물들을 감상할 수 있습니다. 이러한 유물들 중 상당수는 구입되거나 다른 물건과 교환되었지만, 몇몇은 전쟁이나 식민지 점령 기간 동안 도난당했습니다. 자, 다음 질문에 대해 토론해 보기 바랍니다. 문화 기관이 도난당한 유물들을 원소유국으로 돌려보내야 합니까, 아니면 그것들은 이제 세계의 공유된 문화유산의 일부입니까?	**Carlos** 저는 모든 물건들이 반환되어야 한다는 것에 동의하지 않습니다. 많은 경우, 박물관들은 원래의 소유국들보다 유물들을 보존하는 데 더 나은 장비를 갖추고 있는데, 이는 원소유국들이 그 물건들을 관리할 자원이 부족할 수 있기 때문입니다. 그 물건들을 그것들이 있는 곳에 계속 두는 것은 더 많은 사람들이 그것들에 대해 배울 수 있게 합니다.

어휘 admire[ædmáiər] 감상하다 incredible[inkrédəbl] 놀라운 artifact[á:rtəfæ̀kt] 유물 purchase[pə́:rtʃəs] 구입하다
exchange[ikstʃéindʒ] 교환하다 colonial occupation 식민지 점령 country of origin 원소유국, 원산지
heritage[héritidʒ] 유산 discovery[diskʌ́vəri] 발견물 acknowledge[əknálidʒ] 인정하다
rightfully[ráitfəli] 정당하게

아웃라인

○ stolen items should be sent back to countries of origin 　　도난당한 물건들은 원소유국으로 돌려보내져야 함 ○ · ppl. in those countries have lost part of their cultural heritage 　　　그 국가의 국민들은 문화유산의 일부를 잃었음 ○ 　– return → restore cultural integrity & learn from history 　　　　반환하면 문화적 완전성을 회복하고 역사로부터 배울 수 있음 ○ 　– ex) bronze masks stolen from Nigeria by British → return is seen as a chance 　　　　to reclaim lost culture ○ 　　예) 영국인들에 의해 나이지리아에서 도난당한 청동 가면들의 반환은 잃어버린 문화를 되찾을 기회로 여겨짐

나의 의견 쓰기 ✏️

도입

I understand why Carlos thinks that stolen artifacts should remain in the cultural institutions where they currently are.

나의 의견

① However, in my opinion, the stolen items should be sent back to their countries of origin.

이유와 근거 쓰기 ✏️

이유

② This is mainly because the people in those countries have lost part of their cultural heritage.

구체적 근거 1: 일반적 진술

Returning the items to the places they came from would restore their cultural integrity and allow both current and future generations to learn from their rich history.

구체적 근거 2: 예시

For example, the British took ancient bronze masks from Nigeria in the 19th century. But in 2022, the British declared that they would transfer ownership of the masks to Nigeria. The decision to return them is seen as a chance for Nigerians to reclaim a lost part of their cultural heritage. Researchers will be able to gain more insight about the items and their purpose by studying them in their original setting.

해석 　**도입** 저는 왜 Carlos가 도난당한 유물들이 현재 그것들이 있는 문화 기관에 남아 있어야 한다고 생각하는지 이해합니다. **나의 의견** 하지만, 제 생각에는 도난당한 유물들은 원소유국으로 돌려보내져야 합니다. **이유** 이는 주로 그 국가의 국민들이 그들 문화유산의 일부를 잃었기 때문입니다. **구체적 근거 1: 일반적 진술** 그 물건들을 원래 있던 곳으로 반환하는 것은 그들의 문화적 완전성을 회복하고 현재와 미래 세대 모두가 풍부한 역사로부터 배울 수 있도록 할 것입니다. **구체적 근거 2: 예시** 예를 들어, 영국인들은 19세기에 나이지리아에서 고대 청동 가면들을 가져갔습니다. 하지만 2022년에, 영국인들은 가면들의 소유권을 나이지리아로 이전하겠다고 선언했습니다. 그것들을 반환하겠다는 결정은 나이지리아 사람들이 문화유산의 잃어버린 부분을 되찾을 기회로 여겨지고 있습니다. 연구자들은 근원지에서 그것들을 연구함으로써 그 물건들과 그것들의 용도에 대해 더 많은 이해를 얻을 수 있을 것입니다.

어휘 　restore[ristɔ́ːr] 회복하다　integrity[intégrəti] 완전성　transfer[trænsfɔ́ːr] 이전하다　ownership[óunərʃìp] 소유권
reclaim[rikléim] 되찾다　insight[ínsàit] 이해, 통찰력

02

설명 당신의 교수는 경영학 수업을 하고 있습니다. 교수의 질문에 대한 답안을 서면으로 게시해야 합니다. 답안에서 다음 사항을 확인하세요:

· 당신의 의견을 진술하고 그것을 뒷받침합니다.
· 토론에 의미 있는 기여를 합니다.

답안을 유효하게 하려면 최소 100단어가 요구됩니다. 당신의 답안에 할당된 시간은 10분입니다.

Holloway 박사
지난 시간에, 기업이 제품을 마케팅하는 다양한 방법들을 논의했습니다. 한 가지 방법은 감성 마케팅 전략인데, 이것은 수십 년 동안 기업들에 의해 사용되어 온 것입니다. 이 전략은 의사 결정 과정에 영향을 미치고 궁극적으로 더 많은 판매를 유도하기 위해 소비자들의 감정을 이용하는 것을 목표로 합니다. 여러분은 기업이 마케팅에 감성 전략을 사용하는 것이 좋은 생각이라고 생각하십니까? 왜 그런가요, 혹은 왜 그렇지 않은가요?

Linus
사람들의 감정을 마케팅에 이용하는 것은 비윤리적이며, 특히 그것이 사람들의 불안을 이용하는 경우에 그렇습니다. 한 마케팅 회사는 월요일 아침마다 미용 제품 광고로 여성들을 겨냥할 것을 권장했습니다. 그것은 한 연구가 여성들이 보통 그 시간에 가장 덜 매력적이라고 느끼는 것을 발견했기 때문입니다. 저는 사람들이 취약할 때 그들을 이용하는 것은 잘못되었다고 생각합니다.

Maria
저는 감정을 이용하는 것에 잘못이 있다고 생각하지 않습니다. 기업은 고객과 감정적으로 관계를 맺고, 이는 상표 충성도로 이어질 수 있습니다. 저는 밀레니얼 세대를 겨냥한 한 신용카드 광고에 대해 읽었습니다. 그것은 옛 팝송을 틀고 2000년대의 이미지를 보여주었습니다. 그 이후로, 그 신용카드의 사용은 70% 증가했습니다.

어휘 　emotional marketing 감성 마케팅(소비자의 감성을 자극해 판매를 촉진하는 마케팅 기법)　tactic[tǽktik] 전략
tap into ~을 이용하다　influence[ínfluəns] 영향을 미치다　employ[implɔ́i] 사용하다　unethical[ʌnéθikəl] 비윤리적인
exploit[iksplɔ́it] 이용하다, 착취하다　insecurity[ìnsikjúərəti] 불안　target[táːrgit] 겨냥하다

take advantage of ~을 이용하다 vulnerable[vʌ́lnərəbl] 취약한

brand loyalty 상표 충성도(고객이 한 상표의 제품을 계속 구입하는 정도) commercial[kəmə́ːrʃəl] 광고

아웃라인

using emotional manipulation causes problems for consumers
감정 조작을 사용하는 것은 소비자들에게 문제를 일으킴

• ppl. make poor decisions when they are X thinking straight
사람들은 똑바로 생각하지 않을 때 잘못된 결정을 내림

  – emotional → less rational → buy things X need
  감정적이게 되면 덜 이성적이게 되며, 필요하지 않은 물건을 구매하게 됨

  – ex) mom saw an air purifier ad about protecting children → felt guilty →
  bought one though X necessary
  예) 어머니는 아이들을 보호하는 것에 대한 공기 청정기 광고를 보고 최책감을 느껴 필요 없음에도 불구하고 구매했음

나의 의견 쓰기 ✏️

도입
I understand why Maria thinks that it is okay for companies to use emotional manipulation to attract potential customers.

나의 의견
However, in my opinion, using emotional manipulation causes problems for consumers.

이유와 근거 쓰기 ✏️

이유
① This is mainly because people make poor decisions when they are not thinking straight.

구체적 근거 1: 일반적 진술
When a person becomes emotional, whether they are feeling good or bad, they are less likely to be rational and logical. This can lead them to buy things they do not want or need on the spur of the moment. Later, when they are less emotional, they may regret their purchase.

구체적 근거 2: 예시
② For example, my mom saw an air purifier advertisement that stressed the need to protect children from air pollution. It made her feel guilty, so she bought one even though it was not necessary.

해석 도입 저는 왜 Maria가 기업이 잠재적 고객들을 끌어들이기 위해 감정 조작을 사용하는 것이 괜찮다고 생각하는지 이해합니다. 나의 의견 하지만, 제 생각에는 감정 조작을 사용하는 것은 소비자들에게 문제를 일으킵니다. 이유 이는 주로 사람들이 똑바로 생각하지 않을 때 잘못된 결정을 내리기 때문입니다. 구체적 근거 1: 일반적 진술 사람이 감정적이게 되면, 기분이 좋든 나쁘든, 그들은 덜 이성적이고 논리적이게 됩니다. 이는 그들이 원하지도 않고 필요하지도 않은 것들을 순간의 충동으로 구매하게 할 수 있습니다. 나중에, 그들이 덜 감정적일 때, 그들은 그들의 구매를 후회할지도 모릅니다. 구체적 근거 2: 예시 예를 들어, 제 어머니는 대기 오염으로부터 아이들을 보호하는 것의 필요성을 강조하는 공기 청정기 광고를 보았습니다. 그것은 그녀가 최책감을 느끼게 만들었고, 그녀는 그것이 필요 없음에도 불구하고 구입했습니다.

어휘 manipulation[mənìpjuléiʃən] 조작 attract[ətrǽkt] 끌어들이다 potential[pəténʃəl] 잠재적인
rational[rǽʃənl] 이성적인 logical[lάdʒikəl] 논리적인 on the spur of the moment 순간의 충동으로
regret[rigrét] 후회하다 air purifier 공기 청정기 stress[stres] 강조하다 guilty[gílti] 최책감을 느끼는

03

설명 당신의 교수는 심리학 수업을 하고 있습니다. 교수의 질문에 대한 답안을 서면으로 게시해야 합니다. 답안에서 다음 사항을 확인하세요:

- 당신의 의견을 진술하고 그것을 뒷받침합니다.
- 토론에 의미 있는 기여를 합니다.

답안을 유효하게 하려면 최소 100단어가 요구됩니다. 당신의 답안에 할당된 시간은 10분입니다.

Xian 교수

수백 년 동안, 철학자들과 심리학자들은 모두 인간의 정체성과 우리를 개인으로서 특별하게 만드는 것에 대한 연구에 매료되어 왔습니다. 우리의 정체성이 부모로부터 물려받은 유전자에 의해 형성되는 것인지, 아니면 우리가 살고 있는 환경에 의해 형성되는 것인지에 대해 많은 논의가 있어 왔습니다. 여러분 생각에, 우리의 정체성을 형성하는 데 있어 본성과 양육 중 어떤 요소가 더 큰 역할을 합니까?

Erin

유전자는 우리가 어떻게 생기고 행동하는지에 대한 청사진이고, 우리의 외모와 행동은 개인으로서 우리가 누구인지를 결정합니다. 예를 들어, 어떤 사람들은 선천적으로 조용한 반면, 어떤 사람들은 더 외향적입니다. 내향적인 사람이 갑자기 외향적인 사람이 되기는 어려울 것입니다. 이러한 기질은 우리가 타고나는 것입니다.

Dev

우리가 어렸을 때 경험하는 것은 유전자보다 우리의 정체성에 훨씬 더 큰 영향을 줍니다. 제 말은, 누군가가 어릴 때 심각한 질병과 싸우거나 사랑하는 사람이 사망하는 것과 같은 충격적인 사건을 경험한다고 가정해 보세요. 그 사람의 정체성은 그 충격적인 사건이 일어나지 않았을 경우와 다른 방식으로 발달할 것입니다.

어휘 fascinate[fǽsənèit] 매료하다 **identity**[aidéntəti] 정체성 **gene**[dʒi:n] 유전자 **inherit**[inhérit] 물려받다, 상속받다
mold[mould] 형성하다 **nature**[néitʃər] 본성 **nurture**[nə́:rtʃər] 양육 **blueprint**[blúprìnt] 청사진
behave[bihéiv] 행동하다 **appearance**[əpíərəns] 외모 **introvert**[íntrəvə̀:rt] 내향적인 사람
extrovert[ékstrəvə̀:rt] 외향적인 사람 **traumatic**[trəmǽtik] 충격적인 **battle**[bǽtl] 싸우다 **disease**[dizíːz] 질병
pass away 사망하다 **devastating**[dévəstèitiŋ] 충격적인

아웃라인

○ environmental factors have a more profound influence
환경적 요인들이 더 심오한 영향을 미침

○ • minds of newborn infants are X developed 신생아들의 마음은 발달되지 않았음

○ – as we grow, mind gets filled w/ knowledge, values, & beliefs
우리는 성장하면서, 마음이 지식, 가치관, 그리고 신념으로 채워짐

○ – ex) identical twins: one grew up in Korea & the other in France → different
identities
예) 한 명은 한국에서, 다른 한 명은 프랑스에서 자란 일란성 쌍둥이는 서로 다른 정체성을 가짐

○

나의 의견 쓰기 ✏️

도입
① I understand why Erin thinks that genes are more important than the environment in shaping our identity.

나의 의견
② However, in my opinion, environmental factors have a more profound influence on us from a young age.

이유와 근거 쓰기 ✏️

이유

This is mainly because the minds of newborn infants are not fully developed and are shaped through experience.

구체적 근거 1: 일반적 진술

As we grow, our mind gets filled with knowledge, values, and beliefs. It is our interactions with the world around us that create our identity.

구체적 근거 2: 예시

③ For example, if there were a pair of identical twins, and one grew up in Korea and the other in France, each would have a completely different identity.

맺음말 쓰기 ✏️

맺음말

Overall, I believe that the environment and experiences are what make us who we are.

해석 **도입** 저는 왜 Erin이 우리의 정체성을 형성하는 데 환경보다 유전자가 더 중요하다고 생각하는지 이해합니다. **나의 의견** 하지만, 제 생각에는 어릴 때부터 환경적 요인들이 우리에게 더 심오한 영향을 미칩니다. **이유** 이는 주로 신생아들의 마음은 완전히 발달되지 않았고 경험을 통해 형성되기 때문입니다. **구체적 근거 1: 일반적 진술** 우리는 성장하면서, 우리의 마음은 지식, 가치, 그리고 신념으로 채워집니다. 우리의 정체성을 형성하는 것은 바로 우리를 둘러싼 세계와의 상호작용입니다. **구체적 근거 2: 예시** 예를 들어, 일란성 쌍둥이가 있는데, 한 명은 한국에서 자라고 다른 한 명은 프랑스에서 자랐다면, 각자 완전히 다른 정체성을 가질 것입니다. **맺음말** 전반적으로, 저는 환경과 경험이 우리를 현재의 우리로 만든다고 생각합니다.

어휘 profound[prəfáund] 심오한, 엄청난 newborn infant 신생아 interaction[ìntərǽkʃən] 상호작용
create[kriéit] 형성하다 identical twins 일란성 쌍둥이

04

설명 당신의 교수는 사회학 수업을 하고 있습니다. 교수의 질문에 대한 답안을 서면으로 게시해야 합니다. 답안에서 다음 사항을 확인하세요:

· 당신의 의견을 진술하고 그것을 뒷받침합니다.
· 토론에 의미 있는 기여를 합니다.

답안을 유효하게 하려면 최소 100단어가 요구됩니다. 당신의 답안에 할당된 시간은 10분입니다.

Wilkins 박사
우리는 자원봉사자들의 중요성에 대해 이야기해 왔습니다. 그들은 사회에서 매우 중요한 역할을 하며 지역사회를 하나로 묶는 접착제로 묘사되어 왔습니다. 하지만, 많은 연구들은 요즘 사람들이 과거에 비해 자원봉사를 할 가능성이 훨씬 낮다는 것을 보여주었습니다. 자원봉사자들의 많은 공헌을 인정하고 기념하는 것 외에, 여러분은 더 많은 사람들이 지역사회에서 자원봉사를 하도록 장려하기 위해 할 수 있는 것이 무엇이라고 생각합니까?

David
저는 자원봉사를 장려하는 가장 좋은 방법은 사람들이 참여할 수 있도록 원격 기회를 주는 것이라고 생각합니다. 많은 사람들은 직장이나 학교 일로 바쁩니다. 따라서 그들은 시간이 있을 때마다 집에서 참여할 수 있게 하는 원격 자원봉사 자리에 더 관심을 가질 것입니다.

Lisa
우리는 자원봉사에 관심 있을 수도 있는 사람들과 이미 자원봉사자인 사람들을 연결시켜 주어야 합니다. 이것은 자원봉사자들이 다른 사람들과 자신의 경험을 공유할 수 있게 하는 교류 행사나 친목 모임을 조직하는 것을 포함할 수 있습니다. 그들의 이야기가 널리 알려지면, 다른 사람들이 자원봉사를 하도록 영감을 받고 동기를 더욱 부여받을 수 있습니다.

어휘 volunteer[vὰːləntíər] 자원봉사자; 자원봉사를 하다 vital[váitl] 매우 중요한, 필수적인 recognize[rékəgnàiz] 인정하다
contribution[kὰntrəbjúːʃən] 공헌 encourage[inkə́ːridʒ] 장려하다 promote[prəmóut] 장려하다
remote[rimóut] 원격의 contribute[kəntríbjuːt] 참여하다, 이바지하다 available[əvéiləbl] 시간이 있는

organize[ɔ́ːrɡənàiz] 조직하다 social gathering 친목 모임 inspire[inspáiər] 영감을 주다
motivate[móutəvèit] 동기를 부여하다

아웃라인

○	charitable organizations should collaborate w/ local businesses 자선 단체들이 지역 기업들과 협력해야 함
○	• convenient to participate in programs organized by the companies 기업에서 조직하는 프로그램에 참여하는 것이 편리함
○	– companies coordinate transportation or give time off for volunteer duties 기업들은 자원봉사 업무를 위해 교통편을 편성하거나 휴가를 줌
○	– ex) brother's law firm: operates a shuttle bus & allows volunteering during
○	work hours → volunteers every week 예) 남동생이 일하는 법률 사무소가 셔틀버스를 운행하고 직원들이 정규 근무 시간에 자원봉사를 할 수 있게 하자,
○	그는 매주 자원봉사를 할 수 있게 됨

나의 의견 쓰기 ✎

도입

I understand why David and Lisa think that offering remote positions and meeting other volunteers will encourage more people to donate their time.

나의 의견

① However, in my opinion, charitable organizations should collaborate with local businesses to set up employee volunteer programs.

이유와 근거 쓰기 ✎

이유

② The primary reason is that it is often highly convenient for employees to participate in programs organized by the companies.

구체적 근거 1: 일반적 진술

In fact, companies will usually coordinate transportation or give staff members time off for their volunteer duties.

구체적 근거 2: 예시

③ For example, my brother works at a law firm that has partnered with a community center to provide free legal advice to immigrants. His company operates a shuttle bus and allows staff members to volunteer during their regular work hours. As a result, my brother now spends around 10 hours per week counseling those in need at the community center.

맺음말 쓰기 ✎

맺음말

Therefore, I believe that charities should work with companies to provide workers with more volunteering opportunities.

해석 **도입** 저는 왜 David와 Lisa가 원격 일자리를 제공하는 것과 다른 자원봉사자들을 만나는 것이 더 많은 사람들이 그들의 시간을 기부하도록 장려할 것이라고 생각하는지 이해합니다. **나의 의견** 하지만, 제 생각에는 직원들을 위한 자원봉사 프로그램을 마련하기 위해서 자선 단체들이 지역 기업들과 협력해야 합니다. **이유** 주된 이유는 직원들이 기업에서 조직하는 프로그램에 참여하는 것이 매우 편리하다는 것입니다. **구체적 근거 1: 일반적 진술** 실제로, 기업들은 보통 직원들의 자원봉사 업무를 위해 교통편을 편성하거나 휴가를 줄 것입니다. **구체적 근거 2: 예시** 예를 들어, 제 남동생은 이민자들에게 무료 법률 상담을 제공하기 위해 주민센터와 제휴한 법률 사무소에서 일하고 있습니다. 그의 회사는 셔틀버스를 운행하고 직원들이 정규 근무 시간에 자원봉사를 할 수 있게 합니다. 그 결과, 제 남동생은 현재 일주일에 약 10시간을 주민센터에서 도움이 필요한 사람들을 상담하는 데 보내고 있습니다. **맺음말** 그러므로, 저는 근로자들에게 더 많은 자원봉사 기회를 제공하기 위해 자선 단체들이 기업들과 협력해야 한다고 생각합니다.

어휘 **offer**[ɔ́:fər] 제공하다 **donate**[dóuneit] 기부하다 **charitable organization** 자선 단체 **set up** 마련하다
participate[pɑ:rtísəpèit] 참여하다 **coordinate**[kouɔ́:rdənèit] 편성하다 **partner with** ~와 제휴를 맺다
immigrant[ímigrənt] 이민자 **counsel**[káunsəl] 상담하다

05

설명 당신의 교수는 환경 과학 수업을 하고 있습니다. 교수의 질문에 대한 답안을 서면으로 게시해야 합니다. 답안에서 다음 사항을 확인하세요:

· 당신의 의견을 진술하고 그것을 뒷받침합니다.
· 토론에 의미 있는 기여를 합니다.

답안을 유효하게 하려면 최소 100단어가 요구됩니다. 당신의 답안에 할당된 시간은 10분입니다.

Becker 교수
빨대 그리고 비닐봉지와 같이 한 번 사용되고 버려지는 플라스틱 제품들을 일회용 플라스틱이라고 합니다. 이러한 물건들의 광범위한 사용은 그것들이 쉽게 분해되지 않기 때문에 심각한 문제이므로, 그것들은 환경을 해칠 수 있습니다. 만약 정부가 더 많은 사람들이 일회용 플라스틱에 대한 의존도를 줄이도록 설득하고 싶어 한다면, 그들이 사용할 수 있는 최선의 전략 또는 접근 방식은 무엇입니까? 그 이유는 무엇인가요?

Alex
저는 정부가 이 문제를 해결하기 위해 플라스틱 제품을 완전히 금지해야 한다고 생각합니다. 제품 제조업체들은 너무 많은 포장재를 사용하고, 이는 불필요한 폐기물을 발생시킵니다. 실제로, 플라스틱 포장재는 전 세계적으로 사용되는 플라스틱의 가장 큰 비중을 차지합니다. 플라스틱 사용을 금지함으로써, 우리는 환경에 대한 피해를 줄일 수 있습니다.

Christine
Alex의 말이 일리가 있지만, 생분해성 소재가 여전히 환경에 완전히 안전한 것은 아닙니다. 저는 정부가 일회용 플라스틱의 생산을 줄이기 위해 정책을 시행하는 것이 더 효과적일 것이라고 생각합니다. 플라스틱 제품들에 세금을 부과하는 것은 기업들이 친환경적인 대안을 찾도록 동기를 부여할 것입니다.

어휘 **discard**[diskɑ́:rd] 버리다 **single-use plastic** 일회용 플라스틱 **widespread**[wáidsprèd] 광범위한
degrade[digréid] 분해되다 **reduce**[ridjú:s] 줄이다 **reliance**[riláiəns] 의존 **ban**[bæn] 금지하다
packaging[pǽkidʒiŋ] 포장재 **account for** (부분·비율을) 차지하다 **traditional**[trədíʃənəl] 기존의
implement[ímpləmènt] 시행하다 **policy**[pɑ́ləsi] 정책 **eco-friendly**[í:kəufrèndli] 친환경적인
alternative[ɔ:ltə́:rnətiv] 대안

아웃라인

promote the use of biodegradable materials 생분해성 소재의 사용을 장려해야 함
· break down naturally → minimize impact on the environment
  자연적으로 분해되므로 환경에 미치는 영향을 최소화할 수 있음
    — natural decomposition reduces accumulation of waste
      자연 분해 과정은 쓰레기가 쌓이는 것을 줄임
    — ex) biodegradable bags, spoons & forks made of corn, potatoes, etc
      예) 생분해성 봉투, 옥수수와 감자 등으로 만들어진 숟가락 및 포크

나의 의견 쓰기 ✏️

도입

① I understand why the prohibition of plastic goods and the implementation of tax policies are important to Alex and Christine when it comes to government action to reduce our dependence on single-use plastics.

나의 의견

However, for me personally, the most effective way to solve this problem is for governments to promote the use of biodegradable materials.

이유와 근거 쓰기 ✏️

이유

This is mainly because they can break down naturally over time, minimizing their long-term impact on the environment.

구체적 근거 1: 일반적 진술

② This process of natural decomposition reduces the accumulation of waste in landfills.

구체적 근거 2: 예시

③ For instance, governments could make grocery stores provide biodegradable bags for produce. Similarly, restaurants could be required to use spoons and forks that are made of biodegradable materials like corn, potatoes, and wood.

맺음말 쓰기 ✏️

맺음말

④ Overall, I believe the only way to truly decrease our reliance on single-use plastics is for the government to encourage the use of biodegradable materials.

해석 **도입** 저는 왜 Alex와 Christine이 일회용 플라스틱에 대한 우리의 의존을 줄이기 위한 정부의 조치에 있어서 플라스틱 제품 사용의 금지와 세금 정책 시행이 중요하다고 생각하는지 이해합니다. **나의 의견** 하지만, 저에게는 개인적으로, 이 문제를 해결하는 가장 효과적인 방법은 정부가 생분해성 소재의 사용을 장려하는 것입니다. **이유** 이는 주로 그것들은 시간이 지나면서 자연적으로 분해되고, 이는 환경에 미치는 장기적인 영향을 최소화할 수 있기 때문입니다. **구체적 근거 1: 일반적 진술** 이러한 자연 분해 과정은 쓰레기 매립지에 쓰레기가 쌓이는 것을 줄입니다. **구체적 근거 2: 예시** 예를 들어, 정부는 식료품점들이 농산물을 위해 생분해성 봉투를 제공하도록 할 수 있습니다. 비슷하게, 식당들은 옥수수, 감자, 그리고 나무와 같은 생분해성 재료로 만들어진 숟가락과 포크를 사용하도록 요구될 수 있습니다. **맺음말** 전반적으로, 저는 일회용 플라스틱에 대한 의존을 진정으로 줄이는 유일한 방법은 정부가 생분해성 소재 사용을 장려하는 것이라고 생각합니다.

어휘 prohibition[pròuibíʃən] 금지 biodegradable[bàioudigréidəbl] 생분해성의 material[mətíəriəl] 소재, 재료
decomposition[dì:kampəzíʃən] 분해 accumulation[əkjù:mjuléiʃən] 축적 landfill[lǽndfìl] 쓰레기 매립지
produce[prádju:s] 농산물

06

설명 당신의 교수는 경영학 수업을 하고 있습니다. 교수의 질문에 대한 답안을 서면으로 게시해야 합니다. 답안에서 다음 사항을 확인하세요:

· 당신의 의견을 진술하고 그것을 뒷받침합니다.
· 토론에 의미 있는 기여를 합니다.

답안을 유효하게 하려면 최소 100단어가 요구됩니다. 당신의 답안에 할당된 시간은 10분입니다.

Diaz 박사
성공적인 사업과 실패한 사업의 가장 큰 차이점 중 하나는 전자는 유능한 지도자가 있다는 것입니다. 이것은 사업체들에 매우 중요한데, 이는 더 나은 지도자가 되는 방법을 가르쳐주는 워크숍, 강의, 그리고 책이 많은 이유입니다. 강력한 의사소통 기술을 가지는 것 외에, 유능한 지도자의 가장 중요한 자질은 무엇이라고 생각합니까? 그 이유는 무엇인가요?

Abigail
저는 훌륭한 지도자들은 명확한 목표를 가진 사람이라고 말하고 싶습니다. 훌륭한 지도자들은 자신이 무엇을 원하는지 정확히 알고 이를 달성하기 위해 적극적으로 계획을 세웁니다. 지도자들이 목표를 정확하게 정의하고 어떻게 이 목표를 달성할지 설명할 수 있을 때, 그들의 직원들은 그들을 더욱 신뢰하고 기꺼이 따를 것입니다.

Max
가장 유능한 지도자들은 계속해서 배우고 성장하는 사람입니다. 시장은 끊임없이 변화하고 있으므로, 지도자들은 그것과 함께 진화하는 방법을 알아야 합니다. 그렇게 함으로써, 그들은 회사 내에 성장의 사고방식을 조성할 수 있습니다. 이것은 도전을 수용하고, 궁극적으로, 창의성과 혁신을 추진하는 데 필요한 태도입니다.

어휘　**competent**[kámpətənt] 유능한　**lecture**[léktʃər] 강의　**quality**[kwáləti] 자질　**vision**[víʒən] 목표
define[difáin] 정의하다　**objective**[əbdʒéktiv] 목표　**achieve**[ətʃíːv] 달성하다　**constantly**[kánstəntli] 끊임없이
foster[fɔ́ːstər] 조성하다　**mindset**[máindsèt] 사고방식　**embrace**[imbréis] 수용하다　**challenge**[tʃǽlindʒ] 도전
drive[draiv] 추진하다

아웃라인

high emotional intelligence 높은 감성 지능
· provides insight into what motivates staff
  직원들에게 동기를 부여하는 요소에 대한 이해를 제공함
  – ensures that workers perform to the best of ability
    직원들이 능력을 최대한 발휘하여 일하게 함
  – ex) new manager quickly realized why cousin was unmotivated → gave
    opportunities to contribute → performance improved
    예) 새 관리자가 사촌이 왜 의욕이 없는지 재빨리 알아차리고 이바지할 수 있는 기회를 제공하자 성과가 향상됨

나의 의견 쓰기 ✏️

도입
I see why Abigail and Max think that good leaders are the ones who have a clear vision and the ability to adapt to changing circumstances.

나의 의견
① However, in my opinion, the best leaders are those who have high emotional intelligence, meaning that they are able to understand the emotions of their employees and respond appropriately.

이유와 근거 쓰기 ✏️

이유
② This is mainly because high emotional intelligence provides them with insight into what motivates staff members.

구체적 근거 1: 일반적 진술

③ With this information, they can take steps to ensure that workers perform to the best of their ability.

구체적 근거 2: 예시

④ For example, at the marketing company where my cousin works, a new manager took over her team. He quickly realized that my cousin was unmotivated because she felt her ideas were being ignored. In response, he provided her with many opportunities to contribute to projects. As a result, my cousin became highly enthusiastic about her work and her overall performance improved.

해석 **도입** 저는 왜 Abigail과 Max가 좋은 지도자는 명확한 목표와 변화하는 상황에 적응하는 능력을 가진 사람이라고 생각하는지 이해합니다. **나의 의견** 하지만, 제 생각에는 최고의 지도자는 높은 감성 지능을 가진 사람인데, 이는 그들이 직원들의 감정을 이해하고 적절하게 대응할 수 있다는 뜻입니다. **이유** 이는 주로 높은 감성 지능은 그들에게 무엇이 직원들을 동기 부여하는지에 대한 이해를 제공하기 때문입니다. **구체적 근거 1: 일반적 진술** 이 정보를 바탕으로, 그들은 직원들이 능력을 최대한 발휘하여 일할 수 있도록 조치를 취할 수 있습니다. **구체적 근거 2: 예시** 예를 들어, 제 사촌이 근무하는 마케팅 회사에서, 새 관리자가 그녀의 팀을 넘겨받았습니다. 그는 제 사촌이 자신의 아이디어가 무시당한다고 느껴서 의욕이 없다는 것을 재빨리 알아차렸습니다. 이에 대응하여, 그는 그녀에게 프로젝트에 이바지할 수 있는 많은 기회를 제공했습니다. 그 결과, 제 사촌은 그녀의 업무에 대한 열정이 높아졌고 전반적인 성과가 향상되었습니다.

어휘 adapt[ədǽpt] 적응하다 circumstance[sə́ːrkəmstæns] 상황 emotional intelligence 감성 지능
enthusiastic[inθùːziǽstik] 열정이 있는 emotion[imóuʃən] 감정

07

설명 당신의 교수는 교육학 수업을 하고 있습니다. 교수의 질문에 대한 답안을 서면으로 게시해야 합니다. 답안에서 다음 사항을 확인하세요:

· 당신의 의견을 진술하고 그것을 뒷받침합니다.
· 토론에 의미 있는 기여를 합니다.

답안을 유효하게 하려면 최소 100단어가 요구됩니다. 당신의 답안에 할당된 시간은 10분입니다.

Hughes 교수

교육자들 사이에서 논쟁의 대상이 되는 한 가지 주제는 학생들을 평가할 때 표준화된 시험과 수행 기반 평가 중 어느 것을 사용할지입니다. 몇몇 사람들은 표준화된 시험이 비교 가능한 시험 점수를 제공함으로써 학생들의 학습에 대한 더 정확한 척도를 제공한다고 주장합니다. 반면, 수행 기반 평가를 지지하는 사람들은 그것들이 실제적인 과제를 완료하는 학생들의 능력을 직접적으로 검사함으로써 더 유용한 평가를 제공한다고 주장합니다. 이 문제에 대한 여러분의 생각은 무엇입니까?

Ethan C.

수행 기반 평가는 너무 주관적입니다. 표준화된 시험은 완벽하지는 않지만, 그것들은 여전히 가치가 있습니다. 교사들은 우수한 학생들과 평균적인 학생들을 구분할 수 있어야 하고, 그들은 이것을 실천할 수 있는 모종의 기준을 필요로 합니다. 하지만, 발표와 같은 프로젝트에서는, 학생들은 다양한 주제들에 집중하고, 각 교사마다 다르게 성적을 줄 수 있습니다.

Nora Z.

저는 수행 기반 평가가 학생들을 더 잘 평가한다고 생각합니다. SAT와 같이 표준화된 시험의 점수가 학생들이 대학에서 성공적일지 예측하는 데 얼마나 부적절한지에 대한 기사를 읽었습니다. 이는 그것들이 좁은 범위의 기량과 지식을 평가하기 때문입니다. 하지만 인간의 지능은 복잡하기 때문에, 단순한 객관식 시험으로는 정확하게 평가될 수 없습니다.

어휘 standardized test 표준화된 시험 performance-based assessment 수행 기반 평가 accurate[ǽkjurət] 정확한
comparable[kámpərəbl] 비교 가능한 proponent[prəpóunənt] 지지하는 사람 contend[kənténd] 주장하다
examine[igzǽmin] 검사하다 subjective[səbdʒéktiv] 주관적인 distinguish[distíŋgwiʃ] 구분하다
average[ǽvəridʒ] 평균적인 predict[pridíkt] 예측하다 narrow[nǽrou] 좁은, 편협한 intelligence[intélədʒəns] 지능
complex[kəmpléks] 복잡한 assess[əsés] 평가하다 multiple-choice test 객관식 시험

○ performance-based assessments are better 수행 기반 평가가 더 나음
    • objective of education: give young people practical knowledge they need to find a
○   career 교육의 목표는 젊은 사람들에게 직업을 찾는 데 필요한 실용적인 지식을 제공하는 것임
      – performance-based assessments focus on practical application of skills,
○   X memorization 수행 기반 평가는 암기보다는 기술의 실제 적용에 중점을 둠
      – ex) science class: scientific experiment for evaluation
○   예) 과학 수업에서 평가를 위해 과학 실험을 하는 것

나의 의견 쓰기 ✏️

도입
① I understand why Ethan thinks that standardized tests are superior to performance-based assessments for evaluating students.

나의 의견
② However, in my opinion, performance-based assessments are better for obtaining an accurate picture of students' abilities.

이유와 근거 쓰기 ✏️

이유
This is mainly because the core objective of education is to give young people the practical knowledge they need to find a fulfilling career and become a contributing member of society.

구체적 근거 1: 일반적 진술
③ Performance-based assessments offer a more accurate and relevant evaluation of students' abilities, as they focus on the practical application of skills rather than on rote memorization.

구체적 근거 2: 예시
④ For example, in a science class, teachers can conduct a scientific experiment for the evaluation. Rather than simply memorizing scientific theories, students are required to design and carry out experiments, analyze the results, and draw conclusions based on their findings. Through this process, students develop skills needed for future scientific careers.

맺음말 쓰기 ✏️

맺음말
In this regard, I believe that teachers should grade their students based on their performance rather than through standardized tests.

해석 **도입** 저는 왜 Ethan이 학생들을 평가하는 데 표준화된 시험이 수행 기반 평가보다 우수하다고 생각하는지 이해합니다. **나의 의견** 하지만, 제 생각에는 학생들의 능력을 정확하게 파악하는 데 수행 기반 평가가 더 낫다고 생각합니다. **이유** 이는 주로 교육의 핵심 목표가 젊은 사람들에게 만족스러운 직업을 찾고 사회에 이바지하는 구성원이 되는 데 필요한 실용적인 지식을 제공하는 것이기 때문입니다. **구체적 근거 1: 일반적 진술** 수행 기반 평가는 기계적 암기보다는 기술의 실제 적용에 중점을 두기 때문에 학생

들의 능력에 대해 더욱 정확하고 적절한 평가를 제공합니다. **구체적 근거 2: 예시** 예를 들어, 과학 수업에서 선생님들은 평가를 위해 과학 실험을 할 수 있습니다. 학생들은 단순히 과학적인 이론을 암기하는 것이 아니라, 실험을 설계하고 수행하고, 그 결과를 분석하고, 그들의 발견을 바탕으로 결론을 도출할 것이 요구됩니다. 이 과정을 통해, 학생들은 미래의 과학 진로에 필요한 기술을 개발합니다.

어휘 **superior**[supíəriər] 우수한 **core**[kɔːr] 핵심의 **practical**[prǽktikəl] 실용적인 **fulfilling**[fulfíliŋ] 만족스러운 **relevant**[réləvənt] 적절한, 관련 있는 **rote memorization** 기계적 암기 **theory**[θíːəri] 이론 **carry out** 수행하다 **draw conclusion** 결론을 도출하다

08

설명 당신의 교수는 과학 기술 수업을 하고 있습니다. 교수의 질문에 대한 답안을 서면으로 게시해야 합니다. 답안에서 다음 사항을 확인하세요:

· 당신의 의견을 진술하고 그것을 뒷받침합니다.
· 토론에 의미 있는 기여를 합니다.

답안을 유효하게 하려면 최소 100단어가 요구됩니다. 당신의 답안에 할당된 시간은 10분입니다.

Lawton 교수
지난 시간에, 우리는 인공지능, 또는 AI가, 우리가 일하는 방식을 바꾸고 있다는 것을 읽었습니다. 수백 명의 지원자를 받는 몇몇 기업에서는 일자리에 대한 지원자들을 선별하는 것을 돕기 위해 이미 AI 기반 소프트웨어를 사용하고 있습니다. 자, 여러분에게 질문이 있습니다. 기업이 채용 결정을 내리기 위해 인간의 감독 없이 AI 알고리즘을 사용하도록 허용되어야 합니까, 아니면 의사 결정에 인간의 개입이 필요합니까? 그 이유는 무엇인가요?

Arturo D.
저는 AI가 채용 경쟁을 더 공정하게 만들 수 있다고 생각합니다. AI는 지원자의 초기 심사에 도움이 될 뿐 아니라, 더욱 객관적인 채용 결정을 내리는 데에도 활용될 수 있습니다. 인간은 그러지 않으려고 노력해도, 자연적으로 선입견을 가지고 있기 때문에, 자격을 갖춘 많은 지원자들이 인종이나 성별 차별 때문에 채용되지 못할 수도 있습니다.

Rose H.
기업은 오로지 AI 채용 소프트웨어에 의존해서는 안 됩니다. 그것은 특정 기준에 따라 이력서를 살펴보고 지원자를 선별할 수 있지만, 누군가가 자녀를 기르기 위해 휴직한 경우와 같이 특수한 상황을 예외로 적용하지 못할 수도 있습니다. 이는 몇몇 지원자들이 직무에 가장 적합한 사람임에도 불구하고 걸러지도록 할 수 있습니다.

어휘 **artificial intelligence** 인공지능 **screen**[skriːn] 선별하다 **applicant**[ǽplikənt] 지원자, 후보자 **job position** 일자리 **oversight**[óuvərsàit] 감독, 관리 **intervention**[ìntərvénʃən] 개입 **competition**[kàmpətíʃən] 경쟁 **initial**[iníʃəl] 초기의 **objective**[əbdʒéktiv] 객관적인 **biased**[báiəst] 선입견을 가지고 있는 **qualified**[kwáləfàid] 자격을 갖춘 **racial**[réiʃəl] 인종의 **gender**[dʒéndər] 성별 **discrimination**[diskrìmənéiʃən] 차별 **rely**[rilái] 의존하다 **recruiting**[rikrúːtiŋ] 채용 (활동) **résumé**[rézumèi] 이력서 **criteria**[kraitíriə] 기준 **exception**[iksépʃən] 예외

아웃라인

humans should make hiring decisions 인간이 채용 결정을 내려야 함
· can detect subtle qualities in other humans that machines cannot
  기계는 감지할 수 없는 다른 사람들의 미묘한 자질들을 감지할 수 있음
  – should attend job interviews to see if a candidate will be a good fit for the company 지원자가 회사에 잘 맞을지 확인하기 위해 채용 면접에 참석해야 함
  – ex) sister's verbal skills impressed the hiring team → got the job
    예) 누나의 구술 능력이 채용팀에 감명을 주었고, 일자리를 얻음

나의 의견 쓰기 ✏️

도입

① I understand why Arturo thinks that AI could help minimize discrimination toward job candidates.

나의 의견

However, in my opinion, humans should be the ones making hiring decisions.

이유와 근거 쓰기 ✏️

이유

② The main reason is that humans can detect subtle qualities in other humans, such as their interpersonal abilities, that machines cannot.

구체적 근거 1: 일반적 진술

③ Human hiring managers should thus attend job interviews to see if a candidate will be a good fit for the company.

구체적 근거 2: 예시

④ For instance, my older sister applied for a customer service position a few years ago. Her résumé was not that strong, but the hiring team was impressed with her exceptional verbal communication skills and her ability to handle difficult situations. So the company offered her the job. These are qualities that are challenging for AI to measure accurately. If AI had conducted the recruitment screening, she would not have been hired.

맺음말 쓰기 ✏️

맺음말

Overall, I believe that humans should participate in all hiring decisions.

해석 **도입** 저는 왜 Arturo가 인공지능이 지원자들에 대한 차별을 최소화하는 데 도움이 될 수 있다고 생각하는지 이해합니다. **나의 의견** 하지만, 제 생각에는 채용 결정을 내리는 주체는 인간이어야 합니다. **이유** 주된 이유는 인간이 대인관계 능력과 같이 기계는 감지할 수 없는 다른 사람들의 미묘한 자질을 감지할 수 있다는 것입니다. **구체적 근거 1: 일반적 진술** 따라서 인간 채용 담당자는 지원자가 회사에 잘 맞을지 확인하기 위해 채용 면접에 참석해야 합니다. **구체적 근거 2: 예시** 예를 들어, 제 누나는 몇 년 전에 고객 서비스직에 지원했습니다. 그녀의 이력서는 그렇게 훌륭하지는 않았지만, 채용팀은 그녀의 뛰어난 구두 소통 능력과 어려운 상황을 처리하는 능력에 감명받았습니다. 그래서 회사는 그녀에게 그 일자리를 제안했습니다. 이것들은 인공지능이 정확하게 측정하기 어려운 자질입니다. 만약 인공지능이 채용 심사를 진행했다면, 그녀는 고용되지 못했을 것입니다. **맺음말** 전반적으로, 저는 인간이 모든 채용 결정에 참여해야 한다고 생각합니다.

어휘 minimize[mínimàiz] 최소화하다 detect[ditékt] 감지하다 subtle[sʌtl] 미묘한
interpersonal[ìntərpə́ːrsənəl] 대인관계의 attend[əténd] 참석하다 job interview 채용 면접
impress[imprés] 감명을 주다 exceptional[iksépʃənl] 뛰어난 handle[hǽndl] 처리하다 conduct[kəndʌ́kt] 진행하다

09

설명 당신의 교수는 언론학 수업을 하고 있습니다. 교수의 질문에 대한 답안을 서면으로 게시해야 합니다. 답안에서 다음 사항을 확인하세요:

· 당신의 의견을 진술하고 그것을 뒷받침합니다.
· 토론에 의미 있는 기여를 합니다.

답안을 유효하게 하려면 최소 100단어가 요구됩니다. 당신의 답안에 할당된 시간은 10분입니다.

Murphy 박사

오늘날 우리는 과거와는 다른 방식으로 뉴스를 접합니다. 우리는 하루에 한 번 몇 개의 신문이나 TV 프로그램을 통해 뉴스를 접하곤 했습니다. 하지만 지금은 인터넷 덕분에, 수천 개의 뉴스 사이트가 항시 운영됩니다. 정보가 정확한지와는 관계없이, 소식이 빠르게 업로드될수록, 무슨 일이 일어나고 있는지 더 빨리 알 수 있습니다. 언론의 주된 역할은 심층 분석을 제공하는 것과 신속하게 뉴스를 전하는 것 중 무엇이 되어야 합니까?

Victor L.

저는 뉴스가 사람들에게 중대한 사건들에 대한 즉각적인 정보를 제공할 수 있기 때문에 뉴스 기사를 신속하게 보도하는 것이 중요하다고 생각합니다. 이는 자연재해나 테러 공격이 발생한 상황과 같이, 사람들이 위험에 처할 수 있을 때 특히 중요합니다. 그리고 만약 세부 정보가 부정확한 것으로 밝혀지면, 그것들은 신속하게 업데이트될 수 있습니다.

Cate D.

사람들은 상황을 올바르게 이해하기 위해 상세한 분석이 필요합니다. 그들은 종종 한 사건에 대한 정확한 이해를 얻기 위해 관련된 세부 사항을 모두 알아야 합니다. 예를 들어, 2008년 글로벌 금융 위기의 원인은 배경지식 없이는 이해하기 어렵습니다. 따라서, 언론은 그것과 관련된 경제 개념들에 대한 설명을 제공해야 합니다.

어휘 in-depth[índepθ] 심층 break the news 뉴스를 전하다 prompt[prampt] 즉각적인 natural disaster 자연재해 inaccurate[inækjurət] 부정확한 detailed[díːteild] 상세한 cause[kɔːz] 원인 financial crisis 금융 위기 comprehend[kàːmprihénd] 이해하다 background knowledge 배경 지식 economic[èkənáːmik] 경제의 concept[kánsept] 개념

아웃라인

○ in-depth reporting is more valuable 심층 보도가 더 가치 있음
  · allows people to form & express opinions on complex issues
○   사람들이 복잡한 문제에 대한 의견을 형성하고 표현할 수 있게 함
    – superficial coverage → misinformed views
○   피상적인 보도는 잘못된 정보에 근거한 견해를 가지게 함
    – ex) thought climate change was X a serious issue → changed mind after
○   seeing a detailed report
      예) 기후 변화가 심각한 문제가 아니라고 생각했었지만, 자세한 보도를 본 후에 생각을 바꿨음
○

나의 의견 쓰기 ✏️

도입
① I understand why Victor thinks that covering news stories as soon as the events occur is more important for media outlets than reporting on them in detail.

나의 의견
② However, in my opinion, in-depth reporting is more valuable than breaking the news right away.

이유와 근거 쓰기 ✏️

③ This is mainly because detailed reporting allows people to form their own opinions on complex issues and express them.

④ Superficial coverage can result in people holding misinformed views.

⑤ For example, I used to think that climate change was not a serious issue. But then I saw a detailed news report about how the earth's average temperature could rise by 1.5 degrees Celsius or more by 2100. This made me realize that climate change could have serious consequences for all life on the planet and that I should do something about it.

해석 **도입** 저는 왜 Victor가 언론 매체가 뉴스 기사를 자세히 보도하는 것보다 사건이 발생하자마자 보도하는 것이 더 중요하다고 생각하는지 이해합니다. **나의 의견** 하지만, 제 생각에는 심층 보도가 즉시 뉴스를 전하는 것보다 더 가치 있다고 생각합니다. **이유** 이는 주로 상세한 보도는 사람들이 복잡한 문제에 대한 그들의 의견을 형성하고 표현할 수 있게 하기 때문입니다. **구체적 근거 1: 일반적 진술** 피상적인 보도는 사람들이 잘못된 정보에 근거한 견해를 가지도록 할 수 있습니다. **구체적 근거 2: 예시** 예를 들어, 저는 기후 변화가 심각한 문제가 아니라고 생각했었습니다. 하지만 그때 2100년까지 지구의 평균 기온이 섭씨 1.5도 혹은 그 이상 상승할 수 있다는 자세한 뉴스 보도를 보았습니다. 이는 기후 변화가 지구상의 모든 생명체에 심각한 결과를 초래할 수 있으며 제가 그것에 대해 무언가를 해야 한다는 것을 깨닫게 해주었습니다.

어휘 **cover**[kʌ́vər] 보도하다, 취재하다 **valuable**[vǽljuəbl] 가치 있는 **express**[iksprés] 표현하다 **interpret**[intə́ːrprit] 이해하다, 해석하다 **superficial**[sùːpərfíʃəl] 피상적인 **coverage**[kʌ́vəridʒ] 보도 **climate change** 기후 변화 **temperature**[témpərətʃər] 기온 **realize**[ríːəlàiz] 깨닫다

10

설명 당신의 교수는 사회학 수업을 하고 있습니다. 교수의 질문에 대한 답안을 서면으로 게시해야 합니다. 답안에서 다음 사항을 확인하세요:

· 당신의 의견을 진술하고 그것을 뒷받침합니다.
· 토론에 의미 있는 기여를 합니다.

답안을 유효하게 하려면 최소 100단어가 요구됩니다. 당신의 답안에 할당된 시간은 10분입니다.

Dawson 교수
우리는 지역사회에 긍정적인 영향을 미치기 위해 개인으로서 사회적 책임을 다하는 것의 중요성에 대해 논의해 왔습니다. 변화를 만드는 한 가지 방법은 지역사회 봉사 프로젝트에 참여하는 것입니다. 많은 대학들이 학생들에게 이러한 프로그램들에 참여할 것을 권장합니다. 대학생들이 그들의 지역사회를 돕기 위해 어떤 활동에 참여해야 한다고 생각합니까? 그 이유는 무엇인가요?

Franz
무료 급식 시설에서 자원봉사를 하는 것은 지역사회에 보답하는 좋은 방법입니다. 무료 급식 시설은 사회의 가장 취약한 사람들에게 도움을 제공합니다. 무료 급식 시설에 오는 많은 사람들은 의지할 곳이 없습니다. 이러한 시설에서 자원봉사를 하는 것은 가난한 사람들에게 필수적인 서비스를 계속 제공할 수 있도록 합니다.

Olivia
개인적으로, 저는 공원과 다른 공공장소를 청소하는 것이 중요하다고 생각하는데 이곳들은 지역사회 행사가 열리고 사람들이 모이는 장소이기 때문입니다. 우리의 공용 공간을 더 깨끗하고 매력적으로 만드는 것은 주민들에게 긍정적인 영향을 미치고 그들이 그곳에서 더 많은 시간을 보내도록 장려할 수 있습니다.

어휘 **social responsibility** 사회적 책임 **community service** 지역사회 봉사 **assist**[əsíst] 돕다 **soup kitchen** 무료 급식 시설 **give back** 보답하다 **vulnerable**[vʌ́lnərəbl] 취약한 **turn to** ~에 의지하다 **attractive**[ətrǽktiv] 매력적인 **resident**[rézədənt] 주민

아웃라인

> ○ help elementary students w/ their studies 초등학생들의 공부를 도와야 함
>   • children are the future generation of leaders & innovators
> ○ 아이들은 미래 세대의 지도자이자 혁신가임
>   − education has the power to change lives
>   교육은 삶을 바꿀 수 있는 힘을 가지고 있음
>   − ex) tutored children in math → former student got top grade in math class
> ○ 예) 아이들에게 수학을 가르쳤고, 이전에 가르쳤던 학생이 수학 수업에서 최고 성적을 받았음

나의 의견 쓰기 ✏️

도입
① I understand why Franz and Olivia think that it is beneficial for university students to volunteer at soup kitchens and clean up public spaces.

나의 의견
② However, in my opinion, helping elementary students with their studies is the best way for university students to contribute to their communities.

이유와 근거 쓰기 ✏️

이유
③ This is mainly because these children are the future generation of leaders and innovators.

구체적 근거 1: 일반적 진술
④ Education is a gift that can change lives.

구체적 근거 2: 예시
⑤ For instance, I worked as a math tutor for children at a youth shelter. By tutoring these students, I was able to make a difference in their lives. In fact, a former student emailed me recently to say that she had received the top grade in her math class.

맺음말 쓰기 ✏️

맺음말
⑥ Overall, I believe that teaching elementary school students is one way that university students can have a great impact on their communities.

해석 **도입** 저는 왜 Franz와 Olivia가 대학생들이 무료 급식 시설에서 자원봉사를 하고 공공장소를 청소하는 것이 유익하다고 생각하는지 이해합니다. **나의 의견** 하지만, 제 생각에는 초등학생들의 공부를 돕는 것이 대학생들이 지역사회에 이바지할 수 있는 가장 좋은 방법입니다. **이유** 이는 주로 이 아이들이 미래 세대의 지도자이자 혁신가이기 때문입니다. **구체적 근거 1: 일반적 진술** 교육은 삶을 바꿀 수 있는 선물입니다. **구체적 근거 2: 예시** 예를 들어, 저는 청소년 쉼터에서 아이들의 수학 과외 교사로 일했습니다. 이 학생들을 가르치며, 저는 그들의 삶에 변화를 일으킬 수 있었습니다. 실제로, 이전에 가르쳤던 한 학생은 저에게 최근에 이메일을 보내 그녀가 수학 수업에서 최고 성적을 받았다고 말했습니다. **맺음말** 전반적으로, 저는 초등학생들을 가르치는 것이 대학생들이 그들의 지역사회에 큰 영향을 미칠 수 있는 방법 중 하나라고 생각합니다.

어휘 beneficial[bènəfíʃəl] 유익한 generation[dʒènəréiʃən] 세대 innovator[ínəvèitər] 혁신가
tutor[tjúːtər] 과외 교사; 가르치다 youth shelter 청소년 쉼터 former[fɔ́ːrmər] 이전의

Academic Discussion Task

Hackers TOEFL Writing Intermediate

Integrated Task

COURSE 01 문장 익히기 - 상황별 표현

HACKERS PRACTICE

p.110

01 **To begin with, the lecturer argues that** regular attendance is not necessary to master a subject.

우선, 강의자는 한 과목을 완전히 습득하는 데 정기적인 출석은 필요하지 않다고 주장한다.

02 **This contradicts the reading passage's claim that** scientists understand how Mima mounds were formed.

이는 과학자들이 미마 둔덕이 어떻게 형성되었는지 이해한다는 읽기 지문의 주장을 반박한다.

03 **Next, the lecturer points out that** disease did not destroy the Hohokam civilization.

다음으로, 강의자는 질병이 호호캄 문명을 파괴하지 않았다고 지적한다.

04 **On top of that, the lecturer points out that** the increased production of coal did not contribute to better health.

이에 더해, 강의자는 증가된 석탄 생산량이 더 나은 건강에 기여하지 않았다고 지적한다.

05 **This casts doubt on the reading passage's claim that** landfills are responsible for global warming.

이는 쓰레기 매립지가 지구 온난화의 원인이라는 읽기 지문의 주장에 의구심을 제기한다.

06 **The lecturer contends that** it is not true that the responses to automated surveys are more accurate.

강의자는 자동화된 설문조사의 답변이 더 정확하다는 것은 사실이 아니라고 주장한다.

07 **Finally, the lecturer explains that** a congestion fee would not increase the cost of deliveries.

마지막으로, 강의자는 혼잡 통행료가 운송비를 증가시키지 않을 것이라고 설명한다.

08 **This is because** even a green factory generates a small amount of pollution.

이는 환경친화적인 공장조차도 적은 양의 오염을 발생시키기 때문이다.

09 **This counters the reading passage's claim that** petroglyphs were made to be used in religious ceremonies.

이는 암면 조각이 종교 의식에 사용되기 위해 만들어졌다는 읽기 지문의 주장에 반대한다.

10 **The reason is that** jogging strengthens the muscles around the joints.

그 이유는 조깅이 관절 주변의 근육을 강화하기 때문이다.

11 **The lecturer maintains that** it is doubtful that the roads stood for the four basic directions.

강의자는 그 도로가 네 개의 기본 방향을 나타냈다는 것이 의문스럽다고 주장한다.

12 **This refutes the reading passage's claim that** forgery was acceptable and commonly done.

이는 위조가 용인되었으며 흔하게 일어났다는 읽기 지문의 주장을 반박한다.

13 **This opposes the reading passage's claim that** the tower was constructed by the Chinese.

이는 그 탑이 중국인들에 의해 건설되었다는 읽기 지문의 주장에 반대한다.

14 **The lecturer asserts that** students studying music perform better in other subjects.

강의자는 음악을 공부하는 학생들이 다른 과목들에서도 더 좋은 성과를 낸다고 주장한다.

15 **First, the lecturer argues that** the so-called 1418 Chinese map is a fake.

첫째로, 강의자는 소위 1418년의 중국 지도가 가짜라고 주장한다.

16 **The lecturer claims that** petroglyphs were used for helpful communication between tribes.

강의자는 암면 조각이 부족 간의 유용한 의사소통을 위해 사용되었다고 주장한다.

COURSE 02 읽고 노트테이킹하기

읽기 지문 해석

p.113

현재, 수력 발전 시설은 전 세계 전기의 24퍼센트만을 생산한다. 하지만, 이 지속 가능한 에너지원은 많은 이점으로 인해 미래에 더 널리 사용될 것이다.

첫째로, 수력 발전은 무한한 에너지원이다. 강물의 움직임은 절대 멈추지 않는데, 이는 전기가 계속해서 생산될 수 있는 것을 보장한다. 게다가, 전 세계에 적합한 강이 많이 있어서, 수력 전기를 거의 어디에서나 생산하는 것을 가능하게 한다.

다음으로, 수력 발전 시설은 가동상태를 유지하기 위한 관리를 거의 필요로 하지 않는다. 예를 들어, 수력 발전 댐은 대개 구조적 손상을 방지하기 위해 내구성 있는 소재로 지어진다. 게다가, 이 시설들은 가스, 석탄, 혹은 원자력 발전소보다 더 적은 부품을 가지고 있고, 이는 보수의 필요성을 줄여준다.

마지막으로, 수력 발전 댐은 수력 전기를 생산하기 위해서뿐만 아니라 홍수의 위험을 줄이기 위해서도 지어진다. 강우량이 많거나 급속한 해빙 기간 동안 많은 강은 둑을 넘쳐흐른다. 하지만, 댐은 범람한 물을 담아두고 강의 흐름을 조절할 수 있어서, 파괴적인 홍수의 가능성을 줄인다.

hydropower[hàidrəpáuər] 수력 발전 **sustainable**[səstéinəbl] 지속 가능한 **suitable**[súːtəbl] 적합한
generate[dʒénərèit] 생산하다 **maintenance**[méintənəns] 관리 **operational**[àːpəréiʃənl] 가동상의
durable[djúərəbl] 내구성 있는 **power plant** 발전소 **flooding**[flʌ́diŋ] 홍수 **regulate**[régjulèit] 조절하다
lessen[lesn] 줄이다 **likelihood**[láiklihùd] 가능성 **destructive**[distrʌ́ktiv] 파괴적인

HACKERS PRACTICE

p.114

01 읽기 노트

mandatory music class: problems 의무적인 음악 수업의 문제점

1. X prepare for career 직업을 위해 준비시키지 않음
   - work in unrelated fields 관련 없는 분야에서 일함
   - skills in music class: X benefit 음악 수업에서 배운 기술은 유익하지 않음

2. unfair 불공평함
   - w/o natural skill → ↓ marks 타고난 기량이 없으면 낮은 성적을 받음
   - grade: critical → X top univ. 성적이 중요하므로 상위 대학에 들어가지 못함

읽기 지문 해석

수십 년 동안, 음악 교육은 미국 공립 고등학교에서 의무적이었다. 비록 일부 전문가들은 모든 학생이 음악을 공부해야 한다고 느끼지만, 비평가들은 의무적인 음악 수업에 두 가지 문제점이 있다고 주장한다.

한 가지 문제점은 음악 교육이 대부분의 학생을 현실 세계에서의 직업을 위해 준비시키지 않는다는 것이다. 대다수의 학생은 과학, 기술, 또는 사업과 같은 관련 없는 분야에서 일할 것이고, 음악 수업에서 배운 기술은 이후의 삶에서 그들에게 유익할 가능성이 없다. 따라서, 학생들은 음악 수업에 그들의 시간을 낭비하도록 요구되어서는 안 된다.

둘째로, 음악 수업에서 성적을 매기는 것은 음악적 재능이 없는 학생들에게 불공평하다. 선천적인 음악적 능력을 갖춘 학생들은 심지어 연습 없이도 높은 성적을 받을 수 있는 반면, 타고난 음악적 기량이 없는 이들은 보통 낮은 성적을 받는다. 그리고 좋은 성적은 대학 입학에 중

요하기 때문에, 의무적인 음악 교육은 이런 학생들이 상위 대학에 들어가는 것을 막을 수 있다.

compulsory[kəmpʌ́lsəri] 의무적인 mandatory[mǽndətɔ̀:ri] 의무적인 innate[inéit] 선천적인

02 읽기 노트

```
○   Mima mounds: how formed  미마 둔덕의 형성 방법

○       1. sediment carried by wind  바람에 의해 운반된 퇴적물
            - severe droughts in N.A.  북미에 극심한 가뭄
○           - dust picked up by wind & deposit @ plant  흙먼지가 바람에 의해 들어 올려져서 식물에 쌓임

○       2. melting glaciers  녹는 빙하
○           - meltwater carry soil & debris → settle in depressions
                얼음이 녹은 물이 흙과 잔해를 운반하여 움푹한 곳에 자리 잡게 함
○           - snow melted → Mima mounds  눈이 녹았을 때 미마 둔덕이 됨
```

읽기 지문 해석

미국 북서부의 많은 지역은 똑같은 모양을 가진 낮은 반구형의 지면인 미마 둔덕으로 덮여있다. 지금까지, 지질학자들은 이 자연적 구조물의 기원에 대해 확신이 없었다. 하지만, 최근 연구는 과학자들에게 미마 둔덕이 형성된 방법에 대한 가능성이 높은 아이디어를 제공했다.

한 가지 설명은 미마 둔덕이 바람에 의해 운반된 퇴적물로 쌓아올려졌다는 것이다. 지질학자들은 5천 년에서 8천 년 전 사이에 북미에서 여러 번의 극심한 가뭄이 발생했다는 것을 알고 있다. 건조한 환경은 작은 흙먼지 입자들이 바람에 의해 쉽게 들어 올려지고 식물의 아랫부분에 쌓이도록 했다. 수년의 과정에 걸쳐, 이 과정은 미마 둔덕을 만들었다.

또 다른 설명은 이 둔덕이 녹는 빙하에 의해 형성되었다는 것이다. 마지막 빙하기 말에, 상승한 온도는 많은 빙하가 녹도록 했다. 그 결과로 발생한 얼음이 녹은 물은 흙과 다른 잔해를 더 낮은 고도에서 발견되는 만년 설원으로 운반했다. 그곳에서, 이 물질은 태양의 열에 의해 형성되었던 눈밭의 움푹한 곳에 자리 잡았다. 눈이 완전히 녹았을 때, 잔해는 지면 위에 작은 더미로 남았고, 결과적으로 미마 둔덕이 되었다.

dome[doum] 반구형 sediment[sédəmənt] 퇴적물 particle[pá:rtikl] 입자 deposit[dipá:zit] 쌓이다
glacier[gléiʃər] 빙하 ice age 빙하기 debris[dəbrí:] 잔해 snowfield[snóufi:ld] 만년 설원 depression[dipréʃən] 움푹한 곳

03 읽기 노트

```
○   T. rex was scavenger: evid.  티라노사우루스 렉스가 썩은 고기를 먹는 동물이었다는 증거

○       1. teeth  이빨
○           - X nutrition from meat → eat tissue in bones
                고기에서 충분한 영양분 얻지 못해 뼛속의 조직을 섭취함
○           - dull & wide teeth: crush bones & extract tissue  무디고 큰 이빨로 뼈를 부수고 조직을 뽑아냄

○       2. brain struct.  뇌 구조
○           - strong sense of smell  뛰어난 후각
○           - important to find food  먹이를 찾는 데 중요함

○       3. small eyes  작은 눈
○           - poor eyesight  나쁜 시력
○           - predators locate & track prey visually  포식 동물들은 눈으로 먹잇감을 찾아내고 추적함
```

읽기 지문 해석

대부분의 사람들은 티라노사우루스 렉스를 다른 공룡들을 사냥한 무서운 암살자로 여긴다. 하지만, 이는 전혀 옳지 않다. 사실, 증거는 티라노사우루스 렉스가 실제로 포식 동물이 아닌, 썩은 고기를 먹는 동물이었다는 것을 보여준다.

이러한 주장을 뒷받침하는 첫 번째 증거는 티라노사우루스 렉스가 썩은 고기를 먹는 동물의 이빨을 가지고 있었다는 것이다. 포식 동물과는 다르게, 썩은 고기를 먹는 동물은 고기에서 충분한 영양분을 얻지 못해서, 살아남기 위해서는 뼛속의 지방 조직을 섭취해야만 한다. 티라노사우루스 렉스는 뼈를 부수기에 아주 적합한 무디고, 큰 이빨을 가지고 있었으며, 죽은 생물체의 뼈로부터 조직을 뽑아내기 위해 이러한 이빨을 사용했다.

또한, 티라노사우루스 렉스의 뇌 구조는 그것이 썩은 고기를 먹는 동물이었다는 것을 증명한다. 전문가들은 냄새를 처리하는 역할을 하는 티라노사우루스 렉스의 뇌 부분이 매우 크다는 것을 알아냈다. 이러한 뇌 영역의 커다란 크기는 티라노사우루스 렉스에게 매우 뛰어난 후각을 주었다. 이는 썩은 고기를 먹는 동물에게 중요한데, 다른 동물들보다 먼저 먹이를 찾아야 하기 때문이다.

마지막으로, 티라노사우루스 렉스는 작은 눈을 가지고 있었는데, 이는 사냥을 하지 않으며 썩은 고기를 먹는 동물들에서 흔하다. 큰 눈은 보통 좋은 시력과 부합하고, 작은 눈은 나쁜 시력과 관계가 있다. 포식 동물들은 먼 거리에서 눈으로 먹잇감을 찾아내고 추적할 수 있어야 하기 때문에 큰 눈을 필요로 하는 반면, 썩은 고기를 먹는 동물들은 더 작은 눈으로 살아갈 수 있다. 따라서, 티라노사우루스 렉스의 작은 눈은 그것이 포식 동물이 아니었다는 것을 증명한다.

fearsome[fíərsəm] 무서운 **scavenger**[skǽvindʒər] 썩은 고기를 먹는 동물 **nutrition**[nju:tríʃən] 영양분
fatty tissue 지방 조직 **dull**[dʌl] 무딘 **well suited to** ~에 아주 적합한 **extract**[ikstrǽkt] 뽑아내다
process[prá:ses] 처리하다 **correspond to** ~과 부합하다 **vision**[víʒən] 시력 **associated with** ~과 관계가 있는
locate[lóukeit] 찾아내다 **demonstrate**[démənstrèit] 증명하다

04 읽기 노트

auto. survey: adv. 자동화된 설문조사의 장점

1. target # ppl. reached quickly 목표 인원에 빠르게 도달할 수 있음
   - calls made in rapid succession 전화가 빠르게 연속적으로 걸릴 수 있음
   - X need breaks 휴식 시간이 필요 없음
2. accurate answers from respond. 응답자로부터의 정확한 답변
   - ↓ hide real opinion when machine 기계일 때 실제 의견을 숨기는 경향이 적음
   - to human: pretend support s.w. prog. 사람에게 사회 복지 프로그램 지지하는 척함
3. errors ↓ 오류 확률이 더 낮음
   - human neg. affect ← misstate/mispronounce
     사람은 잘못 말하거나 잘못 발음하여 부정적 영향을 미침
   - X when prerecord. → ↑ reliable data
     미리 녹음되면 발생하지 않으므로 더 신뢰할 수 있는 데이터 낳음

읽기 지문 해석

최근 몇 년간, 설문조사를 하기 위한 자동화된 전화 시스템의 사용은 더 흔해졌다. 대중의 의견에 대한 정보를 수집하는 이러한 방법에는 여러 가지 장점이 있다.

첫째로, 이 방법을 사용하여 목표 인원에 더 빠르게 도달할 수 있다. 전화가 컴퓨터에 의해 자동으로 걸리기 때문에, 빠르게 연속적으로 걸릴 수 있다. 게다가, 상담원과는 다르게, 기계는 지치지 않기 때문에, 그것들을 위한 휴식 시간을 일정에 넣을 필요가 없다. 따라서, 설문조사 과정은 장기간 중단되지 않고 계속될 수 있다.

둘째로, 자동화된 설문조사는 응답자로부터 정확한 답변을 받을 가능성을 높인다. 사람들은 기계의 질문에 응답할 때, 특히 민감한 주제에 대해서 그들의 실제 의견을 숨기는 경향이 더 적다. 예를 들어, 상담원과 대화할 때, 응답자는 비정하게 보이는 것을 피하기 위해 사회 복지

프로그램을 지지하는 척할 수도 있다.

셋째로, 설문조사를 하기 위해 자동화된 시스템이 사용될 때 오류의 확률이 더 낮다. 상담원은 질문을 잘못 말하거나 이름을 잘못 발음함으로써 설문조사 결과에 부정적으로 영향을 미칠 수 있다. 이러한 종류의 실수들은 미리 녹음된 질문들을 사용하면 절대 발생하지 않으며, 이는 더 신뢰할 수 있는 데이터를 낳는다.

automated[ɔ́ːtəmèitid] 자동화된 conduct[kəndʌ́kt] ~을 하다 place[pleis] (전화를) 걸다 human operator 상담원
schedule[skédʒuːl] 일정에 넣다 uninterrupted[ʌ̀nìntərʌ́ptid] 중단되지 않은 respondent[rispá:ndənt] 응답자
misstate[misstéit] 잘못 말하다 mispronounce[mìsprənáuns] 잘못 발음하다

COURSE 03 듣고 노트테이킹하기

듣기 스크립트 해석 🎧 Track 1   p.119

여러분도 기억하겠지만, 지난 시간에 우리는 일부 전문가들이 수력 발전에 낙관적인 이유에 대해 논의했어요. 하지만, 이 에너지원의 많은 이점은 과장되었고, 따라서 그것은 미래에 널리 사용되지 않을 것입니다.

한 가지 주장은 수력 발전이 무한하다는 것이었지만, 그것은 한계를 가지고 있습니다. 그러니까, 지구 온난화는 많은 강을, 음, 수력 전기 생산에 부적합하게 만들 거예요. 증가한 증발량과, 어, 변화하는 강수 패턴은 전 세계 많은 강의 크기와 흐름을 줄일 것입니다. 이는 수력 발전 시설의 생산성에 부정적으로 영향을 줄 것이며, 어떤 경우에는, 수력 전기 생산을 불가능하게 만들 거예요.

자, 그럼 관리는 어떤가요? 글쎄요, 수력 발전 시설은 사실 많은 관리를 필요로 합니다. 문제는 침전물이 저수지 바닥에 쌓인다는 거예요. 이는 전기를 생산하는 물의 양을 감소시키죠. 따라서, 침전물은 주기적으로 제거되어야 하며, 이는 정기적인 관리를 필요로 합니다.

마지막 주장은 수력 발전 댐이 홍수를 줄인다는 것이었지만, 여러분은 댐이 때때로 치명적인 홍수를 일으킬 수 있다는 것을 알고 있었나요? 댐은, 어, 때때로 무너지면서, 많은 양의 물을 하류로 방출하죠. 이러한 홍수는 댐이 무너질 때 막대한 양의 물이 순간적으로 방출되기 때문에 보통 자연적인 홍수보다 더 파괴적입니다.

optimistic[à:ptəmístik] 낙관적인 exaggerated[igzǽdʒərèitid] 과장된 evaporation[ivæ̀pəréiʃən] 증발량
precipitation[prisìpətéiʃən] 강수 productivity[pròudʌktívəti] 생산성 silt[silt] 침전물 reservoir[rézərvwàːr] 저수지
catastrophic[kæ̀təstráfik] 치명적인 collapse[kəlǽps] 무너지다 downstream[dàunstríːm] 하류로
devastating[dévəstèitiŋ] 파괴적인 release[rilíːs] 방출하다

HACKERS PRACTICE   p.120

01 듣기 노트

music class help & prob. nonexist. 음악 수업은 도움이 되고 문제점은 존재하지 않음

1. ↑ perform. in other subjects 다른 과목들의 성과 높임
    - ↑ pro. successful 직업적으로 더 성공적
    - S.V. CEOs: taken music class 실리콘 밸리 최고 경영자들은 음악 수업 들음

2. w/o innate talent → X low grade 선천적인 재능 없이도 낮은 성적 받지 않음
    - X eval. only by musical talent 음악적 재능에 의해서만 평가되지 않음
    - dedicated student → good grade 열심히 하는 학생은 좋은 성적 받음

OK, let's talk about mandatory music classes in American public high schools. Well, I'd like to say there are, um, some problems with the points you read about in the reading passage. Actually, new studies have shown that music classes can help students in some ways . . . and the so-called problems are nonexistent.

Take the argument that music classes are useless in preparing for a career. Actually, studying music has been shown to increase academic performance in other subjects. And this, in turn, increases the chance that students will be professionally successful later in life. In fact, what researchers have found is that most Silicon Valley CEOs had taken music classes in school. Coincidence? I think not.

And what about the notion that students without innate musical talent suffer from poor grades in music classes? Well, it's just not true that these students are doomed to get low grades. Grading in music classes is based on several factors such as attendance, class participation, and understanding of music theories. In other words, students are not evaluated only by their musical talent. Thus, any dedicated student can earn good grades in music classes as in other subjects.

자, 미국 공립 고등학교의 의무적인 음악 수업에 관해 이야기해 봅시다. 글쎄요, 저는 여러분이 읽기 지문에서 읽었던 주장들에, 음, 몇 가지 문제점이 있다고 말하고 싶어요. 사실, 새로운 연구들은 음악 수업이 특정 방법으로 학생들을 도울 수 있다는 것을 보여 주었고... 소위 그 문제점들은 존재하지 않아요.

음악 수업이 직업을 준비하는 데 쓸모없다는 주장을 봅시다. 사실, 음악을 공부하는 것은 다른 과목들의 학업 성과를 높이는 것으로 드러났어요. 그리고 이는, 결과적으로, 학생들이 이후의 삶에서 직업적으로 성공할 가능성을 높입니다. 사실, 연구자들이 발견한 것은 대부분의 실리콘 밸리 최고 경영자들이 학교에서 음악 수업을 들었다는 점입니다. 우연의 일치일까요? 저는 아니라고 생각해요.

그렇다면 선천적인 음악적 재능이 없는 학생들이 음악 수업에서 좋지 않은 성적으로 고통받는다는 의견은 어떤가요? 글쎄요, 이 학생들이 낮은 성적을 받을 수밖에 없다는 것은 전혀 사실이 아닙니다. 음악 수업에서 성적을 매기는 것은 출석, 수업 참여, 그리고 음악 이론에 대한 이해와 같은 여러 가지 요소에 근거합니다. 다시 말해서, 학생들은 그들의 음악적 재능에 의해서만 평가되는 것이 아니에요. 따라서, 열심히 하는 학생은 누구나 다른 과목에서처럼 음악 수업에서 좋은 성적을 받을 수 있습니다.

nonexistent[nà:nigzístənt] 존재하지 않는 useless[jú:slis] 쓸모없는 academic performance 학업 성과
in turn 결과적으로 professionally[prəféʃənəli] 직업적으로 coincidence[kouínsidəns] 우연의 일치 notion[nóuʃən] 의견
dedicated[dédikèitid] 열심히 하는

02 듣기 노트

Mima mounds: X underst. 미마 둔덕을 이해하고 있지 않음

  1. X formed by wind 바람에 의해 형성되지 않음
    – grain: too large carried by wind 알갱이가 바람에 의해 운반되기에 너무 큼
    – hills by wind: uneven ↔ Mima: round 바람에 의한 언덕은 울퉁불퉁하지만 미마는 둥근 모양임

  2. X result of melting glacier 녹는 빙하의 결과 아님
    – glacier: specific climat. ↔ Mima: variety of climates
      빙하는 특정한 기후가 필요한 반면 미마는 다양한 기후에서 발견됨
    – located where glacier X formed 빙하가 형성되지 않은 지역에 위치

By now, all of you are probably familiar with Mima mounds. Some scientists think they've solved the mystery of their origins. But let's be honest. The truth is, um, we're no closer to understanding them today than we were decades ago.

In fact, some studies have suggested that due to the physical characteristics of Mima mounds, they couldn't have been formed by wind. The mounds contain grains of dirt and rock of various sizes . . . and some of them are too large to have been carried by wind. Also, hills that are created by windblown sediment, like sand dunes, tend to have uneven shapes . . . they look sort of like ocean waves, actually. So if Mima mounds had been formed by wind, they would look quite irregular . . . but in fact, they tend to be almost perfectly round.

Another finding was that Mima mounds were not the result of melting glaciers. You see, glaciers require specific climatic conditions to form . . . conditions like heavy snow during winter and cold temperatures during summer. However, Mima mounds and similar phenomena are found in areas with a wide variety of climates. In fact, Mima mounds are located even in areas where glaciers never formed, such as Mexico and the southwestern United States.

지금쯤이면, 아마도 여러분 모두는 미마 둔덕에 익숙할 거예요. 일부 과학자들은 그것의 기원에 대한 수수께끼를 풀었다고 생각해요. 하지만 솔직해집시다. 사실은, 음, 우리는 수십 년 전보다 오늘날 그것을 더 이해하고 있지는 않아요.

사실, 일부 연구는 미마 둔덕의 물리적인 특성들 때문에, 그것이 바람에 의해 형성되었을 리 없다고 제안했습니다. 이 둔덕은 다양한 크기의 흙과 암석 알갱이들을 포함하고 있고... 그것들 중 일부는 바람에 의해 운반되었다고 하기에는 너무 커요. 또한, 사구와 같이 바람에 날린 퇴적물에 의해 형성된 언덕은 울퉁불퉁한 모양을 가지는 경향이 있어요... 사실, 그것은 다소 파도처럼 생겼죠. 따라서 미마 둔덕이 바람에 의해 형성되었다면, 그것은 꽤 울퉁불퉁하게 보일 거예요... 그러나 사실, 그것은 거의 완벽하게 둥근 경향이 있죠.

또 다른 연구 결과는 미마 둔덕이 녹는 빙하에 의한 결과가 아니라는 거예요. 그러니까, 빙하는 형성되기 위해 특정 기후 조건을 필요로 해요... 겨울철의 폭설과 여름철의 낮은 기온 같은 조건이죠. 하지만, 미마 둔덕과 이와 유사한 현상들은 매우 다양한 기후를 가진 지역에서 발견됩니다. 사실, 미마 둔덕은 멕시코와 미국 남서부와 같이 빙하가 한 번도 형성되지 않은 지역에도 위치하고 있어요.

origin[ɔ́ːrədʒin] 기원 grain[grein] 알갱이 sand dune 사구 uneven[ʌníːvən] 울퉁불퉁한 irregular[irégjulər] 울퉁불퉁한 finding[fáindiŋ] (연구의) 결과 climatic condition 기후 조건 phenomena[finámənə] 현상(phenomenon의 복수형)

○ T. rex was scavenger: X true
티라노사우루스 렉스가 썩은 고기를 먹는 동물이었다는 것은 사실이 아님

○ 1. teeth indicate predator 이빨은 포식 동물임을 나타냄
  – dull teeth: just for chewing 무딘 이빨은 씹기 위한 것임
○ – sharp incisor → capture & kill prey 날카로운 앞니로 먹잇감을 잡아서 죽임

○ 2. brain struct.: X evid. 뇌 구조는 증거 아님
  – smell: crucial for predators 후각은 포식 동물에게 아주 중요함
○ – detect prey & avoid territories of others
    먹잇감을 발견하고 다른 포식 동물의 영역을 피함

○ 3. small eyes: X critical factor 작은 눈은 중요한 요소 아님
  – forward-facing → depth perception 앞을 향한 눈으로 거리 감각 가짐
○ – measure distance b/w prey to strike 공격을 위해 먹잇감과의 거리를 측정함

듣기 스크립트 및 해석 🎧 Track 4

Uh, let's continue our discussion about *Tyrannosaurus rex*. Contrary to what you've read, it's just not true that *T. rex* was a scavenger. I'd like to talk about why *T. rex* was most likely a predator.

To start with, *T. rex*'s teeth actually indicate that it was a predator. It's true that *T. rex* had some dull teeth, but these were just used for chewing its food. The real clue here is that it also had sharp incisor teeth up to 20 centimeters long. Teeth like these are typically found only in predatory animals because they're used to capture and kill live prey. So *T. rex* must have been a predator . . . I mean, such powerful weapons would have existed for a reason, right?

Next, *T. rex*'s brain structure isn't evidence that it was a scavenger. That's because a strong sense of smell is crucial for predators as well as scavengers. Predators detect prey by identifying their odors. In addition, predators use smell to locate and avoid hunting territories marked by the scents of other predators. This is necessary as predators often fight when they come into contact with each other.

Lastly, *T. rex*'s small eyes don't establish that it was a scavenger. You see, the size of an animal's eyes is not a critical factor in classifying it as a predator or a scavenger. What matters is the direction that the eyes face. *T. rex* had forward-facing eyes, which gave it something called binocular vision. This means that it could see the same object with both eyes, providing it with depth perception . . . This is essential for predators because it allows them to accurately measure the distance between themselves and their prey in order to determine the right moment to strike. So this is just one more piece of evidence that *T. rex* was a predator.

어, 티라노사우루스 렉스에 관한 논의를 계속해 봅시다. 여러분이 읽은 것과는 반대로, 티라노사우루스 렉스가 썩은 고기를 먹는 동물이

Hackers **TOEFL** Writing Intermediate

Integrated Task

였다는 것은 전혀 사실이 아니에요. 저는 티라노사우루스 렉스가 포식 동물이었을 가능성이 가장 큰 이유에 관해 이야기하고자 합니다.

우선, 티라노사우루스 렉스의 이빨은 사실은 그것이 포식 동물이었다는 것을 나타내요. 티라노사우루스 렉스가 일부 무딘 이빨을 가지고 있었다는 것은 사실이지만, 이것들은 단지 먹이를 씹는 데에만 사용되었어요. 여기에서 진정한 단서는 티라노사우루스 렉스가 20센티미터까지 되는 날카로운 앞니도 가지고 있었다는 거예요. 이러한 이빨은 살아있는 먹잇감을 잡아서 죽이는 데 사용되기 때문에 전형적으로 포식성 동물들에게서만 발견됩니다. 그러니까 티라노사우루스 렉스는 포식 동물이었음이 틀림없어요... 제 말은, 그토록 강력한 무기는 이유가 있어서 존재하는 거겠죠, 그렇죠?

다음으로, 티라노사우루스 렉스의 뇌 구조는 그것이 썩은 고기를 먹는 동물이었다는 증거가 아니에요. 그건 뛰어난 후각이 썩은 고기를 먹는 동물뿐만 아니라 포식 동물에게도 중요하기 때문입니다. 포식 동물은 냄새를 알아봄으로써 먹잇감을 발견해요. 게다가, 포식 동물은 다른 포식 동물의 자취가 남아있는 사냥 영역을 알아보고 피하는 데 냄새를 이용합니다. 포식 동물들은 서로 마주쳤을 때 보통 싸우기 때문에 이것이 필요하죠.

마지막으로, 티라노사우루스 렉스의 작은 눈은 그것이 썩은 고기를 먹는 동물이었다는 것을 입증하지 않습니다. 그러니까, 동물의 눈 크기는 그것을 포식 동물이나 썩은 고기를 먹는 동물로 분류하는 데 중요한 요소가 아니에요. 중요한 것은 눈이 향하고 있는 방향이죠. 티라노사우루스 렉스는 앞을 향한 눈을 가지고 있었는데, 이는 그것에게 쌍안시라고 불리는 것을 주었죠. 이는 티라노사우루스 렉스가 두 눈으로 동일한 물체를 볼 수 있었고, 그것에게 거리 감각을 주었다는 것을 의미합니다... 이것은 포식 동물에게 필수적인데, 왜냐하면 그것은 포식 동물들이 공격할 절호의 순간을 결정하기 위해 먹잇감과의 거리를 정확하게 측정할 수 있도록 하기 때문이에요. 그러니까 이것은 티라노사우루스 렉스가 포식 동물이었다는 또 하나의 증거일 뿐이죠.

indicate[índikèit] 나타내다 chew[tʃuː] 씹다 clue[kluː] 단서 incisor[insáizər] 앞니 capture[kǽptʃər] 잡다
territory[térətɔ̀ːri] 영역 scent[sent] 자취 come into contact with ~와 마주치다 establish[istǽbliʃ] 입증하다
critical[krítikəl] 중요한 binocular vision 쌍안시 depth perception 거리 감각 strike[straik] 공격하다

04 듣기 노트

```
○  auto. survey: X efficient/accurate 자동화된 설문조사는 효율적이지도 정확하지도 않음

○    1. longer to complete 완료하는 데 오래 걸림
        - ↑ non-response rate ← readily hang up 손쉽게 끊으므로 무응답률이 높음
○      - live rep.: respond b/c X rude 실시간 상담원에게는 무례하게 굴기 싫기 때문에 응답함

○    2. auto. survey ↑ accurate: X true 자동화된 설문조사가 더 정확하다는 것은 사실이 아님
        - X way to confirm identity 신원을 확인할 방법이 없음
○      - human: realize wrong & take action 사람은 잘못된 것을 알아차리고 조치를 취함

○    3. human error X issue: false 인적 오류 문제가 없다는 것은 틀림
        - human: detect & repeat/clarify 사람은 감지한 뒤 반복하거나 명확하게 말함
○      - auto. system: register & move on 자동화된 시스템은 기록하고 넘어감
```

듣기 스크립트 및 해석 🎧 Track 5

OK . . . last class we discussed some of the arguments in favor of conducting automated surveys. You all seemed to find them fairly convincing. Unlike what some people have said, automated surveys are neither efficient nor accurate.

First, although an automated system can contact people quickly, it takes longer to complete the survey. This is because an automated survey has a much higher non-response rate compared to a human-conducted survey. You see, when people are contacted by machines, they readily hang up as it doesn't offend anyone. Compare this to a survey performed by live representatives: people usually respond to the questions because they don't want to be rude.

Now, what about the argument that the responses to automated surveys are more accurate? Well, this just isn't true. The problem is that there is no way to confirm the, uh, identity of the respondent. For example, a young child may find it amusing to give wildly inaccurate information regarding age, income level, or even gender. However, unlike an automated system, a human operator will realize that something is wrong in this situation and take appropriate action.

Finally, the claim that human error is not an issue with recorded questions is just false, as automated surveys don't account for mistakes made by the respondents. Even if a question is stated correctly, it is possible for a respondent to, uh, misunderstand it. A human operator can easily detect hesitation or confusion in a speaker's voice, and will repeat or clarify the question. In contrast, an automated system will simply register the response and move on to the next question.

자... 지난 시간에 우리는 자동화된 설문조사를 하는 것을 지지하는 몇 가지 주장에 대해 논의했어요. 여러분 모두 그것들이 꽤 설득력 있다고 여기는 것 같았어요. 일부 사람들이 말한 것과는 달리, 자동화된 설문조사는 효율적이지도 정확하지도 않습니다.

첫째로, 비록 자동화된 시스템은 사람들에게 빠르게 연락할 수 있지만, 설문조사를 완료하는 데는 더 오래 걸려요. 이는 자동화된 설문조사가 사람이 하는 설문조사와 비교하여 훨씬 더 높은 무응답률을 가지기 때문이죠. 그러니까, 사람들은 기계의 연락을 받으면, 어느 누구의 기분도 상하게 하지 않기 때문에 손쉽게 전화를 끊어요. 이를 실시간 상담원이 실시하는 설문조사와 비교해 보세요. 사람들은 무례하게 구는 것을 원하지 않기 때문에 보통 질문에 응답합니다.

자, 자동화된 설문조사의 답변이 더 정확하다는 주장은 어떤가요? 음, 이는 전혀 사실이 아니에요. 문제는, 어, 응답자의 신원을 확인할 방법이 없다는 겁니다. 예를 들어, 한 어린 아이는 나이, 소득 수준, 혹은 심지어 성별에 관한 터무니없이 부정확한 정보를 주는 것을 재미있다고 여길 수도 있어요. 하지만, 자동화된 시스템과는 달리, 상담원은 이러한 상황에서 무엇인가 잘못되었다는 것을 알아차리고 적절한 조치를 취할 겁니다.

마지막으로, 녹음된 질문들을 사용하면 인적 오류가 문제 되지 않는다는 주장은 완전히 틀렸는데, 자동화된 설문조사는 응답자들에 의해 생기는 실수를 고려하지 않기 때문입니다. 질문을 정확하게 말해도, 이를 응답자가, 어, 잘못 이해하는 것은 가능해요. 상담원은 말하는 이의 목소리에서 망설임이나 혼란을 쉽게 감지할 수 있고, 질문을 반복하거나 명확하게 말할 겁니다. 대조적으로, 자동화된 시스템은 단순히 답변을 기록하고 다음 질문으로 넘어갈 거예요.

non-response rate 무응답률 readily [rédəli] 손쉽게 hang up 전화를 끊다 live [laiv] 실시간의
confirm [kənfə́:rm] 확인하다 identity [aidéntəti] 신원 inaccurate [inækjurət] 부정확한 account for ~을 고려하다
hesitation [hèzətéiʃən] 망설임 clarify [klǽrəfài] 명확하게 말하다 register [rédʒistər] 기록하다

COURSE 04 서론 쓰기

HACKERS PRACTICE

p.126

01 서론 쓰기 ✎

요약문 주제 문장
① <u>The lecturer argues that</u> music classes are helpful and their drawbacks are not real.

② This contradicts the reading passage's claim that mandatory music classes are problematic.

해석　요약문 주제 문장 강의자는 음악 수업은 도움이 되고 그것의 문제점들은 사실이 아니라고 주장한다. 요약문 반박 문장 이는 의무적인 음악 수업에 문제가 있다는 읽기 지문의 주장을 반박한다.

02 서론 쓰기 ✏️

요약문 주제 문장
The lecturer argues that ① we are not any closer to understanding Mima mounds today.

요약문 반박 문장
This contradicts the reading passage's claim that ② scientists understand how Mima mounds were formed.

해석　요약문 주제 문장 강의자는 우리가 오늘날 미마 둔덕을 더 이해하고 있지는 않다고 주장한다. 요약문 반박 문장 이는 과학자들이 미마 둔덕이 형성된 방법을 이해하고 있다는 읽기 지문의 주장을 반박한다.

03 서론 쓰기 ✏️

요약문 주제 문장
The lecturer argues that ① it is not true that *T. rex* was a scavenger.

요약문 반박 문장
② This contradicts the reading passage's claim that there is proof that this dinosaur was a scavenger rather than a predator.

해석　요약문 주제 문장 강의자는 티라노사우루스 렉스가 썩은 고기를 먹는 동물이었다는 것은 사실이 아니라고 주장한다. 요약문 반박 문장 이는 이 공룡이 포식 동물이 아닌 썩은 고기를 먹는 동물이었다는 증거가 있다는 읽기 지문의 주장을 반박한다.

04 서론 쓰기 ✏️

요약문 주제 문장
① The lecturer argues that automated surveys are inefficient and inaccurate.

요약문 반박 문장
This contradicts the reading passage's claim that ② this type of survey has several advantages.

해석　요약문 주제 문장 강의자는 자동화된 설문조사가 비효율적이고 부정확하다고 주장한다. 요약문 반박 문장 이는 이런 종류의 설문조사에는 여러 가지 장점이 있다는 읽기 지문의 주장을 반박한다.

HACKERS PRACTICE

p.132

01 본론 쓰기 ✏️

본론 1

요약문 근거 문장

① First, the lecturer asserts that students studying music perform better in other subjects.

세부사항

This helps them to achieve professional success. Actually, research shows that most CEOs in Silicon Valley studied music when they were in school.

요약문 반박 문장

② This casts doubt on the reading passage's claim that music classes do not prepare students for a career.

본론 2

요약문 근거 문장

③ Next, the lecturer contends that it is not true that students without innate talent will get poor grades in music classes.

세부사항

This is because students are not evaluated solely by their musical talent. Students' grades are based on several factors, so dedicated students can achieve good grades in music classes.

요약문 반박 문장

④ This counters the reading passage's claim that music classes are not fair for students who lack musical talent.

해석　**요약문 근거 문장** 첫째로, 강의자는 음악을 공부하는 학생들이 다른 과목에서도 더 좋은 성과를 낸다고 주장한다. **세부사항** 이는 그들이 직업적인 성공을 이루도록 돕는다. 사실, 연구는 실리콘 밸리에 있는 대부분의 최고 경영자들이 학교에 다닐 때 음악을 공부했다는 것을 보여준다. **요약문 반박 문장** 이는 음악 수업이 학생들을 직업을 위해 준비시키지 않는다는 읽기 지문의 주장에 의구심을 제기한다.

　　요약문 근거 문장 다음으로, 강의자는 선천적인 재능이 없는 학생들이 음악 수업에서 좋지 않은 성적을 받을 것이라는 점은 사실이 아니라고 주장한다. **세부사항** 이는 학생들이 오로지 음악적 재능으로만 평가되는 것은 아니기 때문이다. 학생들의 성적은 여러 가지 요소에 근거하므로, 열심히 하는 학생들은 음악 수업에서 좋은 성적을 받을 수 있다. **요약문 반박 문장** 이는 음악 수업이 음악적 재능이 없는 학생들에게 공평하지 않다는 읽기 지문의 주장에 반대한다.

본론 1

요약문 근거 문장
First, the lecturer claims that ① Mima mounds were not formed by wind because of their physical characteristics.

세부사항
Some grains were too large for the wind to carry them. Also, hills created by wind are uneven, but Mima mounds are perfectly round.

요약문 반박 문장
② This casts doubt on the reading passage's claim that Mima mounds were created by sediment carried by the wind.

본론 2

요약문 근거 문장
Next, the lecturer points out that ③ it isn't possible for Mima mounds to be formed by melting glaciers.

세부사항
A glacier can only form under specific climatic conditions, but the mounds can be found in a variety of climates. In fact, Mima mounds are found even in regions where glaciers never existed.

요약문 반박 문장
④ This counters the reading passage's claim that melting glaciers led to the formation of Mima mounds.

해석 요약문 근거 문장 첫째로, 강의자는 미마 둔덕의 물리적인 특성들 때문에 그것이 바람에 의해 형성되지 않았다고 주장한다. 세부사항 일부 알갱이들은 바람이 운반하기에는 너무 컸다. 또한, 바람에 의해 형성된 언덕은 울퉁불퉁하지만, 미마 둔덕은 완벽하게 둥글다. 요약문 반박 문장 이는 미마 둔덕이 바람에 의해 운반된 퇴적물에 의해 형성되었다는 읽기 지문의 주장에 의구심을 제기한다.

요약문 근거 문장 다음으로, 강의자는 미마 둔덕이 녹는 빙하에 의해 형성되는 것이 가능하지 않다고 지적한다. 세부사항 빙하는 특정 기후 조건에서만 형성될 수 있지만, 그 둔덕은 다양한 기후에서 발견될 수 있다. 사실, 미마 둔덕은 빙하가 존재한 적 없는 지역에서도 발견된다. 요약문 반박 문장 이는 녹는 빙하가 미마 둔덕의 형성으로 이어졌다는 읽기 지문의 주장에 반대한다.

03 본론 쓰기 ✏️

본론 1

요약문 근거 문장
① First, the lecturer argues that the teeth of the *T. rex* indicate that it was a predator.

세부사항
Although it had dull teeth for chewing, ② it also had sharp incisors to capture and kill prey.

요약문 반박 문장

This casts doubt on the reading passage's claim that ③ the *T. rex*'s teeth were like those of a scavenger.

본론 2

요약문 근거 문장

④ Next, the lecturer contends that the *T. rex*'s brain structure is not evidence that it was a scavenger.

세부사항

Having an effective sense of smell is crucial for predators. This is because they must detect prey and avoid the hunting territories of others.

요약문 반박 문장

This counters the reading passage's claim that ⑤ the structure of the *T. rex*'s brain shows that it was not a predator.

본론 3

요약문 근거 문장

⑥ Finally, the lecturer explains that small eyes are not a critical factor in determining whether an animal is a scavenger.

세부사항

The *T. rex* had forward-facing eyes that provided depth perception. ⑦ This made it possible to measure the distance between itself and prey so that it could strike.

요약문 반박 문장

This refutes the reading passage's claim that ⑧ the *T. rex* could not hunt because its eyes were too small.

해석 **요약문 근거 문장** 첫째로, 강의자는 티라노사우루스 렉스의 이빨이 그것이 포식 동물이었다는 것을 나타낸다고 주장한다. **세부사항** 티라노사우루스 렉스가 씹기 위한 무딘 이빨을 가지고 있기는 했지만, 그것은 먹잇감을 잡아서 죽이기 위한 날카로운 앞니 또한 가지고 있었다. **요약문 반박 문장** 이는 티라노사우루스 렉스의 이빨이 썩은 고기를 먹는 동물의 이빨과 같았다는 읽기 지문의 주장에 의구심을 제기한다.

요약문 근거 문장 다음으로, 강의자는 티라노사우루스 렉스의 뇌 구조는 그것이 썩은 고기를 먹는 동물이었다는 증거가 아니라고 주장한다. **세부사항** 효과적인 후각을 가지는 것은 포식 동물들에게 아주 중요하다. 이는 그들이 먹잇감을 발견하고 다른 포식 동물의 사냥 영역을 피해야 하기 때문이다. **요약문 반박 문장** 이는 티라노사우루스 렉스의 뇌 구조가 그것이 포식 동물이 아니었음을 보여준다는 읽기 지문의 주장에 반대한다.

요약문 근거 문장 마지막으로, 강의자는 작은 눈이 동물이 썩은 고기를 먹는 동물인지를 결정하는 데 중요한 요소가 아니라고 설명한다. **세부사항** 티라노사우루스 렉스는 거리 감각을 가질 수 있게 한 앞을 향한 눈을 가지고 있었다. 이것은 티라노사우루스 렉스가 공격을 할 수 있도록 먹잇감과의 거리를 측정하는 것을 가능하게 만들었다. **요약문 반박 문장** 이는 티라노사우루스 렉스가 눈이 너무 작아서 사냥할 수 없었다는 읽기 지문의 주장을 반박한다.

본론 1

요약문 근거 문장
First, the lecturer asserts that ① underline{automated surveys take longer to complete.}

세부사항
Automated surveys have a higher non-response rate because people readily hang up on a machine. But ② when a live representative calls, people usually respond to the questions because they don't want to be rude.

요약문 반박 문장
This casts doubt on the reading passage's claim that ③ it is possible to reach the target number of people more quickly.

본론 2

요약문 근거 문장
Next, the lecturer contends that ④ it is not true that the responses to automated surveys are more accurate.

세부사항
There is no way for an automated system to confirm a respondent's identity. In contrast, ⑤ a human operator can detect that something is wrong and take action when a respondent gives inaccurate personal information.

요약문 반박 문장
This counters the reading passage's claim that ⑥ people give more accurate answers during automated surveys.

본론 3

요약문 근거 문장
Finally, the lecturer points out that ⑦ human error is still an issue during automated surveys because of mistakes by respondents.

세부사항
If a respondent has misunderstood the question, a human operator can detect this and will repeat or clarify the question. However, an automated system will register the response and then proceed to the next question.

요약문 반박 문장
This refutes the reading passage's claim that ⑧ less errors occur during an automated survey.

해석 **요약문 근거 문장** 첫째로, 강의자는 자동화된 설문조사가 완료하는 데 더 오래 걸린다고 주장한다. **세부사항** 사람들은 기계의 전화를 손쉽게 끊기 때문에 자동화된 설문조사는 무응답률이 더 높다. 그러나 실시간 상담원이 전화하면, 사람들은 무례하게 구는 것을 원하지 않기 때문에 보통 질문에 응답한다. **요약문 반박 문장** 이는 목표 인원에 더 빠르게 도달하는 것이 가능하다는 읽기 지문의 주장에 의구심을 제기한다.

요약문 근거 문장 다음으로, 강의자는 자동화된 설문조사에 대한 답변이 더 정확하다는 것은 사실이 아니라고 주장한다. **세부사항** 자동화된 시스템이 응답자의 신원을 확인할 수 있는 방법은 없다. 대조적으로, 상담원은 응답자가 부정확한 개인 정보를 줄 때 무언가 잘못되었다는 것을 파악하고 조치를 취할 수 있다. **요약문 반박 문장** 이는 사람들이 자동화된 설문조사 중에 더 정확한 답변을 준다는 읽기 지문의 주장에 반대한다.

요약문 근거 문장 마지막으로, 강의자는 자동화된 설문조사 중에도 응답자의 실수 때문에 인적 오류가 여전히 문제 된다고 지적한다. **세부사항** 응답자가 질문을 잘못 이해하면, 상담원은 이를 파악할 수 있으며 질문을 반복하거나 명확하게 말할 것이다. 하지만, 자동화된 시스템은 답변을 기록하고 그다음 질문으로 나아갈 것이다. **요약문 반박 문장** 이는 자동화된 설문조사 중에 더 적은 오류가 발생한다는 읽기 지문의 주장을 반박한다.

어휘 **proceed** [prəsíːd] 나아가다

HACKERS TEST

p.142

01 읽기 노트

```
○   emerald ash borer destroy ash trees: ways to solve
    서울호리비단벌레가 물푸레나무를 죽게 하는 것을 해결할 방법들

○       1. remove affected trees  침범당한 나무들을 제거함

○           - easy to identify: distinctive holes & bark split
              구별되는 구멍과 갈라진 나무껍질로 알아보기 쉬움

○           - destroyed → prevent spread to healthy trees
              없애버리면 건강한 나무로 퍼지는 것을 방지함

○       2. chemical treat.  화학 처리

○           - insecticides applied to soil → absorbed & carried up
              살충제가 토양에 뿌려지면 흡수되어 올라감

○           - stop laying eggs & kills larvae  알을 낳는 것을 막고 유충을 죽임

○       3. biological pest control  생물적 방제
            - parasitic wasps kill larvae  기생 말벌은 유충을 죽임

○          - brought to N.A., eliminating borers  북미로 와서, 벌레를 제거함
```

듣기 노트

```
○   solutions: X viable  해결책은 실행 불가능함

○       1. remove trees → X effect.  나무를 제거하는 것은 효과적이지 않음

○           - 1~2 yrs. to show symptoms → already spread
              징후를 나타내는 데 1~2년 걸리므로 이미 퍼짐

○           - only work in urban areas ← ↑ trees in forest
              숲에는 나무가 많아 도시 지역에서만 효과 있음

○       2. use chemicals → problem.  화학 약품 사용은 문제가 있음

○           - groundwater contamination  지하수 오염

○           - X work if ↑ larvae ← disrupt circulat. system  유충이 많으면 순환 구조 방해해서 효과 없음

○       3. biological pest control: issues  생물적 방제는 문제점 있음

○           - wasp: X survive w/ cold winters  말벌은 추운 겨울에 살아남지 못함

○           - X native → kill other insects  토종이 아니어서 다른 벌레를 죽임
```

서론 쓰기 ✏️

요약문 주제 문장

① The lecturer argues that the proposed solutions to the problem of emerald ash borers are not viable.

요약문 반박 문장

② This contradicts the reading passage's claim that there are options available.

본론 쓰기 ✏️

본론 1

요약문 근거 문장

First, the lecturer asserts that ③ removing trees is not an effective solution.

세부사항

Trees take one or two years to show the symptoms of an infestation. By that time, the borers have already spread. Also, this solution would only work in urban areas because there are too many trees in a forest to inspect.

요약문 반박 문장

④ This casts doubt on the reading passage's claim that destroying infested trees is a way to get rid of borers.

본론 2

요약문 근거 문장

Next, the lecturer points out that ⑤ the use of chemicals leads to several problems.

세부사항

This method results in groundwater contamination by insecticides. In addition, it does not work if the tree already contains many larvae. The reason is that they disrupt the tree's circulatory system.

요약문 반박 문장

⑥ This counters the reading passage's claim that insecticides are effective against borers.

본론 3

요약문 근거 문장

Finally, the lecturer explains that ⑦ there are issues with biological pest control.

세부사항

The parasitic wasps cannot survive in regions with cold winters. Furthermore, they are a non-native species, so they may end up killing other insects.

요약문 반박 문장

⑧ This refutes the reading passage's claim that this approach will reduce the population of borers.

해석　요약문 주제 문장 강의자는 서울호리비단벌레 문제에 대해 제시된 해결책이 실행 가능하지 않다고 주장한다. 요약문 반박 문장 이는 유효한 방법이 있다는 읽기 지문의 주장을 반박한다.

　　요약문 근거 문장 첫째로, 강의자는 나무를 제거하는 것은 효과적인 해결책이 아니라고 주장한다. 세부사항 나무는 벌레 침입의 징후를 보이는 데 1~2년이 걸린다. 그때쯤이면, 벌레는 이미 퍼져 있다. 또한, 이 해결책은 도시 지역에서만 효과가 있는데, 숲에는 나무가 너무 많아서 점검을 할 수 없기 때문이다. 요약문 반박 문장 이는 해충이 들끓는 나무를 없애는 것이 벌레를 제거하는 방법이라는 읽기 지문의 주장에 의구심을 제기한다.

　　요약문 근거 문장 다음으로, 강의자는 화학 약품을 사용하는 것이 몇 가지 문제를 야기한다고 지적한다. 세부사항 이 방법은 살충제에 의한 지하수 오염을 가져온다. 게다가, 그것은 나무가 이미 많은 유충을 가지고 있으면 효과가 없다. 그 이유는 유충이 나무의 순환 구조를 방해하기 때문이다. 요약문 반박 문장 이는 살충제가 벌레에 효과적이라는 읽기 지문의 주장에 반대한다.

　　요약문 근거 문장 마지막으로, 강의자는 생물적 방제에 문제점이 있다고 설명한다. 세부사항 기생 말벌은 추운 겨울을 나는 지역에서 살아남을 수 없다. 그뿐만 아니라, 그것은 지역 토종이 아니어서, 결국 다른 벌레를 죽이게 될 수도 있다. 요약문 반박 문장 이는 이 방법이 벌레의 개체 수를 감소시킬 것이라는 읽기 지문의 주장을 반박한다.

어휘　get rid of ~을 제거하다　lead to ~을 야기하다　approach[əpróutʃ] 방법

읽기 지문 해석

서울호리비단벌레는 최근에 북미로 퍼져나간 아시아 토종 딱정벌레이다. 그것의 유충은 물푸레나무의 재목을 파고드는데, 이는 결국 나무들을 죽게 한다. 다행히도, 이 문제를 해결할 몇 가지 방법이 있다.

가장 용이한 방법 중 하나는 침범당한 나무들을 단순히 제거하는 것이다. 해충이 들끓는 물푸레나무는 알아보기 쉽다. 그것은 표면에 뚜렷이 구별되는 구멍을 가지고 있고, 나무껍질이 갈라져 있다. 그러한 나무가 발견되면, 그것은 없애버릴 수 있다. 이는 이 딱정벌레들이 근처에 있는 건강한 나무들로 퍼져나가는 것을 방지할 수 있다.

화학 처리는 서울호리비단벌레를 처리할 수 있는 또 하나의 선택사항이다. 살충제는 나무의 아랫부분에 있는 토양에 뿌려진다. 화학 약품은 뿌리에 의해 흡수되어 나무 속에서 위로 올라간다. 이것은 다 자란 벌레가 알을 낳는 것을 막고 이미 존재하는 유충을 죽여 없앤다.

세 번째 해결책은 생물적 방제이다. 아시아에 사는 기생 말벌은 벌레 유충 안에 알을 낳음으로써 그것을 죽인다는 것이 밝혀졌다. 그 결과, 이 말벌은 북미로 오게 되었으며, 그것이 서울호리비단벌레를 제거하고 있다는 증거가 있다. 따라서, 이 말벌을 야생으로 더 많이 방출하는 것은 벌레의 수를 크게 감소시킬 것이다.

emerald ash borer 서울호리비단벌레　larvae[láːrviː] 유충(larva의 복수형)　burrow[bə́ːrou] 파고들다　ash tree 물푸레나무
infested[inféstid] 해충이 들끓는　identify[aidéntəfài] 알아보다　distinctive[distíŋktiv] 뚜렷이 구별되는
bark[baːrk] 나무껍질　split[split] 갈라진　insecticide[inséktəsàid] 살충제　absorb[æbsɔ́ːrb] 흡수하다
parasitic wasps 기생 말벌　eliminate[ilímənèit] 제거하다　release[rilíːs] 방출하다

듣기 스크립트 및 해석 🎧 Track 6

By now, you should be familiar with the emerald ash borer. Um, this beetle has ruined a large number of ash trees in North America. The reading I assigned presents a few solutions to this problem, but, um . . . none of them are viable.

The first thing you need to understand is that removing infested trees just isn't effective. You see, it usually takes about one or two years for an affected tree to show symptoms . . . and by that point, the borers have already spread to adjacent trees. Even if an infestation could be detected early enough, this method would only work in urban areas. Uh, there are just too many trees in a forest to inspect them all individually.

I should also point out that using chemicals to treat trees is highly problematic. This is because the application of insecticides to the soil often results in, um, groundwater contamination. Another problem is that this method does not work if a tree already has a large number of larvae . . . They disrupt the tree's circulatory system, preventing the

Integrated Task

Hackers TOEFL Writing Intermediate

insecticides from flowing up from the roots.

What about biological pest control? Uh, this option has a number of issues. First of all, the survival rates of the parasitic wasps in North America vary greatly depending on region. Unlike the emerald ash borer, the wasps are unable to survive in areas with very cold winters. And releasing a non-native parasite could have unintended consequences . . . Um, the wasps may kill other types of insects, for example.

이제, 여러분은 서울호리비단벌레를 잘 알고 있을 거예요. 음, 이 딱정벌레는 북미에서 상당수의 물푸레나무를 손상시켜 왔습니다. 제가 내준 읽기 과제는 이 문제에 대한 몇 가지 해결책을 제시하죠, 그런데, 음... 그것들 중 실행 가능한 것은 없어요.

여러분이 알아야 할 첫 번째 사실은 해충이 들끓는 나무를 제거하는 것이 전혀 효과적이지 않다는 겁니다. 그러니까, 침범당한 나무가 징후를 나타내는 데에는 보통 약 1~2년이 걸려요... 그리고 그 시점에는, 벌레가 이미 인접한 나무들에 퍼져있죠. 벌레의 침입이 충분히 일찍 발견될 수 있을지라도, 이 방법은 도시 지역에서만 효과가 있을 거예요. 어, 숲에는 나무가 너무 많아서 그것들을 개별적으로 모두 점검할 수 없거든요.

나무를 치유하기 위해 화학 약품을 사용하는 것은 문제가 매우 많다는 점 또한 지적해야겠네요. 이것은 토양에 살충제를 뿌리는 것이 종종, 음, 지하수 오염을 가져오기 때문입니다. 또 다른 문제는 만약 나무에 이미 상당수의 유충이 있을 경우 이 방법은 효과가 없다는 거예요... 유충은 나무의 순환 구조를 방해하고, 이는 살충제가 뿌리에서부터 위쪽으로 흐르는 것을 막습니다.

생물적 방제는 어떤가요? 어, 이 선택사항은 몇 가지 문제점을 가지고 있습니다. 우선, 북미에서 기생 말벌의 생존율은 지역에 따라 크게 달라져요. 서울호리비단벌레와는 다르게, 말벌은 매우 추운 겨울을 나는 지역에서는 살아남을 수 없습니다. 그리고 그 지역 토종이 아닌 기생 생물을 풀어놓는 것은 의도하지 않은 결과를 가져올 수도 있어요... 음, 말벌은 다른 종류의 벌레들을 죽일 수 있죠, 예를 들자면.

be familiar with ~을 잘 알다 beetle[bíːtl] 딱정벌레 ruin[rúːin] 손상시키다 viable[váiəbl] 실행 가능한
symptom[símptəm] 징후 adjacent[ədʒéisnt] 인접한 inspect[inspékt] 점검하다
contamination[kəntæ̀mənéiʃən] 오염 circulatory[sə́ːrkjulətɔ̀ːri] 순환의 survival rate 생존율
parasite[pǽrəsàit] 기생 생물 unintended[λ̀ninténdid] 의도하지 않은 consequence[káːnsəkwèns] 결과

02 읽기 노트

hammerhead shark's head: evolution. merit 귀상어의 머리는 진화상의 이점을 가짐

1. enhance vision 시야를 향상시킴
   - eyes at each end → 360° view 눈이 양 끝에 위치해 360도 시야 가짐
   - see w/ both → ↑ depth percept. 양쪽 눈으로 보므로 깊이 감각이 뛰어남

2. better sense of smell 더 좋은 후각
   - ↑ nasal passage w/ ↑ smell sensors 많은 후각 기관들이 있는 큰 비강
   - detect weak scent → locate prey faster 약한 냄새를 감지해서 먹이를 더 빨리 찾음

3. turn quickly 빠르게 방향을 바꿈
   - thin → easily cut thru water 가늘어서 쉽게 물 사이로 길을 냄
   - steer w/ slight move. of head 머리의 작은 움직임으로도 다른 방향으로 나아감

듣기 노트

- hammerhead shark's head: X advantage 귀상어의 머리는 이점이 없음

  1. X strength. vision 시야를 강화하지 않음
     - depth percept.: only distant objects 깊이 감각은 멀리 있는 물체를 볼 때만임
     - blind spot in front → X see prey & obstacle
       앞이 사각지대여서 먹이와 장애물을 볼 수 없음

  2. X better sense of smell 더 좋은 후각 주지 않음
     - pointed head smell = hammerhead 뾰족한 머리의 상어도 귀상어만큼 냄새를 잘 맡음
     - X study prove smell better 냄새를 더 잘 맡는다는 것을 입증하는 연구 없음

  3. turn better X 방향을 더 잘 바꾸지 않음
     - X use head for steering 어떤 방향으로 나아가는 데 머리를 사용하지 않음
     - backbone flexible: real reason 유연한 척추가 진짜 이유임

서론 쓰기 ✏️

요약문 주제 문장

The lecturer argues that the hammerhead shark's head does not give the shark a clear benefit.

요약문 반박 문장

This contradicts the reading passage's claim that ① the head must have some evolutionary merit.

본론 쓰기 ✏️

본론 1

요약문 근거 문장

First, the lecturer explains that ② the shape of the shark's head does not strengthen its vision.

세부사항

The hammerhead shark has depth perception only when looking at objects in the distance. Also, there is a blind spot in front of the shark and this can be a problem because it cannot see any prey or obstacle there.

요약문 반박 문장

This casts doubt on the reading passage's claim that ③ the shape of the head evolved to enhance its vision.

본론 2

요약문 근거 문장

Next, the lecturer asserts that ④ the structure of the shark's head does not give it a better sense of smell.

Other sharks with pointed heads have a similar sense of smell. Furthermore, scientific studies have not shown that hammerheads can smell better.

요약문 반박 문장
This counters the reading passage's claim that ⑤ the shape of its head gives the hammerhead a better sense of smell.

본론 3

요약문 근거 문장
Finally, the lecturer points out that ⑥ it's not true that the shape of the head helps it change direction quickly.

세부사항
Scientists have found that the shark doesn't use its head for steering. Instead, the real reason it can turn quickly is because it has a flexible backbone.

요약문 반박 문장
This refutes the reading passage's claim that ⑦ the shark's thin head helps the animal turn faster.

해석   **요약문 주제 문장** 강의자는 귀상어의 머리가 상어에게 분명한 이점을 주지 않는다고 주장한다. **요약문 반박 문장** 이는 머리가 진화상의 이점을 가지는 것이 틀림없다는 읽기 지문의 주장을 반박한다.

요약문 근거 문장 첫째로, 강의자는 상어의 머리 모양이 시야를 강화하지 않는다고 설명한다. **세부사항** 귀상어는 멀리 있는 물체를 볼 때만 깊이 감각을 갖는다. 또한, 상어의 앞에는 사각지대가 있으며 이는 문제가 될 수 있는데, 상어가 그곳에 있는 먹이나 장애물을 보지 못하기 때문이다. **요약문 반박 문장** 이는 머리 모양이 시야를 향상하기 위해 진화했다는 읽기 지문의 주장에 의구심을 제기한다.

요약문 근거 문장 다음으로, 강의자는 상어의 머리 구조가 더 좋은 후각을 주지 않는다고 주장한다. **세부사항** 뾰족한 머리를 가진 다른 상어들도 비슷한 후각을 가진다. 그뿐만 아니라, 과학 연구는 귀상어가 냄새를 더 잘 맡을 수 있다는 것을 보여준 적이 없다. **요약문 반박 문장** 이는 머리의 모양이 귀상어에게 더 좋은 후각을 준다는 읽기 지문의 주장에 반대한다.

요약문 근거 문장 마지막으로, 강의자는 머리 모양이 방향을 빠르게 바꾸도록 돕는다는 것은 사실이 아니라고 지적한다. **세부사항** 과학자들은 상어가 어떤 방향으로 나아가기 머리를 사용하지 않는다는 것을 발견했다. 대신, 상어가 방향을 빠르게 바꿀 수 있는 진짜 이유는 유연한 척추를 가지고 있기 때문이다. **요약문 반박 문장** 이는 상어의 가느다란 머리가 이 동물이 더 빠르게 방향을 바꾸도록 돕는다는 읽기 지문의 주장을 반박한다.

어휘   **hammerhead shark** 귀상어   **evolutionary**[èvəlúːʃənèri] 진화상의   **strengthen**[stréŋkθən] 강화하다
depth perception 깊이 감각   **prey**[prei] 먹이   **evolve**[iváːlv] 진화하다   **sense of smell** 후각
pointed[pɔ́intid] 뾰족한   **steer**[stiər] (어떤 방향으로) 나아가다   **flexible**[fléksəbl] 유연한   **backbone**[bǽkbòun] 척추

읽기 지문 해석

귀상어는 납작하고 측면으로 뻗은 머리 모양 때문에 그 이름을 얻었다. 그 모양은 전 세계 상어들 사이에서 매우 독특하여 어떤 특정한 진화상의 이점을 가지는 것이 틀림없다.

우선, 많은 전문가는 독특한 머리 구조가 시야를 향상한다고 믿는다. 귀상어의 눈은 넓고 납작한 머리의 양 끝에 위치해 있기 때문에, 위아래, 좌우, 그리고 앞뒤를 살필 수 있어서, 완전한 360도의 시야가 된다. 게다가, 각각의 눈으로 서로 다른 것들을 보는 대부분의 어류와 달리, 귀상어는 같은 물체를 양쪽 눈으로 동시에 볼 수 있는데, 이는 뛰어난 깊이 감각을 준다.

귀상어의 머리 모양은 또한 다른 상어들보다 더 좋은 후각을 준다. 귀상어의 눈이 멀리 떨어져 있는 것과 같이, 콧구멍도 그렇다. 결과적으로, 귀상어는 뾰족한 머리를 가진 상어들보다 더 많은 후각 기관들이 있는 더 큰 비강을 가지는데, 이는 그것이 매우 약한 냄새도 감지할 수 있게 한다. 이 예리한 후각 때문에, 귀상어는 다른 상어들보다 더 빠르게 먹이를 찾을 수 있다.

세 번째 이점은 귀상어의 독특한 머리 모양이 이 동물이 빠르게 방향을 바꾸는 것을 가능하게 한다는 것이다. 귀상어는 사냥꾼이므로, 빠르게 교묘히 움직일 필요가 있다. 과학자들은 넓고 납작한 머리가 비행기의 날개와 같은 역할을 한다고 추측한다. 머리가 너비에 비해 매우 가늘기 때문에, 쉽게 물 사이로 길을 내어 방향을 바꿀 수 있다. 따라서, 귀상어는 머리의 작은 움직임만으로도 다른 방향으로 나아갈 수 있다.

flat[flæt] 납작한 laterally[lǽtərəli] 측면으로 enhance[inhǽns] 향상하다 scan[skæn] 살피다 field of view 시야
simultaneously[sàiməltéiniəsli] 동시에 nasal passage 비강 sensor[sénsɔːr] 감각 기관 keen[kiːn] 예리한
bait[beit] 미끼 maneuver[mənúːvər] 교묘히 움직이다 cut through ~ 사이로 길을 내다

듣기 스크립트 및 해석 🎧 Track 7

So, the hammerhead shark has a very, uh, unusually shaped head. The question is, why? Is it somehow helpful for their survival? Unfortunately, the answer is unclear because the unusual shape seems to offer no obvious advantage to the hammerheads.

For starters, such a head shape doesn't actually strengthen vision overall. You may have heard that the widely spaced eyes give hammerheads good depth perception, but that's only true when they view distant objects. Moreover, their unique eye positioning comes with a major drawback: hammerheads have a blind spot directly in front of them. This is a problem because sharks need to see what's in front of them to identify and catch prey, as well as avoid obstacles in the water.

What's more, the head shape doesn't give the hammerhead a better sense of smell. The fact is, some sharks with regular pointed heads can smell just as well as hammerheads. Great white sharks, for instance, can detect a single drop of blood in an Olympic-sized swimming pool. The fact is, no scientific study has ever proven that hammerheads can smell their prey better than other sharks.

Lastly, the argument that the hammerhead's unique head shape makes it turn better is just wrong. When scientists videotaped the movement of hammerhead sharks, they noticed that the sharks do not actually use their heads for steering. The scientists eventually figured out that, uh, the hammerhead's backbone is really flexible compared to other sharks, which, um, is the real reason it can turn so quickly.

자, 귀상어는 매우, 어, 특이하게 생긴 머리를 가졌습니다. 의문점은, 왜 그럴까요? 그것이 그들의 생존에 어떻게든 도움이 될까요? 불행히도, 그 대답은 불확실한데, 이 특이한 모양이 귀상어에게 분명한 이점을 아무것도 제공하지 않는 것으로 보이기 때문입니다.

우선, 그러한 머리 모양은 사실 시야를 전반적으로 강화하지 않습니다. 여러분은 넓게 자리 잡은 눈이 귀상어에게 좋은 깊이 감각을 준다고 들었을지도 모르지만, 그것은 그들이 멀리 있는 물체를 볼 때만 사실입니다. 더욱이, 그들의 독특한 눈의 위치는 주요한 결점을 수반해요. 귀상어가 그들 바로 앞에 사각지대를 가진다는 것이죠. 이는 문제가 되는데, 상어는 수중 장애물들을 피하기 위해서뿐만 아니라, 먹이를 발견하고 잡기 위해서도 그들 앞에 있는 것을 볼 필요가 있기 때문입니다.

더구나, 이 머리 모양은 귀상어에게 더 좋은 후각을 주지 않습니다. 사실은, 일반적인 뾰족한 머리를 가진 일부 상어들은 귀상어만큼 냄새를 잘 맡을 수 있어요. 예를 들어, 백상아리는 올림픽 규격의 수영장에서 단 한 방울의 피도 감지할 수 있습니다. 사실, 어떤 과학 연구도 귀상어가 다른 상어들보다 먹이의 냄새를 더 잘 맡을 수 있다는 것을 입증한 적이 없어요.

마지막으로, 귀상어의 독특한 머리 모양이 그것이 방향을 더 잘 바꾸도록 한다는 주장은 완전히 틀렸습니다. 과학자들이 귀상어의 움직임을 비디오테이프로 녹화했을 때, 그들은 상어가 사실 어떤 방향으로 나아가기 위해 머리를 사용하지 않는다는 것을 알아챘습니다. 과학자들은 결국, 어, 귀상어의 척추가 다른 상어들과 비교하여 매우 유연하며, 이것이, 음, 귀상어가 빠르게 방향을 바꿀 수 있는 진짜 이유라는 것을 알아냈죠.

unusually[ʌnjúːʒuəli] 특이하게 overall[óuvərɔ̀ːl] 전반적으로 drawback[drɔ́ːbæ̀k] 결점 blind spot 사각지대
great white shark 백상아리

○ CHN explored Amer. before Colum. 중국인들이 콜럼버스 이전에 미대륙을 탐험함

○   1. CHN map 1418 1418년의 중국 지도

○   - N.A. represented w/ accuracy 정확히 묘사된 북미

○   - CHN X been → X produce 중국인들이 가지 않았다면 제작할 수 없었음

○   2. pre-Colum. CHN artifacts 콜럼버스 이전의 중국 유물들

○   - coins: style from early 1400s 동전은 1400년대 초기의 형태

○   - beads: trad. CHN ornamental style 구슬은 중국 전통 장식 형태

○   3. CHN lacquering in Mex. 멕시코의 중국식 옻칠

○   - CHN older than Mex., identical 중국식이 멕시코식보다 더 오래되었는데, 동일함

○   - CHN went & taught before 1492 1492년 이전에 중국인들이 가서 가르쳐줌

듣기 노트

○ CHN before Colum.: fiction 콜럼버스 이전에 중국인들이 왔었다는 것은 허구임

○   1. 1418 CHN map: fake 1418년 중국 지도는 가짜임

○   - 2 hemis. concept X exist in CHN 2개의 반구 개념은 중국에는 존재하지 않았음

○   - text from Jesuit maps 17C 17세기의 예수회 지도로부터 번역된 글귀

○   2. CHN artifacts: X prove 중국 유물은 증명하지 않음

○   - Vikings: remains & Native A. accounts 바이킹족은 잔재와 미국 원주민의 기록이 있음

○   - coins & beads: flimsy evidence 동전과 구슬은 빈약한 증거

○   3. resemblance b/w lacquering methods: coincidence
    옻칠 방법 간의 유사성은 우연의 일치임

○   - cultures develop identical independent. 문화들은 동일한 것을 독자적으로 개발함

○   - pyramids in Egypt & Amer.: X contact, similar

○   이집트와 미국의 피라미드: 접촉 없었으나, 유사함

서론 쓰기 ✎

요약문 주제 문장

The lecturer argues that ① the theory about the Chinese discovering America before Columbus is fiction rather than history.

요약문 반박 문장

This contradicts the reading passage's claim that ② the Chinese were in America prior to Columbus.

본론 쓰기 ✏️

본론 1

> 요약문 근거 문장
>
> ③ First, the lecturer argues that the so-called 1418 Chinese map is a fake.

> 세부사항
>
> ④ One issue is that the map contains two hemispheres, but that concept did not exist in China back then. Also, some of the text was translated from 17th-century Jesuit maps.

> 요약문 반박 문장
>
> ⑤ This casts doubt on the reading passage's claim that the 1418 map proves a pre-Columbian Chinese presence in America.

본론 2

> 요약문 근거 문장
>
> ⑥ Next, the lecturer points out that a few ancient Chinese artifacts do not prove that the Chinese found America before Columbus.

> 세부사항
>
> ⑦ Construction remains and Native American accounts clearly show us that the Vikings visited America. Evidence of a Chinese presence in America is weak by comparison.

> 요약문 반박 문장
>
> ⑧ This counters the reading passage's claim that the artifacts show that the Chinese arrived before Columbus.

본론3

> 요약문 근거 문장
>
> Finally, the lecturer explains that the resemblance between the two lacquering methods could just be coincidental.

> 세부사항
>
> Many inventions have been developed independently by different cultures. For example, there were pyramids in Egypt and America even though there was no contact between the people.

> 요약문 반박 문장
>
> This refutes the reading passage's claim that Mexicans learned lacquering methods from Chinese visitors before Columbus traveled to America.

해석 **요약문 주제 문장** 강의자는 중국인들이 콜럼버스 이전에 미대륙을 발견했다는 이론은 역사라기보다 허구라고 주장한다. **요약문 반박 문장** 이는 중국인들이 콜럼버스보다 먼저 미대륙에 있었다는 읽기 지문의 주장을 반박한다.

요약문 근거 문장 첫째로, 강의자는 소위 1418년의 중국 지도가 가짜라고 주장한다. **세부사항** 한 가지 쟁점은 그 지도가 두 개의 반구를 포함하고 있지만, 당시 중국에는 그 개념이 존재하지 않았다는 것이다. 또한, 일부 글귀가 17세기 예수회 지도로부터 번역되었다. **요약문 반박 문장** 이는 1418년의 지도가 콜럼버스가 미대륙을 발견하기 이전에 중국인들이 미대륙에 있었음을 증명한다는 읽기 지문의 주장에 의구심을 제기한다.

요약문 근거 문장 다음으로, 강의자는 몇 가지 고대 중국 유물은 중국인들이 콜럼버스보다 먼저 미대륙을 발견했다는 것을 증명하지 않는다고 지적한다. **세부사항** 건축 잔재와 미국 원주민들의 기록은 바이킹족이 미대륙을 방문했다는 것을 우리에게 명백히 보여준다. 중국인들이 미대륙에 있었다는 증거는 그에 비해서 약하다. **요약문 반박 문장** 이는 유물들이 중국인들이 콜럼버스보다 먼저 도착했다는 것을 보여준다는 읽기 지문의 주장에 반대한다.

요약문 근거 문장 마지막으로, 강의자는 두 옻칠 방법 간의 유사성은 단순히 우연이었을 수 있다고 설명한다. **세부사항** 많은 발명 품들은 다양한 문화에 의해서 독자적으로 개발되었다. 예를 들어, 민족 간의 접촉이 없었음에도 불구하고 이집트와 미국에는 피라 미드가 있었다. **요약문 반박 문장** 이는 콜럼버스가 미대륙에 오기 전에 멕시코인들이 중국인 방문자들로부터 옻칠 방법을 배웠다 는 읽기 지문의 주장을 반박한다.

어휘 **prior to** ~보다 먼저 **so-called** [sòukɔ́:ld] 소위 **hemisphere** [hémisfìər] 반구 **translate** [trænsléit] 번역하다
artifact [á:rtəfæ̀kt] 유물 **construction** [kənstrʌ́kʃən] 건축 **remain** [riméin] 잔재 **account** [əkáunt] 기록
resemblance [rizémbləns] 유사성 **lacquer** [lǽkər] 옻을 칠하다 **coincidental** [kouìnsidéntl] 우연의

읽기 지문 해석

미국 역사상 오랫동안, 학생들은 크리스토퍼 콜럼버스가 미대륙을 발견했다고 배워왔으며, 이 추정은 수백 년 동안 큰 이의 없이 받아들여진 채로 있었다. 하지만, 역사가들은 콜럼버스가 1492년에 도착하기 전에 중국인들이 이미 미대륙을 탐험했었다는 분명한 증거를 발견했다.

우선, 1418년에 세계가 어떤 모습이었는지를 보여주는 오래된 중국 지도가 있다. 북미가 지도에 묘사되어 있으며, 그것은 믿기 어려울 만 큼의 정확성을 가지고 표현되어 있다. 예를 들어, 그 지도에서 포토맥강은 현대의 지도에서 보이는 것과 거의 같은 위치에 있다. 중국인들이 미대륙에 갔던 것이 아니라면, 아마도 그러한 지도를 제작할 수 없었을 것이다.

둘째로, 콜럼버스가 미대륙을 발견하기 이전의 중국 유물의 존재는 중국인들이 콜럼버스 이전에 북미를 발견했다는 것을 증명한다. 예를 들어, 고고학자들은 태평양 북서부의 여러 유적지에서 고대 중국 동전들을 발굴했고, 이것들은 1400년대 초기의 독특한 형태를 가지고 있다. 다른 지역에서는, 중국의 전통적인 장식 형태로 만들어진 것으로 보이는 미국 원주민의 구슬이 발견되었다.

마지막으로, 중국의 전통 옻칠 기법이 콜럼버스의 도착 이전에 멕시코에서 사용되고 있었다. 옻은 나무나 다른 재료에 바를 수 있는 도료이 며 매끄럽고 오래가는 표면을 만들어준다. 비록 방법은 거의 동일하지만, 중국식 기법의 사용이 멕시코식 옻칠보다 더 오래되었다. 따라서, 중국인들이 1492년 이전 언젠가 중앙아메리카에 가서 그곳의 사람들에게 옻칠을 가르쳐 주었다고 유추할 수 있다.

assumption [əsʌ́mpʃən] 추정 **unchallenged** [ʌntʃǽlindʒd] 이의 없이 받아들여지는 **represent** [rèprizént] 표현하다
accuracy [ǽkjurəsi] 정확성 **unearth** [ʌnə́:rθ] 발굴하다 **distinctive** [distíŋktiv] 독특한 **ornamental** [ɔ̀:rnəméntl] 장식의
apply [əplái] 바르다 **virtually** [və́:rtʃuəli] 거의 **infer** [infə́:r] 유추하다

듣기 스크립트 및 해석 🎧 Track 8

As you probably recall from the reading, some people have questioned the traditional account that Columbus discovered America. And one very controversial theory is that the Chinese came to America nearly a century before Columbus' first voyage there. But all the explanations you read are more like fiction than history.

Take the so-called 1418 Chinese map, which, um, is actually a fake. In reality, the map was clearly made much later. For instance, the map contains two hemispheres, but back then that concept was purely European and did not exist in China. Also, it turns out that some of the text on the map was translated into Chinese from Jesuit maps of the 17th century. Therefore, experts believe it is a forgery made simply to support the theory.

Next, although a few Chinese artifacts were found here and there, it doesn't prove that the Chinese arrived before Columbus. If the theory were true, the Chinese would have left their mark far more obviously. Take the Vikings, for example . . . We know that the Vikings were in America a thousand years ago because clear evidence of their presence still survives in the form of construction remains and Native American accounts. So, by comparison, the discovery of a few coins and beads seems like pretty flimsy evidence.

> Lastly, the resemblance between lacquering methods in Chinese and Mexico could simply be a coincidence. There are many historical examples of cultures that developed identical methods or inventions independently. Just think about ancient pyramids, for instance. Ancient pyramids were built in Egypt and the Americas, but that doesn't mean those civilizations had any contact just because their building style was similar.

여러분이 아마 읽기 지문에서 기억하듯이, 일부 사람들은 콜럼버스가 미대륙을 발견했다는 전통적인 설명에 이의를 제기해왔습니다. 그리고 한 가지 매우 논란이 많은 이론은 콜럼버스의 첫 미대륙 항해보다 거의 한 세기 이전에 중국인들이 미대륙에 왔었다는 것입니다. 그러나 여러분이 읽은 모든 설명은 역사라기보다 허구에 더 가까워요.

소위 1418년의 중국 지도를 살펴보면, 그것은 음, 사실 가짜예요. 실제로, 그 지도는 분명 훨씬 이후에 만들어졌습니다. 예를 들어, 그 지도는 두 개의 반구를 포함하고 있지만, 당시 그 개념은 순전히 유럽인들의 것이었고 중국에는 존재하지 않았습니다. 또한, 지도의 일부 글귀는 17세기의 예수회 지도로부터 중국어로 번역된 것으로 밝혀졌습니다. 따라서, 전문가들은 지도가 단순히 이론을 지지하기 위해 만들어진 위조품이라고 믿습니다.

다음으로, 비록 몇 개의 중국 유물이 여기저기서 발견되었지만, 그것은 중국인들이 콜럼버스 이전에 도착했다는 것을 증명하지는 않습니다. 그 이론이 사실이라면, 중국인들은 그들의 흔적을 훨씬 더 명백하게 남겼을 것입니다. 예를 들어, 바이킹족을 살펴보죠... 우리는 바이킹 족이 천 년 전에 미대륙에 있었다는 것을 알 수 있는데, 그들의 존재에 대한 명백한 증거가 건축 잔재와 미국 원주민의 기록 형식으로 아직도 남아있기 때문입니다. 그러므로, 그에 비해, 몇 개의 동전과 구슬의 발견은 꽤 빈약한 증거처럼 보이는군요.

마지막으로, 중국과 멕시코의 옻칠 방법 간의 유사성은 단순히 우연의 일치일 수 있습니다. 동일한 방법이나 발명품을 독자적으로 개발한 문화들의 많은 역사적인 예시들이 있습니다. 예를 들어, 고대 피라미드에 대해 생각해 보세요. 고대 피라미드는 이집트와 미국에서 만들어졌지만, 단지 그들의 건축 양식이 유사하다고 해서 그 문명들이 어떠한 접촉을 가졌다는 것을 의미하지는 않죠.

recall[rikɔ́:l] 기억하다 question[kwéstʃən] 이의를 제기하다 controversial[kὰ:ntrəvə́:rʃəl] 논란이 많은
forgery[fɔ́:rdʒəri] 위조품 mark[mɑ:rk] 흔적 flimsy[flímzi] 빈약한 civilization[sìvəlizéiʃən] 문명

04 읽기 노트

Laocoon: forgery by Michelan. 라오콘은 미켈란젤로에 의한 위조품임

1. to fool rival 경쟁자를 속이기 위함
   - San. advised pope, identify art 산갈로는 교황에게 조언하고, 예술품을 감정함
   - to embarrass his rival 그의 경쟁자를 곤란하게 하기 위함

2. resem. to Michelan.'s The Last Judgment 미켈란젤로의 최후의 심판과의 유사성
   - 3 men entangled by snakes ≒ demon w/ snake
     뱀으로 얽힌 세 남자와 뱀과 함께 있는 악마 유사함
   - created by same artist 같은 예술가에 의해 만들어짐

3. forgery: common & accepted 위조는 흔하고 용인됨
   - freely copied ancient paintings & sculpt. 고대 그림과 조각품을 자유롭게 복제함
   - method for young artist to develop skill 젊은 예술가가 실력을 계발하는 방법

듣기 노트

○ Michelan. create forgery: X truth 미켈란젤로가 위조했다는 것은 사실이 아님

○ 1. X forged to deceive San. 상갈로를 속이기 위해 위조하지 않았을 것임

○ – San.: close friend, assisted Michelan.
상갈로는 가까운 친구였으며, 미켈란젤로를 도왔음

○ – invited Michelan. to help identify Laocoon
라오콘을 감정하는 것을 도와달라고 미켈란젤로에게 부탁함

○ 2. Michelan. influenced by Laocoon 미켈란젤로는 라오콘으로부터 영향을 받았음

○ – The Last Judgment painted after Laocoon 최후의 심판은 라오콘 이후 그려짐

○ – Michelan. said Laocoon had influence 미켈란젤로는 라오콘이 영향을 주었다고 말함

○ 3. forgery: serious offense 위조는 심각한 범죄

○ – replica. common ↔ forgeries 복제가 흔했으나 위조와는 다름

○ – forgery = fraud, penalty 위조는 사기이므로, 처벌받음

서론 쓰기 ✏️

요약문 주제 문장
The lecturer argues that ① the claims that Michelangelo forged the *Laocoön* are untrue.

요약문 반박 문장
This contradicts the reading passage's claim that ② the statue is a forgery created by Michelangelo.

본론 쓰기 ✏️

본론 1

요약문 근거 문장
First, the lecturer points out that Michelangelo would not have deceived Sangallo by forging the *Laocoön*.

세부사항
③ Michelangelo and Sangallo were known to have a close friendship. Sangallo helped Michelangelo on many projects and actually asked him to identify the *Laocoön*.

요약문 반박 문장
This casts doubt on the reading passage's claim that Michelangelo wanted to fool Sangallo because they were rivals.

본론 2

요약문 근거 문장
Next, the lecturer maintains that the similarity between the *Laocoön* and *The Last Judgment* is explained by the *Laocoön*'s influence on Michelangelo.

④ The *Laocoön* was discovered before *The Last Judgment* was painted. Also, according to Michelangelo, the *Laocoön* influenced his work.

요약문 반박 문장

This counters the reading passage's claim that the resemblance between the two works shows that Michelangelo forged the *Laocoön*.

본론 3

요약문 근거 문장

Finally, the lecturer contends that forging artwork was a serious crime in Michelangelo's time.

세부사항

⑤ Replicating artwork was common, but it was completely different from forgery. Forging art to trick people was fraud, and forgers were penalized severely.

요약문 반박 문장

This refutes the reading passage's claim that forgery was acceptable and commonly done.

해석　요약문 주제 문장 강의자는 미켈란젤로가 '라오콘'을 위조했다는 주장은 사실이 아니라고 주장한다. 요약문 반박 문장 이는 그 조각상이 미켈란젤로에 의해 만들어진 위조품이라는 읽기 지문의 주장을 반박한다.

　　요약문 근거 문장 첫째로, 강의자는 미켈란젤로가 '라오콘'을 위조함으로써 상갈로를 속이지 않았을 것이라고 지적한다. 세부사항 미켈란젤로와 상갈로는 가까운 우정을 가졌던 것으로 알려져 있었다. 상갈로는 많은 프로젝트에서 미켈란젤로를 도왔고 사실 그에게 '라오콘'을 감정해달라고 부탁했다. 요약문 반박 문장 이는 그들이 경쟁자였기 때문에 미켈란젤로가 상갈로를 속이길 원했다는 읽기 지문의 주장에 의구심을 제기한다.

　　요약문 근거 문장 다음으로, 강의자는 '라오콘'과 '최후의 심판' 간의 유사성은 미켈란젤로에 대한 '라오콘'의 영향으로 설명된다고 주장한다. 세부사항 '라오콘'은 '최후의 심판'이 그려지기 전에 발견되었다. 또한, 미켈란젤로에 의하면, '라오콘'은 그의 작품에 영향을 주었다. 요약문 반박 문장 이는 그 두 작품 간의 유사성이 미켈란젤로가 '라오콘'을 위조했다는 것을 보여준다는 읽기 지문의 주장에 반대한다.

　　요약문 근거 문장 마지막으로, 강의자는 미켈란젤로 시대에 예술품을 위조하는 것은 심각한 범죄였다고 주장한다. 세부사항 예술품을 복제하는 것은 흔했지만, 그것은 위조와는 완전히 달랐다. 사람들을 속이기 위해 예술품을 위조하는 것은 사기였으며, 위조자는 엄격하게 처벌받았다. 요약문 반박 문장 이는 위조가 용인되었으며 흔하게 일어났다는 읽기 지문의 주장을 반박한다.

어휘　forge[fɔːrdʒ] 위조하다　statue[stǽtʃuː] 조각상　forgery[fɔːrdʒəri] 위조품, 위조　deceive[disíːv] 속이다
　　identify[aidéntəfài] 감정하다　resemblance[rizémbləns] 유사성　replicate[réplikèit] 복제하다　trick[trik] 속이다
　　fraud[frɔːd] 사기　penalize[píːnəlàiz] 처벌하다　acceptable[ækséptəbl] 용인되는

읽기 지문 해석

1506년에, 당시 1,500년 된 그리스 조각품 '라오콘과 그의 아들들'로 감정된 커다란 대리석 조각상이, 로마의 한 포도밭에 묻힌 채 발견되었다. 하지만, 이제 '라오콘'은 그리스 원본 조각품이 아니라, 사실은 미켈란젤로에 의해 완성된 위조품인 것으로 보인다.

미켈란젤로가 '라오콘'을 위조했을 수 있는 한 가지 이유는 그의 경쟁자인, 줄리아노 다 상갈로를 속이기 위한 것이었다. 미켈란젤로는 상갈로가 예술과 관련한 문제들에 대해 교황에게 조언한다는 것과, 발견되는 어떤 고대 예술품이든 교황이 상갈로에게 감정하도록 요청할 것임을 알았다. 미켈란젤로는 '라오콘'을 만들고 그것을 진짜 고미술품인 것처럼 보이도록 땅에 묻음으로써 그의 경쟁자를 곤란하게 하려고 했을 수 있다.

다음으로, 위조 이론은 미켈란젤로의 그림 '최후의 심판'의 한 인물과 '라오콘'과의 놀랄만한 유사성에 의해 뒷받침된다. '라오콘'에는, 세 남자가 커다란 뱀들에 의해 얽혀 있는데, '최후의 심판'에는, 한 악마가 그의 몸 주위를 단단히 얽고 있는 뱀과 함께 묘사된다. 이는 두 작품 모두 같은 예술가에 의해 만들어졌다는 것을 강하게 암시하며, 단순한 우연의 일치로 일축하기에는 유사성이 너무 강력하다.

세 번째 이유는 위조가 르네상스 시대에 흔하고 용인되는 예술적 관행이었다는 것이다. 그 당시의 예술가들은 동시대인들의 작품뿐만 아니

라 고대의 그림과 조각품을 자유롭게 복제했다. 사실, 고전 작품들의 복제품을 제작하는 것은 젊은 예술가들이 그들의 실력을 계발하는 흔한 방법이었다. 이러한 맥락을 고려할 때, 미켈란젤로의 행동은 자연스러우며 심지어 예상할 수 있었던 것으로 보인다.

marble[mάːrbl] 대리석 sculpture[skʌ́lptʃər] 조각품 bury[béri] 묻다 vineyard[vínjərd] 포도밭 carry out 완성하다
embarrass[imbǽrəs] 곤란하게 하다 authentic[ɔːθéntik] 진짜의 striking[stráikiŋ] 놀랄만한 figure[fígjər] 인물
entangle[intǽŋgl] 얽히게 하다 depict[dipíkt] 묘사하다 compelling[kəmpéliŋ] 강력한 dismiss[dismís] 일축하다
contemporary[kəntémpərèri] 동시대인

듣기 스크립트 및 해석 🎧 Track 9

So, let's discuss the controversy surrounding the *Laocoön*. You may have read about um, a recent claim that Michelangelo actually created the sculpture as a forgery. It's certainly a provocative theory, but there really isn't any truth to it.

First of all, Michelangelo would not have forged the *Laocoön* to deceive Giuliano da Sangallo. This is because Sangallo was actually a close friend of Michelangelo, not a rival. He assisted Michelangelo with several projects, including the painting of the Sistine Chapel ceiling. In fact, Sangallo invited Michelangelo to help identify the *Laocoön* shortly after its discovery. Michelangelo would not have wanted to trick his own friend.

Second, Michelangelo was influenced by the *Laocoön* when he painted *The Last Judgment*, which explains any similarity between the two works. *The Last Judgment* was painted years after the discovery of the *Laocoön*, and basically, the painting represents . . . it shows Michelangelo's reaction to the *Laocoön*. You know, Michelangelo even said that the discovery of the *Laocoön* had, uh, a profound influence on his later work. That's why there's some resemblance between the two pieces.

Third, forgery was considered a serious offense during the Renaissance. It's true that replication of ancient works of art was commonplace, and, um, antique reproductions were quite popular among art buyers . . . but everybody knew they weren't authentic. This kind of reproductions was very different from making forgeries, which were attempts to trick people! Forgery was considered a type of fraud at the time. If a forger was caught, the artwork would be taken, and the penalty for forgery was death in extreme cases.

자, '라오콘'을 둘러싼 논란에 대해 논의해 보죠. 여러분은 미켈란젤로가 사실은 위조품으로 그 조각품을 만들어 냈다는, 음, 최근의 주장에 대해 읽어 보았을 거예요. 이것은 확실히 자극적인 이론이긴 하지만, 그것에는 어떠한 사실성도 없어요.

우선, 미켈란젤로는 줄리아노 다 상갈로를 속이기 위해 '라오콘'을 위조하지 않았을 겁니다. 이는 상갈로가 미켈란젤로의 경쟁자가 아니라, 사실 가까운 친구였기 때문이에요. 그는 시스티나 성당 천장화를 포함하여, 여러 프로젝트에서 미켈란젤로를 도왔어요. 사실, 상갈로는 '라오콘'의 발견 직후 미켈란젤로에게 그것을 감정하는 것을 도와달라고 부탁했어요. 미켈란젤로는 그의 친구를 속이길 원치 않았을 거예요.

둘째로, 미켈란젤로가 '최후의 심판'을 그렸을 때 그는 '라오콘'으로부터 영향을 받았는데, 이는 그 두 작품 간의 모든 유사성을 설명해 줍니다. '최후의 심판'은 '라오콘'이 발견되고 몇 년 후에 그려졌으며, 기본적으로, 그 그림이 나타내는 것은... 그것은 '라오콘'에 대한 미켈란젤로의 반응을 보여줘요. 그러니까, 미켈란젤로는 '라오콘'의 발견이, 어, 그의 후기 작품에 지대한 영향을 주었다고까지 말했어요. 그것이 그 두 작품 간에 얼마간의 유사성이 있는 이유죠.

셋째로, 르네상스 시대에 위조는 심각한 범죄로 여겨졌어요. 고대 예술품 복제가 아주 흔했다는 것은 사실이에요, 그리고, 음, 고미술 복제품은 예술품 구매자들 사이에서 꽤 인기가 많았죠... 그러나 모두 그것들이 진짜가 아니라는 것을 알고 있었어요. 이런 종류의 복제는 사람들을 속이기 위한 시도였던 위조품을 만드는 것과는 매우 달랐죠! 그 당시 위조는 사기의 한 유형으로 여겨졌어요. 위조자가 붙잡히면, 그 예술품은 압수되었으며, 극단적인 경우 위조에 대한 처벌은 사형이었습니다.

controversy[ká:ntrəvə̀:rsi] 논란 provocative[prəvá:kətiv] 자극적인 invite[inváit] 부탁하다
profound[prəfáund] 지대한 offense[əféns] 범죄 replication[rèpləkéiʃən] 복제 commonplace[ká:mənplèis] 아주 흔한
reproduction[rì:prədʌ́kʃən] 복제품, 복제 penalty[pénəlti] 처벌

05 읽기 노트

relocate rept.: X viable 파충류의 이전은 실행 가능하지 않음

1. overpop. 개체 수 과잉
   - site suitable: already occupied 서식지로 적합한 장소는 이미 차지됨
   - ↑ pop. → ↑ compet. 개체 수 확장은 경쟁을 야기함

2. spread of disease 질병 확산
   - carry pathogens → expose other to disease
     병원균을 옮겨 다른 파충류를 질병에 노출시킴
   - ex) snake fungal disease spread 예) 뱀 진균병 퍼짐

3. injured & killed while captured 포획되어 있는 동안 상처 입고 죽음
   - a few hrs. in dry trap → fatal dehyd.
     건조한 덫 안에서의 몇 시간은 치명적인 탈수를 야기함
   - in buckets → easy prey 양동이 안에서 쉬운 먹잇감이 됨

듣기 노트

transporting rept.: most viable 파충류의 이전은 가장 실행 가능함

1. overpop.: way to deal w/ 개체 수 과잉을 다루는 방법 있음
   - ex) unused land into habitat for sand lizard → X compete
     예) 사용하지 않는 땅을 장지뱀을 위한 서식지로 전환하여 경쟁이 없었음
   - capacity of habitat ↑ ← artificial rocks & burrows
     인공 암석과 굴을 통해 서식지의 수용력 증가함

2. disease: proper measure 질병에 적절한 조치 취함
   - separate pop. → X transfer pathogens 분리된 개체는 병원균 이동을 막음
   - regularly visit & examine, infected → remove
     정기적으로 방문해서 검사하고, 전염되면 제거함

3. injury & death: way to protect 상처와 죽음으로부터 보호하는 방법 있음
   - small amount of water → X dehyd. 적은 양의 물은 탈수상태를 방지함
   - defens. cover → hide from predator 방어 덮개가 있으면 포식 동물로부터 숨음

서론 쓰기 ✏️

요약문 주제 문장

The lecturer argues that relocating reptiles to safer areas is the most viable method of protecting them.

This contradicts the reading passage's claim that relocation is not a practical way to conserve reptiles.

본론 쓰기 ✏️

본론 1

요약문 근거 문장

First, the lecturer contends that ① overpopulation of reptiles is a problem that can be dealt with.

세부사항

For example, ② new habitats were created for sand lizards, so the transported reptiles did not have to compete with each other. Also, if artificial rocks and burrows are added to an existing habitat, the overall capacity of the habitat will be increased.

요약문 반박 문장

This casts doubt on the reading passage's claim that ③ relocation of reptiles can cause overpopulation.

본론 2

요약문 근거 문장

Next, the lecturer points out that ④ spread of disease can be prevented through proper measures.

세부사항

⑤ If experts separate the population groups, pathogens will not be easily transferred to other reptiles. It is also possible for experts to examine and identify any infected reptiles after relocation, and remove them from the area.

요약문 반박 문장

This counters the reading passage's claim that ⑥ relocation of reptiles results in the spread of disease.

본론 3

요약문 근거 문장

Finally, the lecturer maintains that ⑦ there are ways to protect reptiles from injury and death while they're caught in traps.

세부사항

⑧ Experts can put some water in the traps so that captured reptiles do not become dehydrated. In addition, experts can add defensive cover to the trap, which helps reptiles hide from predators.

요약문 반박 문장

This refutes the reading passage's claim that ⑨ capturing reptiles will injure or kill them.

해석　**요약문 주제 문장** 강의자는 파충류를 더 안전한 지역으로 이전하는 것은 그것들을 보호하는 가장 실행 가능한 방법이라고 주장한다. **요약문 반박 문장** 이는 이전이 파충류를 보호하기 위한 실용적인 방법이 아니라는 읽기 지문의 주장을 반박한다.

　　　요약문 근거 문장 첫째로, 강의자는 파충류의 개체 수 과잉은 해결할 수 있는 문제라고 주장한다. **세부사항** 예를 들어, 장지뱀을 위한 새로운 서식지가 조성되어서, 이전된 파충류는 서로 경쟁할 필요가 없었다. 또한, 인공 암석과 굴이 기존 서식지에 더해진다면, 서식지의 전반적인 수용력은 증가할 것이다. **요약문 반박 문장** 이는 파충류의 이전이 개체 수 과잉을 야기할 수 있다는 읽기 지문의 주장에 의구심을 제기한다.

　　　요약문 근거 문장 다음으로, 강의자는 질병 확산이 적절한 조치를 통해 방지될 수 있다고 지적한다. **세부사항** 전문가들이 개체군을 분리한다면, 병원균은 다른 파충류에게 쉽게 옮겨지지 않을 것이다. 또한 이전 후 전문가들이 어떤 전염된 파충류들을 검사하고 발견하여, 그것들을 그 지역에서 제거하는 것도 가능하다. **요약문 반박 문장** 이는 파충류의 이전이 질병 확산을 야기한다는 읽기 지문의 주장에 반대한다.

　　　요약문 근거 문장 마지막으로, 강의자는 파충류가 덫에 잡혀 있는 동안 그들을 상처와 죽음으로부터 보호할 수 있는 방법이 있다고 주장한다. **세부사항** 전문가들은 덫 안에 물을 조금 두어 포획된 파충류가 탈수상태가 되지 않도록 할 수 있다. 게다가, 전문가들은 파충류가 포식 동물로부터 숨는 것을 돕는 방어 덮개를 덫에 더할 수 있다. **요약문 반박 문장** 이는 파충류를 포획하는 것이 그들을 상처 입히거나 죽일 것이라는 읽기 지문의 주장을 반박한다.

어휘　**relocate**[rìːloukéit] 이전하다 **reptile**[réptil] 파충류 **viable**[váiəbl] 실행 가능한 **conserve**[kənsə́ːrv] 보호하다 **overpopulation**[òuvərpɑpjuléiʃən] 개체 수 과잉 **habitat**[hǽbitæt] 서식지 **artificial**[àːrtəfíʃəl] 인공의 **burrow**[bə́ːrou] 굴 **capacity**[kəpǽsəti] 수용력 **measure**[méʒər] 조치 **pathogen**[pǽθədʒən] 병원균 **dehydrate**[diːháidreit] 탈수상태가 되게 하다 **defensive**[difénsiv] 방어의 **predator**[prédətər] 포식 동물

읽기 지문 해석

도시들이 확장되고 새로운 건설 사업들이 시작되면서, 많은 파충류 종들이 서식지 손실로 고통받는다. 한 가지 제안된 해결책은 계획된 건설 현장으로부터 파충류를 구출하여 더 안전한 환경으로 이전하는 것이다. 하지만 이 방법이 실행 가능한 보호 수단이 아니라는 많은 증거가 있다.

첫째로, 파충류를 새로운 지역으로 옮기는 것은 개체 수 과잉을 야기할 수 있다. 파충류에게 새로운 서식지로 적합한 어느 장소든 이미 유사한 종들에 의해 차지되었을 확률이 크다. 따라서, 이전은 그 지역의 파충류 개체 수를 빠르게 확장시킬 수 있으며, 이는 먹이와 서식 공간을 위한 극심한 경쟁을 야기할 수 있다. 결과적으로, 파충류들이 과잉 서식과 굶주림을 겪으면서 보호 전략은 역효과를 낳을 수 있다.

둘째로, 파충류의 이전은 질병 확산의 원인이 될 수 있다. 일부 파충류는 병원균을 옮기는데 이러한 동물들이 새로운 지역으로 옮겨진다면, 다른 파충류를 질병에 노출시킬 수 있다. 새로운 지역의 파충류는 옮겨진 질병에 특히 취약할 수 있는데, 그에 대한 충분한 저항력을 발달시키지 않았기 때문이다. 예를 들어, 뱀 진균병은 최근 몇 년 동안 미국 전역에 빠르게 퍼지고 있다. 전문가들은 이것이 이전된 뱀들이 저항력이 없는 뱀들에게 이 질병을 퍼뜨려 왔기 때문이라고 믿는다.

마지막으로, 파충류는 포획되어 있는 동안 상처를 입고 죽을 수 있다. 일반적인 포획 방법은 부분적으로 땅에 묻힌 양동이 안에 파충류를 가두는 것이고, 전문가들이 되찾을 때까지 동물들은 양동이 안에 갇힌 채로 남는다. 대부분의 파충류는 물에 지속적인 접촉이 있을 때만 살아남을 수 있으므로, 건조한 덫 안에서의 불과 몇 시간조차 치명적인 탈수를 야기할 수 있다. 게다가, 양동이 안에 남아 있는 파충류는 새와 작은 포유동물들에게 쉬운 먹잇감이 된다.

　　　commence[kəméns] 시작되다 **reptilian**[reptíliən] 파충류의 **backfire**[bǽkfáiər] 역효과를 낳다 **overcrowding**[òuvərkráudiŋ] 과잉 서식 **starvation**[stɑːrvéiʃən] 굶주림 **vulnerable**[vʌ́lnərəbl] 취약한 **resistance**[rizístəns] 저항력 **bucket**[bʌ́kit] 양동이 **recover**[rikʌ́vər] 되찾다 **fatal**[feitl] 치명적인 **prey**[prei] 먹잇감

듣기 스크립트 및 해석 🎧 Track 10

You know, as reptiles are increasingly threatened by habitat loss, there's a fierce debate over the best way to protect these fragile creatures. Speaking frankly, the concerns raised in the reading are not issues at all. When proper procedures are followed, transporting reptiles to new homes is by far the most viable method.

First, overpopulation. There are some ways to deal with this issue . . . like creating new habitats, or increasing the capacity of existing habitats. For example, in the UK, unused land was converted into habitats for sand lizards. The areas were not previously occupied by any lizards, so the newly transported lizards didn't need to compete for food and space. Also, the overall capacity of existing habitats can be increased by creating artificial rocks and burrows. Such structures will make it possible to accommodate a large number of reptiles. Thus, we can prevent the arrival of new animals from putting the existing population under pressure.

Well, what about disease? The spread of infectious disease among reptiles can be avoided if proper measures are taken. As a precaution, experts can establish separate populations in different areas to prevent the transfer of pathogens between the populations. Also, experts can regularly visit the new relocation area and examine the reptiles living in it. If they identify any infected reptiles, they can remove them from the area. If experts had removed infected snakes early enough, the spread of snake fungal disease would have been limited.

And finally, injury and death caused by, um, by trapping the reptiles. Well, there are actually some pretty basic ways for experts to protect creatures caught in traps. For instance, placing a small amount of water in the bottom of a bucket trap can prevent captured animals from becoming dehydrated. And defensive cover, like moss, can be placed in the trap, which makes it possible for the reptiles to hide from dangerous predators.

그러니까, 파충류가 서식지 손실에 의해 점점 더 멸종 위기에 처하면서, 이 연약한 생물을 보호하는 최선의 방법에 대한 격렬한 논쟁이 있어요. 솔직히 말하면, 읽기 지문에서 제기된 우려들은 전혀 문제가 아니에요. 적절한 절차를 따르면, 파충류를 새로운 서식지로 이전하는 것은 단연코 가장 실행 가능한 방법입니다.

첫째로, 개체 수 과잉입니다. 이 문제를 다룰 수 있는 몇 가지 방법이 있어요... 새로운 서식지를 조성하거나, 기존 서식지의 수용력을 증가시키는 것처럼. 예를 들어, 영국에서는, 사용되지 않는 땅이 장지뱀을 위한 서식지로 전환됐어요. 이 지역에는 이전에 어떤 도마뱀도 거주하지 않았으므로, 새로 옮겨진 도마뱀은 먹이와 공간을 위해 경쟁할 필요가 없었죠. 또한, 기존 서식지의 전반적인 수용력은 인공 암석과 굴을 만듦으로써 증가될 수 있어요. 그러한 구조물은 많은 수의 파충류를 수용하는 것을 가능하게 할 거예요. 따라서, 우리는 새로운 동물의 도입이 기존의 개체들을 스트레스받는 상황에 두는 것을 막을 수 있어요.

자, 질병은 어떤가요? 파충류 사이에서 전염병의 확산은 적절한 조치들이 취해진다면 피할 수 있습니다. 예방 조치로써, 전문가들은 개체 간 병원균의 이동을 막기 위해 분리된 개체들을 서로 다른 지역에 자리 잡게 할 수 있어요. 또한, 전문가들은 정기적으로 새로운 이전 장소를 방문해서 그곳에 살고 있는 파충류들을 검사할 수 있죠. 그들이 어떤 전염된 파충류들을 발견한다면, 그 파충류들을 그 지역에서 제거할 수 있습니다. 전문가들이 전염된 뱀들을 충분히 일찍 제거했다면, 뱀 진균병의 확산은 제한되었을 거예요.

그리고 마지막으로, 음, 파충류를 덫에 가둠으로써, 야기되는 상처와 죽음입니다. 음, 사실 전문가들이 덫에 잡힌 생물을 보호하는 꽤 기본적인 방법이 몇 가지 있어요. 예를 들어, 양동이 덫의 바닥에 적은 양의 물을 두는 것은 포획된 동물들이 탈수상태가 되는 것을 방지할 수 있습니다. 그리고, 이끼와 같은 방어 덮개가 덫 안에 놓여질 수 있는데, 이는 파충류가 위험한 포식 동물로부터 숨는 것을 가능하게 합니다.

threatened[θrétnd] 멸종 위기에 처한 fragile[frǽdʒəl] 연약한 by far 단연코 convert[kənvə́ːrt] 전환시키다
infectious[infékʃəs] 전염의 precaution[prikɔ́ːʃən] 예방 조치 moss[mɔːs] 이끼

06 읽기 노트

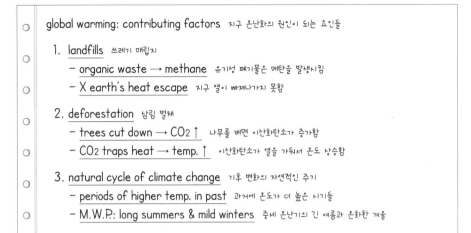

global warming: contributing factors 지구 온난화의 원인이 되는 요인들

1. landfills 쓰레기 매립지
   - organic waste → methane 유기성 폐기물은 메탄을 발생시킴
   - X earth's heat escape 지구 열이 빠져나가지 못함

2. deforestation 삼림 벌채
   - trees cut down → CO_2 ↑ 나무를 베면 이산화탄소가 증가함
   - CO_2 traps heat → temp. ↑ 이산화탄소가 열을 가둬서 온도 상승함

3. natural cycle of climate change 기후 변화의 자연적인 주기
   - periods of higher temp. in past 과거에 온도가 더 높은 시기들
   - M.W.P.: long summers & mild winters 중세 온난기의 긴 여름과 온화한 겨울

듣기 노트

X convincing theories 설득력 있는 이론들 없음

1. methane by landfills: X evidence 쓰레기 매립지에 의한 메탄은 증거 없음
   - methane: ⟨ 9% of green. gas & ⟨ 1% of atmosph.
     메탄은 온실가스의 9퍼센트 미만이며 대기의 1퍼센트 미만임
   - low # → X signif. contributors 낮은 숫자이므로 중요한 요인 아님

2. deforestation: X match w/ carbon cycle 삼림 벌채는 탄소 순환과 일치하지 않음
   - tree dies & decay → CO_2 reenters atmosph.
     나무가 죽어서 부패하면 이산화탄소가 다시 대기로 들어감
   - harvesting wood delays this process 벌목은 이 과정을 지연시킴

3. X natural cycle 자연 주기가 아님
   - M.W.P.: X global ← temp. varied 온도가 달랐으므로 중세 온난기는 세계적이지 않았음
   - average temp. lower ⟨ now 평균 온도가 지금보다 낮았음

서론 쓰기 ✏️

요약문 주제 문장

The lecturer argues that there aren't any convincing theories to explain global warming.

요약문 반박 문장

This contradicts the reading passage's claim that the contributing factors to global warming have been identified.

본론 쓰기 ✏️

본론 1

요약문 근거 문장
First, the lecturer maintains that ① methane released by landfills is not causing global temperatures to rise.

세부사항
Methane represents less than 9 percent of man-made greenhouse gases and less than 1 percent of atmospheric content. ② These low figures mean that landfills are not significantly contributing to global climate change.

요약문 반박 문장
③ This casts doubt on the reading passage's claim that landfills are responsible for global warming.

본론 2

요약문 근거 문장
Next, the lecturer claims that ④ the deforestation theory is inconsistent with the carbon cycle.

세부사항
⑤ The natural death and decay of trees result in reentry of carbon dioxide into earth's atmosphere. This is delayed when humans harvest wood because it contains unreleased carbon dioxide.

요약문 반박 문장
⑥ This counters the reading passage's claim that deforestation is heating the earth.

본론 3

요약문 근거 문장
Finally, the lecturer points out that ⑦ global warming is not part of a natural cycle.

세부사항
⑧ Temperatures around the earth varied greatly during the Medieval Warm Period, so it was not a global event. Also, average global temperatures were lower during this period than they are now.

요약문 반박 문장
⑨ This refutes the reading passage's claim that global warming is connected to a natural cycle of climate change.

해석　요약문 주제 문장 강의자는 지구 온난화를 설명하는 설득력 있는 이론들이 전혀 없다고 주장한다. 요약문 반박 문장 이는 지구 온난화의 원인이 되는 요인들이 밝혀졌다는 읽기 지문의 주장을 반박한다.

요약문 근거 문장 첫째로, 강의자는 쓰레기 매립지로부터 배출되는 메탄이 지구 온도가 상승하도록 야기하고 있지 않다고 주장한다. 세부사항 메탄은 사람이 만드는 온실가스의 9퍼센트 미만과 대기 함량의 1퍼센트 미만에 해당한다. 이러한 낮은 수치들은 쓰레기 매립지가 지구 기후 변화의 중요한 원인이 아니라는 것을 의미한다. 요약문 반박 문장 이는 쓰레기 매립지가 지구 온난화의 원인이라는 읽기 지문의 주장에 의구심을 제기한다.

요약문 근거 문장 다음으로, 강의자는 삼림 벌채 이론이 탄소 순환과 일치하지 않는다고 주장한다. 세부사항 나무의 자연적인 죽음과 부패는 이산화탄소가 다시 지구 대기로 들어가는 것을 초래한다. 이는 인간이 벌목할 때 지연되는데, 목재가 배출되지 않은 이산화탄소를 함유하고 있기 때문이다. 요약문 반박 문장 이는 삼림 벌채가 지구를 뜨겁게 만들고 있다는 읽기 지문의 주장에 반대한다.

요약문 근거 문장 마지막으로, 강의자는 지구 온난화가 자연 주기의 일부가 아니라고 지적한다. 세부사항 중세 온난기 동안 지구 곳곳의 온도는 매우 달랐으며, 그러므로 이는 세계적인 사건이 아니었다. 또한, 그 시기 동안의 평균 지구 온도는 지금의 온도보다 낮았다. 요약문 반박 문장 이는 지구 온난화가 기후 변화의 자연 주기와 연결되어 있다는 읽기 지문의 주장을 반박한다.

어휘 **contribute**[kəntríbjuːt] 원인이 되다 **methane**[méθein] 메탄 **landfill**[lǽndfìl] 쓰레기 매립지
represent[rèprizént] 해당하다 **atmospheric**[ӕtməsférik] 대기의 **content**[kάːntent] 함량 **figure**[fígjər] 수치
deforestation[diːfɔ̀ːristéiʃən] 삼림 벌채 **inconsistent**[ìnkənsístənt] 일치하지 않는 **carbon cycle** 탄소 순환
reentry[rìːéntri] 다시 들어감 **carbon dioxide** 이산화탄소 **harvest**[hάːrvist] 벌목하다 **vary**[vέəri] 다르다
Medieval Warm Period 중세 온난기(950년과 1250년 사이 북대서양의 온도가 비정상적으로 높았던 기간)

읽기 지문 해석

1880년 이후로, 전 세계적으로 평균 온도가 약 섭씨 0.8도 증가했다. 지구 온난화로 알려진 이 추세는 많은 우려를 야기해왔는데, 지구 온도의 작은 변화조차 파괴적인 환경적 영향을 가질 수 있기 때문이다. 온난화 추세를 연구하는 과학자들은 몇 가지 주요 원인이 되는 요인들을 밝혀냈다.

우선, 쓰레기 매립지의 조성이 지구 온도 상승의 중요한 요인이다. 이는 쓰레기 매립지에 묻힌 유기성 폐기물이 분해되어 메탄을 발생시키기 때문이다. 메탄이 대기 중으로 방출되면, 지구 열의 일부를 우주로 빠져나가지 못하게 막는다. 종합적인 결과는 더 따뜻한 온도이다.

지구 온난화의 또 다른 원인은 삼림 벌채인데, 이것은 특정 지역에서 많은 수의 나무를 베는 것이다. 나무는 광합성 과정에서 이산화탄소를 흡수하므로, 많은 나무가 베어지면, 대기 중의 이산화탄소가 증가한다. 이산화탄소는 온실가스의 역할을 하기 때문에, 대기 중에 열을 가두고, 이는 전 세계의 온도를 상승하게 한다.

마지막으로, 현재의 온난화 추세는 자연적으로 발생하는 기후 변화의 주기와 관련이 있다. 빙핵 표본에 대한 연구는 현재와 마찬가지로, 과거에도 평소보다 온도가 높은 시기가 있었다는 것을 보여주었다. 그중 중세 온난기로 알려진 가장 최근의 것은, 950년부터 1250년까지 지속되었다. 이 기간 동안, 북유럽과 아시아의 많은 지역은 이례적으로 긴 여름과 매우 온화한 겨울을 겪었다. 우리는 지구 온도의 이 자연 주기 중 더 따뜻한 시기의 한때를 지금 겪고 있다.

Celsius[sélsiəs] 섭씨 **contributor**[kəntríbjutər] 요인 **organic waste** 유기성 폐기물 **break down** 분해되다
photosynthesis[fòutousínθəsis] 광합성 **trap**[trӕp] 가두다 **ice core** 빙핵 **mild**[maild] 온화한

듣기 스크립트 및 해석 🎧 Track 11

OK . . . global warming is a very controversial issue these days. While there can be little doubt that temperatures have increased, no one knows for certain why this is happening. In fact, scientists have failed to come up with any convincing theories to explain the warming trend.

First, what about the theory that methane gas created by the use of, um, landfills is the cause of global warming? Well, this isn't supported by the evidence. A number of studies have shown that methane accounts for less than 9 percent of the greenhouse gases produced by humans. In addition, it makes up less than 1 percent of the atmosphere. Given how low these numbers are, it is impossible that landfills are, uh, significant contributors to global warming.

Second, the idea that deforestation is responsible for global warming just doesn't match with what we know about the carbon cycle. When a tree dies naturally and begins to decay, most of the carbon dioxide that it absorbed during its lifetime reenters the atmosphere. In fact, the harvesting of, uh, wood by humans delays this process. Think about it . . . all the lumber used to build homes and furniture contains carbon that would have been released if the tree had died naturally.

Finally, it is highly improbable that global warming is part of a, uh, natural cycle. Most importantly, the Medieval Warm Period was not a global event, as temperatures varied greatly depending on location. Although some regions, particularly in the Northern Hemisphere, had warmer climates, other areas actually became cooler. In addition, average global temperatures during the Medieval Warm Period were significantly lower than they are now, which indicates that the, um, current global warming trend is caused by something else.

자... 요즘 지구 온난화는 아주 논란이 많은 문제입니다. 온도가 상승해 왔다는 것에는 의심의 여지가 거의 없지만, 이것이 왜 일어나고 있는지에 대해서는 아무도 확실히 알지 못해요. 사실, 과학자들은 온난화 추세를 설명할 어떤 설득력 있는 이론도 제시하지 못했어요.

첫째로, 음, 쓰레기 매립지의 사용에 의해 발생된 메탄가스가 지구 온난화의 원인이라는 이론은 어떤가요? 글쎄요, 이것은 증거로 뒷받침되지 않아요. 많은 연구는 메탄이 인간에 의해 생산되는 온실가스의 9퍼센트 미만을 차지한다는 것을 보여주었습니다. 게다가, 그것은 대기의 1퍼센트도 차지하지 않아요. 이 숫자들이 얼마나 낮은지를 고려할 때, 쓰레기 매립지가, 어, 지구 온난화의 중요한 요인이라는 것은 불가능하죠.

둘째로, 삼림 벌채가 지구 온난화의 원인이라는 생각은 우리가 탄소 순환에 대해 알고 있는 것과 일치하지 않아요. 나무가 자연적으로 죽어서 부패하기 시작하면, 그것이 평생 동안 흡수했던 대부분의 이산화탄소는 다시 대기로 들어갑니다. 사실, 인간에 의한, 어, 벌목은 이 과정을 지연시켜요. 생각해 보세요... 나무가 자연적으로 죽었다면 배출되었을 탄소를 집과 가구를 만드는 데 사용되는 모든 목재가 함유하고 있는 거예요.

마지막으로, 지구 온난화가, 어, 자연 주기의 일부라는 것은 매우 개연성이 낮아요. 가장 중요한 것은, 중세 온난기는 온도가 지역에 따라 매우 달랐기 때문에, 세계적인 사건이 아니었다는 겁니다. 비록 일부 지역들, 특히 북반구에 있는 지역들은 더 따뜻한 기후를 겪었지만, 다른 지역들은 사실 더 서늘해졌습니다. 게다가, 중세 온난기 동안의 평균 지구 온도는 지금의 온도보다 상당히 낮았고, 이는, 음, 현재의 지구 온난화 추세가 다른 무언가에 의해 야기된다는 것을 보여줍니다.

come up with 제시하다 make up 차지하다 given[gívən] ~을 고려할 때 lumber[lʌ́mbər] 목재
improbable[imprɑ́:bəbl] 개연성이 낮은 hemisphere[hémisfìər] 반구

07 읽기 노트

petroglyphs: purposes 암면 조각의 목적

1. commun. tool: tribes help each other 의사소통 도구로써 부족들이 서로 도움
   - inform local geography/warn danger 현지의 지형을 알리거나 위험을 경고함
   - ex) spirals and dots → flooding 예) 소용돌이 모양과 점들은 홍수를 보여줌

2. relig. ceremonies 종교 의식
   - central feature of Piko ceremony 피코 의식의 주요한 요소임
   - give child super. power & ensure long life 아이에게 초자연적 능력을 주고 장수를 보장함

3. escape boredom 지루함에서 벗어남
   - rocks, hammerstone, free time 바위, 돌망치, 여가 시간이 있었음
   - experi.: easily created 실험에 의하면 쉽게 만들어짐

듣기 노트

```
○   X uncover petroglyphs' secrets  암면 조각의 비밀을 알아내지 못함

○     1. X tribes communicate helpful info.  부족들이 유용한 정보를 의사소통하기 위한 것이 아님

○        – tribes in hostile relation. made: X help enemies

○          적대적 관계의 부족들도 만들었는데 적을 돕지 않았을 것임

○        – same images: different meanings  같은 그림들이 다른 의미를 가짐

○     2. relig. ceremonies: X make sense  종교의식은 말이 되지 않음

○        – other creation: elaborate & detailed  다른 창작물은 정교하고 섬세함

○        – crudely carved → X for ritual  투박하게 조각되었으므로 의식에 사용되지 않았을 것임

○     3. X kill time  시간을 때우기 위한 것이 아님

○        – recreation had practical side  오락은 실용적인 측면을 가짐

○        – ex) war game → fight & hunt  예) 전쟁놀이로 전투와 사냥을 배움
```

서론 쓰기 ✏️

요약문 주제 문장

① The lecturer argues that the secrets of petroglyphs have not yet been uncovered.

요약문 반박 문장

② This contradicts the reading passage's claim that the purposes of petroglyphs can be easily inferred.

본론 쓰기 ✏️

본론 1

요약문 근거 문장

③ First, the lecturer claims that it is not accurate to say that petroglyphs were used for helpful communication between tribes.

세부사항

④ Even tribes in hostile relationships with nearby tribes carved images on the rocks, and it's hard to imagine that they wanted to leave some messages to help their enemies. In addition, carvings made by different tribes had different meanings. Therefore, tribes could not have used petroglyphs to communicate with each other.

요약문 반박 문장

⑤ This casts doubt on the reading passage's claim that tribes helped each other using petroglyphs as communication tools.

본론 2

⑥ Next, the lecturer maintains that it doesn't make sense that petroglyphs were created for religious ceremonies.

⑦ Other creations that were used in religious ceremonies tend to be much more elaborate and detailed than petroglyphs. The images of petroglyphs are so crudely carved that it's clear they were not used for important rituals.

⑧ This counters the reading passage's claim that petroglyphs were made to be used in religious ceremonies.

본론 3

⑨ Finally, the lecturer contends that it's hard to believe that petroglyphs were a way to kill time.

⑩ According to the lecturer, ancient recreation always had practical aspects. For example, boys played war games to learn how to fight and hunt.

⑪ This refutes the reading passage's claim that petroglyphs were made by people just to escape boredom.

해석 요약문 주제 문장 강의자는 암면 조각의 비밀은 아직 알려지지 않았다고 주장한다. 요약문 반박 문장 이는 암면 조각의 목적이 쉽게 추론될 수 있다는 읽기 지문의 주장을 반박한다.

요약문 근거 문장 첫째로, 강의자는 암면 조각이 부족 간의 유용한 의사소통을 위해 사용되었다고 말하는 것은 정확하지 않다고 주장한다. 세부사항 심지어 인근 부족들과 적대적인 관계에 있던 부족들도 바위에 그림을 조각했는데, 그들이 적을 돕기 위해 어떤 메시지를 남기기 원했을 것이라고 상상하기는 어렵다. 게다가, 서로 다른 부족들에 의해 만들어진 조각들은 서로 다른 의미를 가졌다. 따라서, 부족들은 서로 의사소통하기 위해 암면 조각을 사용했을 리가 없다. 요약문 반박 문장 이는 부족들이 암면 조각을 의사소통 도구로 사용하여 서로 도왔다는 읽기 지문의 주장에 의구심을 제기한다.

요약문 근거 문장 다음으로, 강의자는 암면 조각이 종교의식을 위해 만들어졌다는 것은 말이 되지 않는다고 주장한다. 세부사항 종교 의식에 사용된 다른 창작물들은 암면 조각보다 훨씬 더 정교하고 섬세한 경향이 있다. 암면 조각의 그림은 너무 투박하게 조각되어 그것이 중요한 의식을 위해 사용되지 않았음이 분명하다. 요약문 반박 문장 이는 암면 조각이 종교의식에 사용되기 위해 만들어졌다는 읽기 지문의 주장에 반대한다.

요약문 근거 문장 마지막으로, 강의자는 암면 조각이 시간을 때우는 방법이었다는 것은 믿기 어렵다고 주장한다. 세부사항 강의자에 따르면, 고대의 오락은 항상 실용적인 측면을 가졌다. 예를 들어, 소년들은 싸우고 사냥하는 방법을 배우기 위해 전쟁놀이를 했다. 요약문 반박 문장 이는 암면 조각이 단지 지루함에서 벗어나려는 사람들에 의해 만들어졌다는 읽기 지문의 주장을 반박한다.

어휘 petroglyph[pétrəglìf] 암면 조각 uncover[ʌ̀nkʌ́vər] 알아내다 hostile[há:stl] 적대적인 religious ceremony 종교의식 elaborate[ilǽbərət] 정교한 detailed[díːteild] 섬세한 crudely[krúːdli] 투박하게

읽기 지문 해석

암면 조각은 바위에 조각된 그림이다. 많은 고대 사회가 이러한 그림을 만들었는데, 그중 가장 오래된 것은 만 년 이상 된 것으로 추정된다.

비록 원시 사회가 암면 조각을 만든 이유를 설명하는 문서 기록은 없지만, 그것들의 특정한 목적 몇 가지를 추론하는 것은 어렵지 않다.

첫째로, 암면 조각은 의사소통의 도구로서 기능한 것으로 보인다. 조각은 실용적인 방법으로 서로 돕기 위해 서로 다른 부족에 의해 만들어졌다. 그림들은 다른 부족의 구성원들에게 현지 지형에 대해 알려주거나 미리 위험을 경고할 수 있었다. 예를 들어, 잦은 홍수를 겪었던 한 지역에서 많은 암면 조각이 발견되었다. 그 조각은 홍수로 인해 야기된 피해 규모를 나타내기 위해 소용돌이 모양과 점들을 사용했다. 이 정보는 그 지역을 방문한 부족들이 미래의 홍수에 대비하도록 도왔을 것이다.

둘째로, 암면 조각이 신성한 능력을 불러내는 종교의식을 위해 만들어졌다는 것이 그럴듯해 보인다. 고고학 학술지에 실린 최근의 한 기사는 암면 조각이 하와이에서 아이의 탄생과 관련된 의식을 수반하는 피코 의식의 주요 요소였다고 추정한다. 그 기사는 또한 그 바위 조각이 아이에게 일종의 초자연적인 능력을 주고 장수를 보장하기 위해 만들어졌다는 하와이의 지역 전설을 설명한다.

마지막으로, 지루함에서 벗어나려는 평범한 사람들에 의해 조각이 만들어졌다고 추론할 수 있다. 고대 사람들은 현대의 오락거리를 가지고 있지 않았지만, 그들에게는 바위, 돌망치 도구, 그리고 많은 여가 시간이 있었다. 바위에 의미 없는 그림을 조각하기 위해 돌망치를 사용하여 시간을 보내는 것은 누구에게나 간단했을 것이다. 실제로, 돌망치를 사용한 최근의 한 실험은 특별한 기술 없이도 어느 누구에 의해서나 2시간 정도의 짧은 시간 안에 암면 조각이 쉽게 만들어질 수 있다는 것을 보여주었다.

> geography[dʒiɑ́:grəfi] 지형　spiral[spáiərəl] 소용돌이 모양　divine[diváin] 신성한　presume[prizú:m] 추정하다
> involve[invɑ́:lv] 수반하다　supernatural[sù:pərnǽtʃərəl] 초자연적인　hammerstone[hǽmərstòun] 돌망치

듣기 스크립트 및 해석 🎧 Track 12

Petroglyphs have interested archaeologists for a long time, and for good reason. The images are quite fascinating, so everyone who studies them desperately wants answers. Well . . . patience is needed because we have yet to uncover the petroglyphs' secrets.

First, most experts do not accept the theory that petroglyphs were used by tribes to communicate helpful information to each other. Let's think about the fact that even tribes that were in hostile relationships with nearby tribes made petroglyphs. I highly doubt that those tribes would have wanted to help their enemies learn local geography or avoid danger. Also, after studying thousands of petroglyphs, archaeologists realized something. It turns out that the same images had different meanings when carved by different tribes. This means that different tribes could not have communicated effectively using petroglyphs.

Second, the explanation about religious ceremonies might sound plausible, but it just doesn't make sense. In fact, other creations used in ancient religious ceremonies, such as cave paintings, are incredibly elaborate and detailed. On the other hand, most petroglyph images are crudely carved stick figures and simple shapes. So, petroglyphs clearly weren't used for important rituals. Otherwise, they would have been carved much more intricately.

Third, it's hard to believe that ancient people made petroglyphs just to kill time. What I'd like to say is that, um, their recreation always had a practical side. Young boys, for example, played war games to improve their fighting and hunting skills. Thus, ancient people must have created petroglyphs for some practical reason as well.

암면 조각은 오랜 시간 동안, 그럴만한 이유로 고고학자들의 관심을 끌어왔습니다. 그 그림들은 아주 매혹적이어서, 그것들을 연구하는 모든 사람은 필사적으로 답을 원하죠. 자... 암면 조각의 비밀들을 알아낸 사람이 아직 없기 때문에 인내심이 필요해요.

첫째로, 대부분의 전문가는 암면 조각이 서로 유용한 정보에 대해 의사소통하기 위해서 부족에 의해 사용되었다는 이론을 받아들이지 않아요. 심지어 인근 부족들과 적대적 관계에 있던 부족들도 암면 조각을 만들었다는 사실에 대해 생각해 보죠. 저는 그 부족들이 그들의 적들이 현지의 지형을 알거나 위험을 피하도록 돕길 원했을 것이라는 게 매우 의심스럽습니다. 또한, 수천 개의 암면 조각을 연구한 후,

고고학자들은 무언가를 깨달았어요. 같은 그림들이 다른 부족들에 의해 조각되면 서로 다른 의미를 가졌다는 것이 밝혀졌죠. 이는 다른 부족들이 암면 조각을 사용하여 효과적으로 의사소통했을 리가 없다는 것을 의미하죠.

둘째로, 종교의식에 대한 설명은 그럴듯하게 들릴 수 있지만, 이는 전혀 말이 되지 않아요. 사실, 동굴 벽화와 같이 고대 종교의식에서 사용된 다른 창작물은 믿을 수 없을 정도로 정교하고 섬세합니다. 반면, 대부분의 암면 조각 그림은 투박하게 조각된 막대 인물과 단순한 모양이에요. 그러므로, 암면 조각은 분명 중요한 의식을 위해 사용된 게 아니에요. 그렇지 않았다면, 그것들은 훨씬 더 복잡하게 조각되었을 겁니다.

셋째로, 고대 사람들이 그저 시간을 때우기 위해 암면 조각을 만들었다는 것은 믿기 어려워요. 제가 말하고자 하는 것은, 음, 그들의 오락은 항상 실용적인 측면을 가졌다는 거예요. 예를 들어, 어린 소년들은 전투 및 사냥 실력을 향상하기 위해 전쟁놀이를 했어요. 따라서, 고대 사람들은 암면 조각 또한 틀림없이 어떤 실용적인 이유를 위해 만들었을 겁니다.

interest[íntərəst] ~의 관심을 끌다 fascinating[fǽsənèitiŋ] 매혹적인 intricately[íntrikətli] 복잡하게

08 읽기 노트

purpose of Chaco road: possible answers 차코 도로의 목적에 대한 가능성 있는 해답들

1. travel conven. to public meetings 공청회로 편리하게 이동함
   - b/w settlements & great houses 거주지와 거대 가옥 사이
   - size, proximity → large congreg. 크기, 접근성 때문에 큰 집회에 사용함

2. symbolized basic direct. 기본 방향을 상징
   - N&S = spirit travel, E&W = sunrise & sunset 남북 = 영혼의 여행, 동서 = 일출과 일몰
   - roads built N-S/E-W 남북 또는 동서로 지어진 도로들

3. support Chaco Canyon as cultural center 문화적 중심지로서의 차코 협곡 지원함
   - artifacts found → cultural activities 발견된 공예품은 문화적 활동을 암시함
   - facilitate transp. items & attend events
     물건들을 수송하고 행사에 참석하는 것을 용이하게 함

듣기 노트

Chaco road: X solve mystery 차코 도로에 대한 수수께끼를 풀지 못함

1. travel to meetings: problem 회의로 이동했다는 주장은 문제 있음
   - great house: small rooms → X large gather.
     거대 가옥은 작은 방들로 나누어져서 대규모 공청회에 좋지 않음
   - run over steep hills & cliffs → X travel
     가파른 언덕과 절벽 위를 지나므로 이동을 위한 것이 아님

2. four basic directions: doubtful 네 개의 기본 방향이라는 주장은 의문스러움
   - a few road run N-S / E-W, most go all directions
     몇 개의 도로만 남북 또는 동서로 뻗어 있고, 대부분은 모든 방향으로 이어짐
   - X evidence inspire massive building 엄청난 건설을 고무시켰다는 증거 없음

3. support cultural center: X add up 문화적 중심지로서 지원했다는 의견은 말이 되지 않음
   - X function as cultural hub ← drought 가뭄 때문에 문화적 중심지로서의 기능 중단함
   - continued building: other reason 계속해서 지었으므로 다른 이유 있었을 것임

서론 쓰기 ✏️

요약문 주제 문장

① The lecturer argues that the mystery about the purpose of the Chaco roads has not been solved.

요약문 반박 문장

② This contradicts the reading passage's claim that there are some possible answers about why the Chaco roads were built.

본론 쓰기 ✏️

본론 1

요약문 근거 문장

③ First, the lecturer asserts that making travel to meetings easier was not the purpose of creating the roads.

세부사항

④ The great houses were divided into many small rooms, so they were not good for large meetings. Also, researchers found that the roads go directly over steep hills and cliffs, and this would not have been convenient for travel.

요약문 반박 문장

⑤ This casts doubt on the reading passage's claim that the roads were created for easy travel to public meetings.

본론 2

요약문 근거 문장

⑥ Next, the lecturer maintains that it is doubtful that the roads stood for the four basic directions.

세부사항

⑦ Only some of the roads go north-south or east-west, and most of them run in all directions. In addition, there is not any clear evidence that directions were meaningful enough to the Chaco to inspire such a huge building project.

요약문 반박 문장

⑧ This counters the reading passage's claim that the roads were constructed to represent the four basic directions.

본론 3

요약문 근거 문장

⑨ Finally, the lecturer claims that the roads did not support Chaco Canyon as a cultural center.

세부사항
⑩ As a result of a terrible drought, the canyon no longer served as a cultural center. But the Chaco people kept on building the roads, so there must have been another purpose for the roads.

요약문 반박 문장
⑪ This refutes the reading passage's claim that supporting the canyon as a center of culture was the purpose of building the roads.

해석　**요약문 주제 문장** 강의자는 차코 도로의 목적에 대한 수수께끼가 풀리지 않았다고 주장한다. **요약문 반박 문장** 이는 차코 도로가 지어진 이유에 대한 몇 가지 가능성 있는 해답들이 있다는 읽기 지문의 주장을 반박한다.

　　요약문 근거 문장 첫째로, 강의자는 회의로의 이동을 더 쉽게 만드는 것은 그 도로를 만든 목적이 아니었다고 주장한다. **세부사항** 거대 가옥은 많은 작은 방들로 나뉘어 있기 때문에, 대규모 회의에 적합하지 않았다. 또한, 연구자들은 그 도로가 가파른 언덕과 절벽 바로 위를 지나간다는 것을 발견했는데, 이는 이동에 편리하지 않았을 것이다. **요약문 반박 문장** 이는 그 도로가 공청회로의 쉬운 이동을 위해 만들어졌다는 읽기 지문의 주장에 의구심을 제기한다.

　　요약문 근거 문장 다음으로, 강의자는 그 도로가 네 개의 기본 방향을 나타냈다는 것이 의문스럽다고 주장한다. **세부사항** 단 몇 개의 도로만이 남북 또는 동서로 이어지며, 대부분의 도로는 모든 방향으로 뻗어 있다. 게다가, 그렇게 엄청난 건설 사업을 고무시킬 만큼 방향이 차코 사람들에게 충분히 의미 있었다는 명백한 증거가 전혀 없다. **요약문 반박 문장** 이는 그 도로가 네 개의 기본 방향을 나타내기 위해 건설되었다는 읽기 지문의 주장에 반대한다.

　　요약문 근거 문장 마지막으로, 강의자는 그 도로가 문화적 중심지로서의 차코 협곡을 지원하지 않았다고 주장한다. **세부사항** 극심한 가뭄의 결과로, 그 협곡은 더 이상 문화적 중심지로서의 역할을 하지 못했다. 그러나 차코 사람들은 계속해서 도로를 지었으며, 따라서 이 도로에는 틀림없이 다른 목적이 있었을 것이다. **요약문 반박 문장** 이는 문화적 중심지로서의 협곡을 지원하는 것이 도로 건설의 목적이었다는 읽기 지문의 주장을 반박한다.

어휘　**steep**[sti:p] 가파른　**cliff**[klif] 절벽　**public meeting** 공청회　**stand for** ~을 나타내다　**inspire**[inspáiər] 고무시키다
　　canyon[kǽnjən] 협곡　**drought**[draut] 가뭄

읽기 지문 해석

1050년과 1125년 사이에, 차코 사람들은 미국 남서부에 방대한 도로 체계를 구축했다. 비록 이 구조물의 목적에 대한 논쟁은 계속되고 있지만, 최근의 분석들이 몇 가지 가능성 있는 해답들을 내놓았다.

한 가지 이론은 그 도로가 차코 사람들이 공청회로 더 편리하게 이동할 수 있게 하기 위해 건설되었다고 주장한다. 많은 도로가 차코 거주지와 거대 가옥으로 알려진 커다란 돌 건축물 사이로 뻗어 있다. 거대 가옥의 엄청난 크기와 차코 인구 밀집 지역과의 접근성 때문에, 그것은 차코 주민들의 큰 집회를 위해 사용되었다고 믿어진다. 따라서, 그 도로는 사람들을 이러한 모임들로 안내했을 것이다.

두 번째 이론은 차코 도로가 네 개의 기본 방향을 상징했다고 주장한다. 각각 네 개의 방향은 차코 사람들에게 의미를 가졌다. 예를 들어, 영혼들은 북쪽과 남쪽을 여행한다고 믿어졌다. 게다가, 동쪽과 서쪽은 일출과 일몰을 나타냈기 때문에 중요했다. 이는 왜 일부 커다란 차코 도로가 상징적으로 남북 또는 동서 방향으로 지어졌는지 설명한다. Great North Road는 이러한 차코 구조물의 유명한 예시이며, 이것은 20킬로미터의 길이에 걸쳐 남북 방향을 엄격하게 따른다.

셋째로, 그 도로는 차코 문명의 문화적 중심지로서의 차코 협곡을 지원하기 위해 의도된 것이었을 수 있다. 북, 요리용 솥, 목걸이, 그리고 다른 공예품들이 협곡에서 발견됐다. 이 물건들은 그곳에서 스토리텔링, 음악 공연, 그리고 공공 연회와 같은 중요한 문화적 활동들이 행해졌다는 것을 암시한다. 도로는 외딴 지역에서 차코 협곡으로 필요한 물건들의 수송을 용이하게 했을 것이며 먼 지역사회의 주민들이 행사에 참석할 수 있게 했을 것이다.

　　vast[væst] 방대한　**settlement**[sétlmənt] 거주지　**massive**[mǽsiv] 엄청난　**proximity**[prɑːksíməti] 접근성
　　congregation[kɑ̀ːŋgrigéiʃən] 집회　**artifact**[ɑ́ːrtəfækt] 공예품　**facilitate**[fəsílətèit] 용이하게 하다　**outlying**[àutláiiŋ] 외딴

So, the Chaco roads are quite a controversial topic, and, uh, no one is really sure why the Chaco people undertook such extensive construction projects. Despite a few attempts to explain the purpose of the roads, we are still no closer to solving this mystery.

Take the argument that the roads were created to facilitate travel to meetings at great houses. The problem is that, uh, while the great houses were quite large, they were divided into hundreds of small rooms . . . so they wouldn't have been conducive to large public gatherings. Also, Chaco roads often run directly over steep hills and cliffs using stairs cut into the rock. If the roads were merely intended for convenience of travel, they would have been built around major obstacles instead of over them.

Another theory claimed that Chaco roads were built to represent the four basic directions, but that seems pretty doubtful. Even though a few of the large roads run in straight north-south or east-west lines, most of them go in all directions. Well, if the roads were supposed to represent just the four basic directions, why do most of them run in other directions? And anyway, there's no clear evidence that the four directions meant enough to the Chaco people to inspire such a massive building project. After all, building the roads took decades and required an enormous amount of labor.

OK, so how about the idea that the roads supported Chaco Canyon as a cultural center? Well, this theory just doesn't add up when you consider some of the dates involved. You see, at the beginning of the 12th century, Chaco Canyon stopped functioning as a cultural hub due to a devastating drought. But even after cultural activities in the canyon ceased, the Chaco continued building the roads, which were not completed until decades later. So, there must have been some other reason to build these structures.

자, 차코 도로는 꽤 논란이 많은 주제인데요, 어, 차코 사람들이 이렇게 대규모의 건설 사업에 착수한 이유는 아무도 확실히 알지 못해요. 이 도로의 목적을 설명하려는 몇몇 시도에도 불구하고, 우리는 아직도 이 수수께끼를 푸는 데 더 가까워지지 못했어요.

그 도로가 거대 가옥에서의 회의로 이동하는 것을 용이하게 하려고 만들어졌다는 주장을 봅시다. 문제는, 어, 거대 가옥이 꽤 크긴 했지만, 그것이 수백 개의 작은 방들로 나뉘어 있었다는 것입니다... 그래서 그것은 대규모 공청회에 좋지 않았을 거예요. 또한, 차코 도로는 바위에 깎은 계단을 이용해서 가파른 언덕과 절벽 바로 위를 종종 지납니다. 그 도로가 단순히 이동의 편의를 위해 의도되었다면, 주요 장애물의 위 대신 그것들을 빙 돌아서 지어졌을 거예요.

또 다른 이론은 차코 도로가 네 개의 기본 방향을 나타내기 위해 지어졌다고 주장했지만, 그것은 꽤 의문스러워 보입니다. 비록 몇몇 큰 도로들이 남북 또는 동서의 직선으로 뻗어 있기는 하지만, 대부분의 도로는 모든 방향으로 이어지죠. 글쎄요, 그 도로들이 단지 네 개의 기본 방향을 나타내기로 되어 있었다면, 왜 대부분의 도로가 다른 방향으로 뻗어 있을까요? 그리고 어쨌든, 네 개의 방향이 그렇게 엄청난 건설 사업을 고무시킬 정도로 차코 사람들에게 충분히 의미가 있었다는 명백한 증거가 없어요. 어쨌든, 그 도로를 짓는 데 수십 년이 걸렸고 막대한 양의 노동이 필요했거든요.

자, 그럼 그 도로가 문화적 중심지로서의 차코 협곡을 지원했다는 의견은 어떤가요? 음, 관련된 몇몇 날짜들을 고려해보면 이 이론은 전혀 말이 되지 않아요. 그러니까, 12세기 초에, 차코 협곡은 대단히 파괴적인 가뭄 때문에 문화적 중심지로서 기능하는 것을 멈췄어요. 그러나 협곡에서의 문화적 활동이 중단된 후에도, 차코 사람들은 그 도로를 계속해서 지었는데, 이는 수십 년 후에야 완성됐어요. 그러므로, 틀림없이 이 구조물들을 지은 다른 이유가 있었을 거예요.

undertake[ʌ̀ndərtéik] 착수하다　conducive to ~에 좋은　add up 말이 되다　hub[hʌb] 중심지
devastating[dévəstèitiŋ] 대단히 파괴적인　cease[si:s] 중단하다

01 방금 들은 강의의 내용을 요약하고, 강의의 논점들이 읽기 지문의 논점에 어떻게 의구심을 제기하는지 설명하시오.

읽기 노트

Hohokam disintegration: explanations 호호캄 부족 붕괴에 대한 설명들

1. relocate ← floods 홍수로 인해 이전함
   - tree ring: severe flooding 나이테는 극심한 홍수를 보여줌
   - overwhelm irrig. channel 관개용수로를 완전히 뒤덮음

2. deadly epidemic 치명적인 전염병
   - Euro. expl. brought diseases, native X immun.
     유럽 탐험가들이 질병을 가져왔고, 원주민들은 면역력이 없었음
   - irrig. canals transp. disease 관개용수로가 질병을 이동시킴

3. internal conflict 내부 갈등
   - authority of leaders ↓ → uprising 지도자들의 권위가 약화되어 반란을 야기함
   - Pima's oral hist.: revolted against leaders
     피마 구전 역사에 의하면 지도자에 맞서 반란 일으킴

듣기 노트

theories about Hohokam collapse: X evidence 호호캄 부족의 붕괴에 대한 이론은 증거가 없음

1. flooding X 홍수 때문이 아님
   - flood common, deva. flood recovered 홍수는 흔했고, 대단히 파괴적인 홍수로부터 회복함
   - capable of repairing canal 수로 수리 가능함

2. X disease 질병 때문이 아님
   - Spain expl. arrive after H. disappear. 스페인 탐험가는 호호캄 부족이 사라진 뒤 도착함
   - buried together, but X mass grave/cremat. site
     함께 매장되었어야 하는데, 집단 무덤이나 화장터 없음

3. X evidence rebelled 반란을 일으켰다는 증거 없음
   - X ruling class ← X tombstone/dwelling 묘비나 주거지가 없으므로 지배층이 있었는지 알지 못함
   - oral history: X reliable 구전 역사는 신뢰할 수 없음

서론 쓰기 ✏️

요약문 주제 문장

The lecturer argues that the theories about the Hohokam civilization's collapse lack solid evidence.

요약문 반박 문장

This contradicts the reading passage's claim that the Hohokam culture's disintegration can be explained.

본론 쓰기 ✏️

본론 1

요약문 근거 문장

First, the lecturer contends that it is unlikely that the Hohokam people were forced to relocate because of flooding.

세부사항

Floods were common in the area, and the Hohokam had recovered from a devastating flood. This shows that the Hohokam were able to fix their canals after natural disasters.

요약문 반박 문장

This casts doubt on the reading passage's claim that destructive flooding made the Hohokam disperse to new areas.

본론 2

요약문 근거 문장

Next, the lecturer points out that disease did not destroy the Hohokam civilization.

세부사항

Spanish explorers arrived in the Americas after the disappearance of the Hohokam. In addition, if many people had died of infectious diseases, they would have been buried or cremated in one place. However, experts have not found mass graves or cremation sites.

요약문 반박 문장

This counters the reading passage's claim that Hohokam society collapsed from an epidemic.

본론 3

요약문 근거 문장

Finally, the lecturer asserts that there isn't any clear proof that the Hohokam people revolted against their rulers.

세부사항

Experts haven't discovered any special tombstones or dwellings that would suggest there was a ruling class in Hohokam society. Moreover, this theory is based on oral history, which is not a reliable source of information.

요약문 반박 문장

This refutes the reading passage's claim that the Hohokam civilization disintegrated due to internal conflict.

해석   요약문 주제 문장 강의자는 호호캄 문명의 붕괴에 대한 이론들은 확실한 증거가 없다고 주장한다. 요약문 반박 문장 이는 호호캄 문화의 붕괴가 설명될 수 있다는 읽기 지문의 주장을 반박한다.

요약문 근거 문장 첫째로, 강의자는 호호캄 사람들이 홍수 때문에 어쩔 수 없이 이전하게 되었을 가능성이 없다고 주장한다. **세부 사항** 홍수는 그 지역에서 흔했고, 호호캄 부족은 대단히 파괴적인 홍수로부터 회복했었다. 이는 호호캄 부족이 자연재해 이후에 수로를 고칠 수 있었다는 것을 보여준다. **요약문 반박 문장** 이는 파괴적인 홍수가 호호캄 부족을 새로운 지역으로 흩어지게 했다는 읽기 지문의 주장에 의구심을 제기한다.

요약문 근거 문장 다음으로, 강의자는 질병이 호호캄 문명을 파괴하지 않았다고 지적한다. **세부사항** 스페인 탐험가들은 호호캄 부족의 실종 이후 미대륙에 도착했다. 게다가, 많은 사람이 전염병으로 죽었다면, 그들은 한 장소에 매장되거나 화장되었을 것이다. 하지만, 전문가들은 집단 무덤이나 화장터를 찾지 못했다. **요약문 반박 문장** 이는 호호캄 사회가 전염병으로 인해 붕괴했다는 읽기 지문의 주장에 반대한다.

요약문 근거 문장 마지막으로, 강의자는 호호캄 사람들이 그들의 지도자들에 맞서 반란을 일으켰다는 어떠한 분명한 증거가 없다고 주장한다. **세부사항** 전문가들은 호호캄 사회에 지배층이 있었다는 것을 암시할 어떤 특별한 묘비나 주거지를 발견하지 못했다. 더욱이, 이 이론은 구전 역사에 근거하는데, 이는 믿을 만한 정보의 출처가 아니다. **요약문 반박 문장** 이는 호호캄 문명이 내부 갈등 때문에 붕괴했다는 읽기 지문의 주장을 반박한다.

어휘 civilization[sìvəlizéiʃən] 문명 collapse[kəlǽps] 붕괴; 붕괴하다 disintegration[disìntəgréiʃən] 붕괴
be forced to (어쩔 수 없이) ~하게 되다 relocate[rì:loukéit] 이전하다 flooding[flʌ́diŋ] 홍수
devastating[dévəstèitiŋ] 대단히 파괴적인 destructive[distrʌ́ktiv] 파괴적인 disperse[dispə́:rs] 흩어지게 하다
infectious[infékʃəs] 전염의 cremate[krí:meit] 화장하다 mass grave 집단 무덤 epidemic[èpədémik] 전염병
revolt[rivóult] 반란을 일으키다 tombstone[tú:mstòun] 묘비 dwelling[dwéliŋ] 주거지

읽기 지문 해석

호호캄 문명은 미대륙의 남서부에서 약 1,500년 동안 번영한 농업 사회였다. 하지만 15세기의 어느 시점에서, 이 번영한 문명은 갑작스럽고 급속하게 쇠퇴하기 시작했다. 인류학자들은 정확히 무엇이 이 급속한 붕괴의 원인이었는지 밝히려고 노력해왔고, 여러 가지 만족스러운 설명을 내놓았다.

한 가지 믿음은 그 지역의 대단히 파괴적인 홍수로 인해 호호캄 사람들이 어쩔 수 없이 이전하게 되었다고 주장한다. 나이테를 분석함으로써, 연구자들은 호호캄 부족의 실종 이전에 그 지역이 극심한 홍수를 겪었다는 것을 밝혀냈다. 이러한 사건들은 농부들이 물을 위해 사용했던 관개용수로를 완전히 뒤덮어, 호호캄 사람들이 어쩔 수 없이 새로운 땅을 찾아 뿔뿔이 흩어지게 했을 것이다.

두 번째 의견은 호호캄 사회가 치명적인 전염병의 결과로 붕괴했다고 주장한다. 유럽 탐험가들이 남미에 도착했을 때, 그들은 외래 질병들을 미대륙으로 가져왔다. 원주민들은 그 질병들에 대한 면역력이 없었으므로, 수천 명의 토착민이 노출로 인해 죽었다. 게다가, 호호캄 부족에 의해 건설된 광범위한 관개용수로가 수인성 질병들을 이 마을에서 저 마을로 매우 빠르게 이동시켰을 수 있다.

세 번째 가설은 호호캄 문명이 내부 갈등 때문에 붕괴했다고 제시한다. 호호캄 지도자들의 권위는 인구 과잉과 식량 부족으로 인해 약화되었다. 이는 호호캄 사회의 종말로 이어진 반란을 야기했을지도 모른다. 더욱이, 호호캄 부족의 현대 후손이라고 알려진 피마 인디언의 구전 역사는, 호호캄 사람들이 그들의 지도자들에 맞서 반란을 일으켰으며, 그 반란 중에 몇몇 마을들이 파괴되었다는 것을 알려준다.

agricultural[æ̀grikʌ́ltʃərəl] 농업의 deteriorate[ditíəriərèit] 쇠퇴하다 anthropologist[æ̀nθrəpá:lədʒist] 인류학자
tree ring 나이테 overwhelm[òuvərhwélm] ~을 완전히 뒤덮다 irrigation channel 관개용수로
scatter[skǽtər] 뿔뿔이 흩어지다 indigenous[indídʒənəs] 토착의 waterborne[wɔ́:tərbɔ̀:rn] 수인성의
uprising[ʌ́pràiziŋ] 반란 descendant[diséndənt] 후손 rebellion[ribéljən] 반란

듣기 스크립트 및 해석 🎧 Track 14

OK, um, as you've read, there are some theories about why the Hohokam civilization collapsed back in the 15th century. But as interesting as they might seem, none of them are based on any solid evidence. So, uh, it's important to admit that we simply don't know what happened to the Hohokam people.

First of all, the idea that the Hohokam people abandoned their territories because of flooding doesn't seem very likely. I mean, floods were fairly common occurrences in the region. In fact, there was a devastating flood in AD 889, and the Hohokam recovered from it. This suggests that the Hohokam people were more than capable of repairing their canal systems following a natural disaster.

Second, I also find it very hard to believe that the Hohokam civilization was destroyed as a result of disease. You see, the first explorers from Spain did not arrive in the Americas until 1492, and that was several decades after the Hohokam had disappeared. In addition, if such a large number of people had been killed by infectious diseases, they certainly would have been buried or cremated together. But, um, no mass graves or large cremation sites have been discovered in the area.

Finally, there isn't any convincing evidence that the Hohokam people rebelled against their leaders. One thing is that we don't even know whether the Hohokam had a ruling class. Experts haven't found any evidence–such as special tombstones or dwellings–that would indicate the existence of a ruling class. Also, this hypothesis is based mostly on oral histories of the Pima Indians, but as you probably know . . . oral history is not always reliable.

자, 음, 여러분이 읽었듯이, 과거 15세기에 호호캄 문명이 붕괴한 이유에 대한 몇 가지 이론이 있어요. 그것들이 흥미로워 보일지도 모르지만, 그것들 중 어느 하나도 확실한 증거에 근거한 것이 없습니다. 그래서, 어, 우리가 호호캄 사람들에게 무슨 일이 일어났는지를 그저 모른다고 인정하는 것이 중요하죠.

우선, 호호캄 사람들이 홍수 때문에 그들의 영토를 버렸다는 생각은 그다지 가능성 있어 보이지 않아요. 제 말은, 홍수는 그 지역에 꽤 흔히 발생하는 것이었어요. 사실, 서기 889년에 대단히 파괴적인 홍수가 있었는데, 호호캄 부족은 이로부터 회복했습니다. 이는 호호캄 사람들이 자연재해 이후 그들의 수로 체계를 충분히 수리할 수 있었다는 것을 시사하죠.

둘째로, 저는 호호캄 문명이 질병의 결과로 파괴되었다는 것 또한 매우 믿기 어렵다고 봅니다. 그러니까, 스페인의 첫 번째 탐험가들은 1492년이 되어서야 미대륙에 도착했고, 이는 호호캄 부족이 사라지고 난 뒤 수십 년 후였어요. 게다가, 그렇게 많은 수의 사람이 전염병에 의해 죽었다면, 그들은 분명히 함께 매장되거나 화장되었을 거예요. 그러나, 음, 그 지역에서 집단 무덤이나 큰 화장터는 하나도 발견되지 않았어요.

마지막으로, 호호캄 사람들이 그들의 지도자들에 맞서 반란을 일으켰다는 설득력 있는 증거는 아무것도 없어요. 한 가지는 우리가 호호캄 부족에 지배층이 있었는지조차 알지 못한다는 거예요. 전문가들은 특별한 묘비나 주거지와 같이 지배층의 존재를 보여주는 어떠한 증거도 발견하지 못했어요. 또한, 이 가설은 대부분 피마 인디언의 구전 역사에 근거하는데, 아마 여러분도 알다시피... 구전 역사는 항상 신뢰할 수 있는 것이 아니죠.

abandon[əbǽndən] 버리다　territory[térətɔ̀:ri] 영토　occurrence[əkə́:rəns] 발생　convincing[kənvínsiŋ] 설득력 있는
rebel[rébəl] 반란을 일으키다　indicate[índikèit] 보여주다　reliable[riláiəbl] 신뢰할 수 있는

02

설명 당신의 교수는 공공 정책 수업을 하고 있습니다. 교수의 질문에 대한 답안을 서면으로 게시해야 합니다. 답안에서 다음 사항을 확인하세요:

- 당신의 의견을 진술하고 그것을 뒷받침합니다.
- 토론에 의미 있는 기여를 합니다.

답안을 유효하게 하려면 최소 100단어가 요구됩니다. 당신의 답안에 할당된 시간은 10분입니다.

Clark 박사

전 세계 많은 국가에서, 주택 비용이 임금보다 더 빠르게 상승했는데, 특히 토지가 한정된 도시 지역에서 그러합니다. 따라서 정부는 시민들에게 가격이 알맞은 주택을 충분히 제공해야 하는 과제에 직면해 있습니다. 다른 한편으로는, 그들은 역사적으로 그리고 문화적으로 중요한 장소들을 보호할 의무에 직면해 있습니다. 정부는 가격이 알맞은 아파트와 집을 짓는 것을 우선시해야 합니까, 아니면 문화 유적지를 유지하는 데 자원을 할당해야 합니까? 그렇게 생각하는 이유를 설명하세요.

Tyler M.

정부는 가격이 알맞은 주택을 짓는 것에 우선적으로 집중해야 합니다. 가격이 알맞은 주택을 제공하는 것은 소득 수준에 관계없이 모든 사람이 거주할 수 있는 공간을 가지게 합니다. 이것은 사회적 안정을 촉진할 수 있는데, 이는 사람들이 집이라고 부를 수 있는 안정적인 장소가 있을 때 일이나 교육에 더 잘 집중할 수 있기 때문입니다.

Rachel W.

저는 도시의 역사적 건축물들을 보존하는 것이 정부의 우선 사항이라고 생각합니다. 이 건물들은 더 이상 사용되지 않는 디자인 요소와 구조적 특징을 포함하기 때문에 큰 건축학적 의미가 있습니다. 우리가 이 장소나 건물들을 보존하기 위해 노력하지 않으면, 이전의 건축가들에 의해 사용되었던 방식들은 영원히 사라질 것입니다.

어휘 wage[weidʒ] 임금 urban[ə́ːrbən] 도시의 affordable[əfɔ́ːrdəbl] (가격이) 알맞은 housing[háuziŋ] 주택
confront[kənfrʌ́nt] 직면하다 allocate[ǽləkèit] 할당하다 resource[risɔ́ːrs] 자원 maintain[meintéin] 유지하다
income[ínkʌm] 소득 social stability 사회적 안정 preserve[prizə́ːrv] 보존하다
architectural[ɑ̀ːrkətéktʃərəl] 건축학적인 significance[signífikəns] 의미, 중요성 structural[strʌ́ktʃərəl] 구조적인
feature[fíːtʃər] 특징 architect[ɑ́ːrkətèkt] 건축가

아웃라인

conserving cultural legacy: priority 문화유산을 보존하는 것이 우선시되어야 함
- protecting old buildings benefits the economy
  오래된 건물들을 보호하는 것은 경제에 이익이 됨
  - historical sites attract tourists → a source of revenue
    유적지는 관광객들을 끌어들이는데, 이는 수익의 원천임
  - ex) Venice: preserves heritage → keeps businesses open & residents employed
    예) 베니스는 유산을 보존함으로써 사업체들이 계속 영업하게 하고 주민들이 고용된 상태를 유지하게 함

나의 의견 쓰기 ✏️

도입
I understand why Tyler thinks that affordable housing should be prioritized.

나의 의견
However, in my opinion, conserving the cultural legacy of a city should be given a higher priority.

이유와 근거 쓰기

이유

The primary reason is that protecting old buildings benefits the economy.

구체적 근거 1: 일반적 진술

Historical sites attract tourists, which are important sources of revenue for businesses and jobs for residents.

구체적 근거 2: 예시

For example, in Venice, the government has chosen to preserve the city's cultural heritage because the tourism industry is so crucial to the local economy. Visitors to the city spend billions of dollars each year in hotels, restaurants, and shops. The cultural heritage sites that attract these tourists keep businesses open and residents employed.

맺음말 쓰기

맺음말

Therefore, I believe that governments should focus more on safeguarding cultural assets than on providing cheap housing.

해석 **도입** 저는 왜 Tyler가 가격이 알맞은 주택이 우선시되어야 한다고 생각하는지 이해합니다. **나의 의견** 하지만, 제 생각에는 도시의 문화유산을 보존하는 것이 더 우선시되어야 합니다. **이유** 주된 이유는 오래된 건물들을 보호하는 것이 경제에 이익이 된다는 것입니다. **구체적 근거 1: 일반적 진술** 유적지는 관광객들을 끌어들이는데, 이는 사업체들에 중요한 수익의 원천이며 주민들에게는 일자리의 원천입니다. **구체적 근거 2: 예시** 예를 들어, 베니스에서, 관광 산업이 지역 경제에 매우 중요하기 때문에 정부는 도시의 문화유산을 보존하기로 결정했습니다. 그 도시를 방문하는 관광객들은 매년 호텔, 식당, 그리고 상점에서 수십억 달러를 씁니다. 이러한 관광객들을 끌어들이는 문화 유적지들은 사업체들이 계속 영업하게 하고 주민들이 고용된 상태를 유지하게 합니다. **맺음말** 그러므로, 저는 정부가 저렴한 주택을 제공하는 것보다 문화적 자산을 보호하는 데 더 집중해야 한다고 생각합니다.

어휘 conserve[kənsə́:rv] 보존하다 legacy[légəsi] 유산 economy[ikάːnəmi] 경제 revenue[révənjùː] 수익 resident[rézədənt] 주민 industry[índəstri] 산업 safeguard[séifgὰrd] 보호하다 asset[ǽset] 자산

Actual Test 2

p.180

01 방금 들은 강의의 내용을 요약하고, 강의의 논점들이 읽기 지문의 논점에 어떻게 의구심을 제기하는지 설명하시오.

읽기 노트

○ incentive attract new biz.: excellent strat.
  장려금으로 새로운 기업을 유인하는 것은 훌륭한 전략

○ 1. ↑ tax revenue for invest. 투자를 위한 세입 확대함

○   – ↑ corps. → govern. income ↑ 더 많은 기업이 정부의 수입을 증가시킴

○   – L.V.: tax revenue help public projects 라스베이거스에서 세입이 공공사업에 도움이 됨

○ 2. create new jobs 새로운 일자리를 창출함

○   – build facilities → employ local residents 새로운 시설을 지어 지역 주민들을 고용함

○   – more jobs available, easily find employ. 구할 수 있는 일자리가 많아지고, 쉽게 직장을 찾음

○ 3. beneficial to local environ. 지역 환경에 유익함

○   – green incen. lure green company 환경 보전 장려금이 환경친화적인 기업을 유인

○   – air & water quality ↑ 공기와 물의 질 높아짐

듣기 노트

○ incentive to lure companies: drawback 기업들을 유인하기 위한 장려금의 문제점

○ 1. ↑ money for invest.: X the case 투자를 위한 돈이 더 많아지지 않음

○   – study: tax revenue lost ← tax rebates 연구: 세금 환급 때문에 세입이 줄었다는 것을 발견함

○   – pay ↓ tax → total tax revenue X ↑ 세금을 덜 내므로 전체 세입 증가하지 않음

○ 2. X more jobs available 구할 수 있는 일자리 더 많아지지 않음

○   – biz compete w/ existing → job losses 기업이 기존 기업과 경쟁하여 실업 야기함

○   – bring current employees → jobs X go to local residents
     기존의 직원들을 데려오므로 지역 주민에게 일자리 돌아가지 않음

○ 3. X help local environ. 지역 환경을 돕지 않음

○   – ↑ biz. → ↑ pollution 기업이 많을수록 오염이 많아짐

○   – even green factory cause pollution 환경친화적인 공장조차 오염 야기함

서론 쓰기 ✎

요약문 주제 문장

The lecturer argues that attracting new businesses with incentives can have drawbacks.

요약문 반박 문장

This contradicts the reading passage's claim that luring new businesses with incentives is a great idea.

본론 쓰기

본론 1

요약문 근거 문장
First, the lecturer maintains that it doesn't add money for local investment.

세부사항
A university study found that overall tax revenue was reduced. Companies receive tax rebates as incentives, so tax revenue does not increase.

요약문 반박 문장
This casts doubt on the reading passage's claim that attracting new businesses with incentives generates more tax revenue for local investment.

본론 2

요약문 근거 문장
Next, the lecturer asserts that it does not provide more jobs for local people.

세부사항
The new businesses will compete with existing ones, which means that some existing jobs will be lost. In addition, the new companies will probably bring their own employees to the new area, so local residents will not get the new jobs.

요약문 반박 문장
This counters the reading passage's claim that giving incentives to companies will create jobs for locals.

본론 3

요약문 근거 문장
Finally, the lecturer argues that it doesn't help the local environment.

세부사항
In fact, pollution will increase locally when any new business is added to a region. This is because even a green factory generates a small amount of pollution.

요약문 반박 문장
This refutes the reading passage's claim that using incentives to attract new businesses will benefit the local environment.

해석 　**요약문 주제 문장** 강의자는 장려금으로 새로운 기업을 유인하는 것이 문제점을 가질 수 있다고 주장한다. **요약문 반박 문장** 이는 장려금으로 새로운 기업들을 유인하는 것이 훌륭한 생각이라는 읽기 지문의 주장을 반박한다.

요약문 근거 문장 첫째로, 강의자는 그것이 지역 투자를 위한 돈을 더해주지 않는다고 주장한다. **세부사항** 한 대학 연구는 전반적인 세입이 감소했다는 것을 발견했다. 기업들은 세금 환급을 장려금으로 받으므로, 세입은 증가하지 않는다. **요약문 반박 문장** 이는 장려금으로 새로운 기업들을 유인하는 것이 지역 투자를 위한 더 많은 세입을 창출한다는 읽기 지문의 주장에 의구심을 제기한다.

요약문 근거 문장 다음으로, 강의자는 그것이 지역 사람들을 위한 더 많은 일자리를 제공하지 않는다고 주장한다. **세부사항** 새로운 기업들은 기존의 기업들과 경쟁할 것이며, 이는 기존의 일부 일자리가 없어질 것임을 의미한다. 게다가, 새로운 기업들은 아마도 그들의 직원들을 새로운 지역으로 데려올 것이므로, 지역 주민들은 새로운 일자리들을 얻지 못할 것이다. **요약문 반박 문장** 이는 기업에게 장려금을 주는 것이 지역 사람들을 위한 일자리를 창출할 것이라는 읽기 지문의 주장에 반대한다.

요약문 근거 문장 마지막으로, 강의자는 그것이 지역 환경을 돕지 않는다고 주장한다. **세부사항** 사실, 어떤 새로운 기업이 지역에 더해지면 지역적으로 오염이 증가할 것이다. 이는 환경친화적인 공장조차도 적은 양의 오염을 발생시키기 때문이다. **요약문 반박 문장** 이는 새로운 기업을 유인하기 위해 장려금을 사용하는 것이 지역 환경에 유익할 것이라는 읽기 지문의 주장을 반박한다.

어휘   incentive[inséntiv] 장려금   drawback[drɔ́ːbæ̀k] 문제점   lure[luər] 유인하다   investment[invéstmənt] 투자
       tax revenue 세입   rebate[ríːbeit] 환급   existing[igzístiŋ] 기존의   locally[lóukəli] 지역적으로

읽기 지문 해석

많은 지방 정부들은 경제 성장을 활성화하는 방안으로써 장려금을 고려하고 있다. 전반적으로, 이는 훌륭한 접근법인데, 장려금은 지역 외부로부터 새로운 기업들을 유인하는 것을 돕기 때문이다. 새로운 기업들을 유인하는 것이 지역 주민들에게 많은 긍정적인 결과들을 창출한다는 것을 고려하면, 이것은 의심할 여지 없이 훌륭한 전략이다.

첫째로, 이는 지역 투자에 사용 가능한 세입을 확대할 것이다. 점점 더 많은 기업이 장려금을 받기 위해 어떤 지역으로 이전함에 따라, 지방 정부의 수입은 추가적인 재산세를 통해 증가한다. 그러면 이 돈은 도로를 짓는 것과 같은 중요한 사업에 투자될 수 있다. 그러한 긍정적인 결과는 라스베이거스에서 일어났는데, 그곳의 많은 장려금은 더 많은 세입을 창출했고 많은 공공사업의 비용을 지불하는 것을 도왔다.

둘째로, 기업들을 유인하기 위해 장려금을 사용하는 것은 지역 사람들을 위한 많은 새로운 일자리를 창출할 수 있다. 기업들이 장려금에 의해 새로운 장소로 유인되면, 그들은 공장, 상점, 그리고 고객 서비스 센터와 같은 새로운 시설들을 짓는다. 그들은 이러한 시설에서 근무할 직원들이 필요하므로, 새롭게 생긴 일자리를 채우기 위해서 지역 주민들을 고용하기 시작할 것이다. 이것은 지역 주민에게 유익한데, 사람들이 구할 수 있는 일자리가 많아지고 그들은 직장을 더 쉽게 찾을 수 있기 때문이다.

마지막으로, 이는 지역 환경에 유익할 것이다. 환경적으로 지속 가능한 사업 방식을 사용하는 기업에게 환경 보전 장려금을 제공함으로써, 정부는 환경친화적인 기업을 시작하는 데 관심 있는 기업가들을 유인할 수 있다. 환경친화적인 기업들이 지역 시장에 진입하면, 종래의 기업들이 그 지역에서 영업하는 때와 비교하여 공기와 물의 질이 더 높아질 것이다. 예를 들어, 미국의 한 기업에 의해 지어진 환경친화적인 공장은 종래의 공장보다 20퍼센트 더 적은 이산화탄소를 배출한다.

     stimulate[stímjulèit] 활성화하다   available[əvéiləbl] 사용 가능한, 구할 수 있는   corporation[kɔ̀ːrpəréiʃən] 기업
     relocate[rìːloukéit] 이전하다   favorable[féivərəbl] 긍정적인   green[griːn] 환경 보전의, 환경친화적인
     sustainable[səstéinəbl] 지속 가능한   practice[præktis] 방식   entrepreneur[à:ntrəprənə́ːr] 기업가
     conventional[kənvénʃənl] 종래의

듣기 스크립트 및 해석 🎧 Track 15

These days many local governments are turning to incentives to lure companies to establish businesses in their area. Some people only want to talk about the potential benefits of using incentives to attract new businesses. Unfortunately, that approach merely serves to overstate the virtues and ignore the potential drawbacks.

To start with, you'd think that giving incentives to attract more companies would provide more money for local investment, right? Unfortunately, that's not the case in real life. One university did a study, and it found that overall tax revenue was often lost because of tax rebates . . . you know, one of the usual incentives that local governments give to companies. Since these companies get to pay less tax, the total tax revenue is not increased.

The second point was about new jobs that are supposedly created by attracting new businesses with incentives. Well, local residents won't actually have more jobs available to them as a result of the new companies. It's important to remember that when businesses move into an area, they compete with existing local companies. Some of these existing companies may have to downsize or even go out of business due to the competition, which causes job losses. Also, a lot of companies prefer to bring in their current employees from outside the area when they open up in a new location. So, any new jobs that are created won't necessarily go to local residents.

Finally, giving incentives to environmentally friendly companies doesn't really help the local environment. In fact, attracting more businesses by giving incentives usually adds more pollution to the local environment. This is because even a green factory causes a small amount of pollution after all. Actually, a green factory, um, can lessen pollution in the area only when it replaces an existing conventional factory.

요즘 많은 지방 정부들이 그들의 지역에 사업체를 설립하도록 기업들을 유인하기 위한 장려금에 눈을 돌리고 있습니다. 일부 사람들은 새로운 기업을 유인하기 위한 장려금을 사용하는 것의 잠재적 이득에 관해서만 이야기하고 싶어 하죠. 불행히도, 그 접근법은 장점을 과장하고 잠재적인 문제점을 무시할 뿐입니다.

먼저, 여러분은 더 많은 기업을 유인하기 위해 장려금을 주는 것이 지역 투자를 위한 더 많은 돈을 제공할 것이라고 생각할 거예요, 그렇죠? 불행히도, 실제로는 그렇지가 않아요. 한 대학에서 연구를 했는데, 세금 환급 때문에 전반적인 세입이 종종 줄었다는 것을 발견했어요.... 그러니까, 지방 정부가 기업에게 주는 흔한 장려금 중 하나 말이죠. 이 기업들은 세금을 덜 내게 되기 때문에, 전체 세입은 증가하지 않아요.

두 번째 요점은 장려금으로 아마 새로운 기업들을 유인함으로써 창출될 새로운 일자리에 대한 것이었어요. 글쎄요, 지역 주민들은 새로운 기업들의 결과로 그들이 구할 수 있는 일자리를 사실상 더 많이 갖게 되지 않을 거예요. 기업들이 어느 지역으로 이전할 때, 그들이 기존의 지역 기업들과 경쟁한다는 것을 기억하는 것이 중요합니다. 이 기존 기업들의 일부는 경쟁 때문에 인원을 축소하거나 심지어 폐업해야 할 수도 있는데, 이는 실업을 야기하죠. 또한, 많은 기업들은 새로운 장소에서 개업할 때 외부 지역으로부터 기존의 직원들을 데려오는 것을 선호해요. 그래서, 창출된 어떤 새로운 일자리가 반드시 지역 주민들에게 돌아가지는 않을 겁니다.

마지막으로, 환경친화적인 기업에 장려금을 주는 것은 지역 환경에 그다지 도움이 되지 않아요. 사실, 장려금을 줌으로써 더 많은 기업을 유인하는 것은 보통 지역 환경에 더 많은 오염을 더합니다. 이는 환경친화적인 공장조차도 결국은 적은 양의 오염을 야기하기 때문이죠. 사실, 환경친화적인 기업은, 음, 존재하던 종래의 공장을 대체할 때에만 그 지역의 오염을 줄일 수 있죠.

potential [pəténʃəl] 잠재적인 **overstate** [òuvərstéit] 과장하다 **virtue** [vɔ́ːrtʃuː] 장점
downsize [dáunsàiz] (인원을) 축소하다 **environmentally friendly** 환경친화적인 **lessen** [lesn] 줄이다

02

설명 당신의 교수는 경영학 수업을 하고 있습니다. 교수의 질문에 대한 답안을 서면으로 게시해야 합니다. 답안에서 다음 사항을 확인하세요:

· 당신의 의견을 진술하고 그것을 뒷받침합니다.
· 토론에 의미 있는 기여를 합니다.

답안을 유효하게 하려면 최소 100단어가 요구됩니다. 당신의 답안에 할당된 시간은 10분입니다.

Davies 교수
교과서에서, 우리는 강력한 브랜드 평판을 구축하는 것이 성공의 중요한 요소라고 읽었습니다. 경쟁이 매우 치열한 오늘날의 기업 환경에서, 좋은 평판을 얻는 것은 매출을 증가시키고 고객 충성도를 구축합니다. 하지만 소비자들이 그 어느 때보다 넓은 선택의 폭을 가짐에 따라, 기업들은 호의적인 평판을 구축하기 위해 더 노력해야 합니다. 이 점을 고려할 때, 고객 후기 외에, 브랜드 평판을 형성하는 데 중요한 영향을 미치는 요소는 무엇이라고 생각합니까? 그 이유는 무엇인가요?

Thomas
평판이 가장 좋은 기업은 최고 품질의 제품들을 제공하는 기업입니다. 이는 그 기업이 고객의 기대치를 충족하거나, 심지어는 넘어서는 것에 전념한다는 것을 보여줍니다. 만족한 고객들은 재구매자가 될 가능성이 더 높으며, 이는 시간이 지남에 따라 기업의 평판을 강화합니다. 따라서 저는 고품질의 제품들이 브랜드에 가장 영향력 있는 요소라고 생각합니다.

Josephine
개인적으로, 저는 고객들이 제품에 대해 정직한 브랜드들을 높이 평가한다고 생각합니다. 소비자들은 명확하고 일관된 방식으로 브랜드 메시지를 전달하는 기업들에 끌리는 경향이 있습니다. 투명한 기업들은 소비자들과 신뢰를 더 잘 형성하며 그들에게 브랜드에 대한 긍정적인 인상을 남깁니다.

어휘   reputation[rèpjutéiʃən] 평판, 명성   competitive[kəmpétətiv] 경쟁이 치열한   landscape[lǽndskèip] 환경
      customer loyalty 고객 충성도   establish[istǽbliʃ] 구축하다   favorable[féivərəbl] 호의적인   commit[kəmít] 전념하다
      exceed[iksíːd] 넘어서다, 초과하다   expectation[èkspektéiʃən] 기대치   quality[kwáləti] 고품질의, 양질의
      influential[ìnfluénʃəl] 영향력 있는   appreciate[əpríːʃièit] 높이 평가하다   deliver[dilívər] 전달하다
      consistent[kənsístənt] 일관된   transparent[trænspɛ́ərənt] 투명한   impression[impréʃən] 인상

아웃라인

customer service has the most influence 고객 서비스가 가장 큰 영향을 미침
• directly affects customer satisfaction 고객 만족도에 직접적으로 영향을 미침
– positive experience → remember the brand & recommend it to others
긍정적인 경험을 하면 그 브랜드를 기억하고 다른 사람들에게 추천할 것임
– ex) restaurant with terrible service → never went there again → lost customers
예) 서비스가 형편없는 식당에 간 후, 다시는 그곳에 가지 않았고 그 식당은 손님을 잃었음

나의 의견 쓰기 ✏️

도입

I understand why Thomas and Josephine think that quality products and honesty are what determine a company's reputation.

나의 의견

However, in my opinion, customer service has the most influence on a brand's reputation.

이유와 근거 쓰기 ✏️

이유

This is mainly because the quality of customer service directly affects customer satisfaction.

구체적 근거 1: 일반적 진술

People who have a positive experience will remember the brand and recommend it to others. However, those who are treated poorly may share their negative experiences with others, damaging a company's reputation.

구체적 근거 2: 예시

In my case, I went to a famous restaurant with my friends. Although the food was excellent, the service was terrible. The waiter was rude, and it took a long time for our food to arrive. None of us wanted to go there again. And many other people shared our opinion. Lots of complaints about the restaurant were posted online, and it gradually lost customers.

해석   **도입** 저는 왜 Thomas와 Josephine이 고품질의 제품들과 정직성이 회사의 평판을 결정한다고 생각하는지 이해합니다. **나의 의견** 하지만, 제 생각에는 고객 서비스가 브랜드 평판에 가장 큰 영향을 미칩니다. **이유** 이는 주로 고객 서비스의 품질이 고객 만족도에 직접적으로 영향을 미치기 때문입니다. **구체적 근거 1: 일반적 진술** 긍정적인 경험을 하는 사람들은 브랜드를 기억하고 그것을 다른 사람들에게 추천할 것입니다. 그러나, 부당한 대우를 받는 사람들은 그들의 부정적인 경험을 다른 사람들과 공유하여, 회사의 평판을 손상시킬 수 있습니다. **구체적 근거 2: 예시** 제 경우에, 저는 친구들과 함께 유명한 식당에 갔습니다. 음식은 훌륭했지만, 서비스는 형편없었습니다. 종업원은 무례했고, 음식이 나오는 데 오랜 시간이 걸렸습니다. 저희 중 누구도 그곳에 다시 가고 싶지 않았습니다. 그리고 다른 많은 사람들이 저희의 의견에 공감했습니다. 온라인에 그 식당에 대한 불평이 많이 게시되었고, 그곳은 서서히 손님을 잃었습니다.

어휘   honesty[ánisti] 정직성   determine[ditə́:rmin] 결정하다   customer satisfaction 고객 만족도   treat[tri:t] 대우하다
damage[dǽmidʒ] 손상시키다   complaint[kəmpléint] 불평   gradually[grǽdʒuəli] 서서히

HACKERS

TOEFL
WRITING
Intermediate

본 교재 인강 · 통합형 문제학습 MP3 · iBT 라이팅 실전모의고사 **해커스인강(HackersIngang.com)**
토플 스피킹/라이팅 첨삭 게시판 · 토플 공부전략 강의 · 토플 자료 및 유학 정보 **고우해커스(goHackers.com)**

해커스 어학연구소

1위 해커스어학원
260만이 선택한 해커스 토플

단기간 고득점 잡는 해커스만의 체계화된 관리 시스템

01 토플 무료 배치고사
현재 실력과 목표 점수에 딱 맞는
학습을 위한 무료 반배치고사 진행!

02 토플 Trial Test
월 2회 실전처럼 모의테스트 가능한
TRIAL test 응시기회 제공!

월 2회

03 1:1 개별 첨삭시스템
채점표를 기반으로 약점파악 및 피드백,
1:1 개인별 맞춤 첨삭 진행!

해커스 빡센 관리 받고
1달 만에 토플 고득점 졸업 go ▶